数智管理系列

DIGITAL INDUSTRIALIZATION TECHNOLOGY

数字化转型底层思维故事

沈黎钢 蒋双成 ◎ 著

企业管理出版社
ENTERPRISE MANAGEMENT PUBLISHING HOUSE

图书在版编目（CIP）数据

数字化转型底层思维故事 / 沈黎钢，蒋双成著 . --

北京：企业管理出版社，2023.2

ISBN 978-7-5164-2709-5

Ⅰ. ①数… Ⅱ. ①沈… ②蒋… Ⅲ. ①企业管理—数字化—研究 Ⅳ. ① F272.7

中国版本图书馆 CIP 数据核字 (2022) 第 169931 号

书　　名：数字化转型底层思维故事

书　　号：ISBN 978-7-5164-2709-5

作　　者：沈黎钢　蒋双成

责任编辑：蒋舒娟

出版发行：企业管理出版社

经　　销：新华书店

地　　址：北京市海淀区紫竹院南路17号　　**邮　　编：**100048

网　　址：http://www.emph.cn　　**电子信箱：**26814134@qq.com

电　　话：编辑部（010）68701661　发行部（010）68701816

印　　刷：三河市荣展印务有限公司

版　　次：2023年2月 第1版

印　　次：2023年2月 第1次印刷

开　　本：700mm×1000mm　1/16

印　　张：21.5印张

字　　数：323千字

定　　价：88.00元

推 荐 序 一

制造业是国之根本，难度高，其中离散制造业难度更高，离散制造业的数字化转型更是难上加难。2022年的G20峰会指明了全球未来发展的优先方向之一就是数字化转型，以此促进经济强劲复苏。我单位作为百年“汉阳兵工厂”今日之传承，归于高难度离散制造业，同样需要切实地响应数字化转型国家战略，百年企业转身数字化如大象起舞实属不易。古语说“工欲善其事，必先利其器”，我迫切希望在实践数字化转型时，有真正可以指导落地的方法论这个“器”。一次偶然的机会，我单位的一位同志向我推荐了她作为第二作者编著的一本书，阅读后，我很快被轻松幽默的语言、独特的思维逻辑所吸引。

本书创新式地采用小说文体，将对企业数字化转型实践方法的思考，关于数字化转型的深奥理论、复杂的底层思维融入一个个惟妙惟肖的故事中，能使读者不经意间领悟到企业将优秀的管理思路固化入数字化平台的必要性。我们需要这种直达核心、褪尽浮华的朴实方法论，大道至简，引人深思。

本书第一作者沈黎钢是深耕离散制造行业20年的专业人才，在世界顶级企业深刻实践了研发、工艺、质量、精益制造等核心业务，是一位拥有体系化思维的人才，精通研发到制造底层端到端的工业逻辑，翻遍整个离散制造业，这类人才委实凤毛麟角。走在数字化的征途上，这种体系化思维才能保证数字化转型不偏离航向，并最终成功。作者耐得住寂寞，沉浸在辛苦的离散制造业20年，厚积薄发，我认为非常有必要帮助作者写上推荐序，待图书出版后让更多的离散制造企业和领导知道数字化转型的真谛。

本书情节精彩纷呈，跌宕起伏，以讲故事的方式轻松阐明了严肃的数字化转型真谛，和市场上大量的专注于供应链、财务、人事、营销等的数字化转型工具类图书不一样，本书专注于核心的产品设计、制造层面的数字化转型。要知道在离散制造业里，清晰稳固的底层工业逻辑支撑数字化转型成功，一个企业的核心是产品，只有产品层级的工业逻辑能够厘清，才能实现真正的核心业务的数字化转型。供应链、财务、人事、营销等的数字化转型是第二梯队的，俗语说“皮之不存，毛将焉附”，在数字化转型项目中，产品层级的数字化转型就是皮，没有稳定的产品，哪来供应链、财务、人事、营销等的数字化转型呢？

在我国阔步迈向工业4.0的背景下，数字化、智能化已成为企业发展的必然趋势，我认为本书是一本不可多得的产品技术类数字化转型的优秀图书，是我国数字化转型战略中不可多得的、实打实触及底层业务逻辑的好书，阅读后您一定会感慨万千。

罗　辉

国营武汉长虹机械厂

副总工/技术研究院院长

2023年1月21日于武汉

推 荐 序 二

作者沈黎钢和我是同龄人，生在20世纪80年代改革开放初期，见证了中国的崛起。这片热土从百业待兴到成为世界第二大经济体，历程虽艰辛，但证明了别人能做到的，我们一样可以做到！

如今，我们同改革开放一样过了“不惑之年”，中国也正从增量经济向存量经济转型，过去三四十年的粗放式发展已不符合国情。转型意味着升级，也意味着淘汰。正如我们所从事的电气行业，在我工作生活的法国，从过去几乎每个地区都有自己的制造厂商到现今的施耐德一家独大，国内现有的成百上千的厂家也会经过一轮轮的大鱼吃小鱼，最终只剩几家巨头。

那么，一家制造商如何才能在这百年不遇之大变局中脱颖而出成为时代的赢家？数字化精益管理无疑就是那把成功的钥匙！作者沈黎钢作为此行业的专家，结合其20年来在外企和国内企业的管理经验，把理论以小说叙事的形式，循序渐进，娓娓道来，字里行间无不透着他所倾注的心血，这是一本难得的专业好书。

未来几年，企业也许不再那么一帆风顺，但面临挑战的同时也会有机遇，只要掌握了数字化管理模式，定能拨云见日，傲视群雄！

林 林

施耐德电气首席科学家

2023年1月21日于法国马贡

推 荐 序 三

经人推荐，我读到了这本以业务逻辑为牵引，解释数字化转型的书稿。该书深度剖析业务到模板级别，充分融合了业务和IT，直达核心不做表面文章，阐明了离散制造业数字化转型的朴素道理：数字化转型就是把优秀的管理思路固化入数字化平台。

作者沈黎钢是深耕电气行业二十年的专业人才，精通研发、工程、工艺、质量、精益等底层工业逻辑，这些底层端到端的工业逻辑才是产品研发、制造层面数字化转型的基石。

书中少有晦涩难懂的专业名词，同时又以故事方式轻松阐明了传统企业各环节实际发生的问题以及数字化转型的艰难过程。作者凭借多年的企业实操经验以及工程师思维，总能深度剖析问题，给出合理的解决方案。相信书中的案例能给广大企业管理者不少启发。

胡臣杰

阿里巴巴集团副总裁

2023年1月21日于杭州

前 言

开篇前，先抛出一个灵魂拷问：离散制造业数字化转型是否一定要上数字化软件平台？没有用到数字化软件平台的转型就一定不是数字化转型吗？

这个世界并不安定，在疫情延宕反复，地缘政治形势紧张，乌克兰危机影响外溢，世界金融、经济、能源、粮食等多重危机叠加，加上个别国家公然鼓噪分裂对抗、脱钩断链等阴霾下，2022年G20峰会的成功召开为扫除阴霾指明了方向，为了“共同复苏、强劲复苏”的目标，分解出了三大优先主题：全球卫生基础设施、数字化转型、可持续的能源转型。本书主题契合了时代主题——数字化转型。历史的车轮滚滚向前，绝不会以个人意志为转移，未来已来，你我都做好准备了吗？本书将向广大读者阐明在历史巨变下，企业应该如何实实在在地真正达成数字化转型。千里之行始于足下，奠定最基础的能力，才能攀上数字化转型的高峰。

我是一名在制造领域精耕细作了二十年的工程师，从大学毕业之初，拥有较强的理论知识，但缺乏实践经验，到现在成为一名有着专业实践方法论的工业逻辑专家，我的成长离不开工作中的各种历练——客户的高要求、领导给予的高难度任务、下属难以达成的困难等，督促我一步一步地成长为离散制造业的资深专家。

我是机械工程及自动化专业出身的典型理工男，只是我内心深处是想要做一名文科生的，但是我怎么还是读了理科呢？这要追溯到二十几年前高二年级的文理分科，我现在还清楚地记得班主任说“大家能够选理科的就选理科啊，学了理科以后出来肯定会有饭碗的”。乡下的孩子哪懂那么多呀？！1998年，能在工厂里上班，就感觉那不是一般人能做的事情。于是，我懵懵懂懂地就填写了理科。但是我的文科真的很好，历史、语文、政治都非常优秀，教语文的老校长经常会在课上把我叫起来读自己的作文，现在想来我还是激动万分。

思绪回到现在，我为何要撰写此书呢？原因在于本人经历了大量数字制造项目后，发现我国的数字制造存在大量的表面文章，一开始企业的需求非常高端，但是软件实施商最终交付项目的时候需求不断缩水，那么为何存在这种现象呢？本人一直在仔细思索：是软件实施商的开发水平不够吗？貌似并不是，我接触的可是世界知名的实施大厂呀；是企业执行力不好吗？貌似也不是，企业里面的人几乎都是拼命三郎；是需求提的不清楚吗？仍然不是，需求已经明确说明要达成数字制造的各个维度，比如要精益生产，要端到端打通，要商机快速转化等。可是，最终项目还是举步维艰。

其实市场上的调研机构早就做过充分调研，发现当前市场上90%的数字化项目都是失败的。这个血淋淋的事实摆在面前，无论是单位的大领导碍于面子不承认失败，还是基层工程师由于巨大的业绩压力违心地说数字化项目成功，但是内心深处，都有一个声音在回响：这个数字化项目难以达成提质降本增效的初衷，数字化项目难于上青天。白天工作期间，谁敢大声地呼喊这个数字化项目是极度困难的呢？单位有太多的羁绊，数字化的过程天然是一个革命的过程，可是谁愿意革自己的命呢？数字化项目通常需要资金几千万，谁又会说这个项目难以成功而成为众矢之的呢？人生在世，太多的无奈，太多的言不由衷，可是这就是事实。只是，我们一定要做一个单纯的人，《庄子·刻意》："纯粹而不杂，静一而不变"，古代先贤就要求我们做一个纯粹的人、单纯的人。

有鉴于此，本人作为在离散制造业浸润20年的工程师，看着这些混乱、艰难的数字制造项目一个又一个地折戟，夜不能寐，这可是真金白银地浪费国家财富呀！我不能再沉默下去，作为共产党员，我还是要讲家国情怀的，不能看着所谓的实施大厂误导我国企业。《中国制造2025》容不得糊弄，这关系我国制造业发展是否能顺利地从"制造大国"向"智造强国"迈进。

本书第二作者蒋双成，和我一样是机械工程及自动化专业出身，她是有着12年工作经验的机械制造工艺专家，曾获得"爱岗精武标兵""劳动模范""武汉市建功立业女明星"等荣誉称号。大家印象中沉默寡言的她为何要出这本书呢？原因有二：一是只有懂得加工流程及方法才能实践数字化转型；二是她在传承百年的"汉阳兵工厂"中深刻认识到数字化转型的必要性，切身体会到了数字化转型是一个革命的过程，有感而发。在数字化时代，本可以使用计算机建模设置好数控工艺及参数后即可自动生成加工程序发送到加工中心上，却因为墨守成规，大部分员工还在逐个字符地手动输入机床的面板中，浪费了大量的时间和精力，痛心疾首。在数字化转型的实践中，诸如此类的现象俯拾皆是。鉴于此，她陷入了沉思，思考到底什么才是数字化转型？怎样才能促使数字化转型的真正落地？一直在思考如何引导及宣传才能做到真正的数字化转型。辗转反侧，方向难寻，直到遇到了正在写此书的我，交谈中终于找到了真正的答案，两个同道中人一拍即合，精诚合作。

以上说了那么多，下笔之前，我其实有两种叙事方式：第一，按照专业图书的方式来写数字制造到底应该如何实施，如何避免失败保证成功；第二，以讲故事的方式来讲解数字制造实现的方式。第一种方式比较严肃、枯燥，读者可能会读不下去或者看睡着了；第二种方式是讲故事，说教远不如讲故事来得有效，以讲故事的方式来叙述一个数字化项目的成败过程，中间穿插各种专业知识讲解，这是我长期以来讲课的有效方式，也发挥了我这个理科生的讲故事能力，其实我就是一位被理科耽误了的文学家。既然本书是以讲故事的方式展开，那我一定会刻画好实施数字化项目期间形形色色的人的内心的挣扎、无辜、彷徨、恐惧，深刻阐述数字化项目是一个自我革命的过程。

市场上用于数字制造的装备多如牛毛，装备如何使用，也有一本又一本的图书可以参考，数量多得可以说是汗牛充栋，可是哪怕你是一个超级学霸，把这些都学会了，还是有很大的可能性在真刀真枪的数字化实践中折戟，为什么呢？因为你必须把所有的工具都放到一个体系中，进行无缝对接，才能充分发挥各个点上的工具的最大优势，进而爆发出体系的优势。这又引申出另一个话题，什么是体系？体系好像是一个虚拟的东西，看不见摸不着，怎样才能真正地搭建好一个体系呢？这就是本书要说的关键，需要底层逻辑的梳理，达成端到端的无缝对接。底层就如站马步，马步都站不稳，顶上的一切加装物都是虚妄的，再多的数字化高端名词堆砌如MOM、QMS、CRM、APS等都不能把虚转实，可能时刻都会崩塌，不在项目开始时崩塌，也可能会在项目的最后时刻崩塌，你一定会见识到“眼看他起高楼，眼看他宴宾客，眼看他楼塌了”的惨烈状。所以，不管数字化设备商是多么高级，实施商是多么的世界知名高端，企业都必须老老实实地把底层地基打牢固了，这样才能万丈高楼平地起。

本书定位为小说而不是专业图书，小说聚焦离散制造方法论实践而非流程制造方法论实践，在这个基础上进行了艺术升华，践行了“艺术来源于生活又高于生活”的真知，故读者阅读本书时，发现单位实施的数字化转型项目的某些事件和本书描述雷同时，请会心一笑，谨记“如有雷同实属巧合”。

免责声明：本小说所述之案例纯属虚构，用于本书连贯性叙事所用，有抛砖引玉之效，读者若照搬该案例而导致损失的，本书作者不承担法律责任。

沈黎钢

2022年11月16日于苏州

目 录

CONTENTS

CHAPTER 01

第一章

产品的第一道护城河

——零部件稳健业务调研

2019年12月，那个冬天，新冠疫情还没有爆发，在苏州这个江南城市里，天气还是很冷，水巷阡陌、古桥如织，故不仅冷，还很湿冷，这是北方人体会不到的南方的冷感。

为何要描述这个冷感呢？不仅是烘托气氛，而是中国经济已经从粗放式地仅追求量进入追求质的时期，既然追求质，意味着那种污染环境、伤害身体的工作在现今社会已经没有容身之地，钱没有那么好赚了，企业想要赚取利润，必须在存量市场深耕主业，从缝隙中找到新的利润点。每一家上规模的企业对于企业利润的下滑是有切肤之痛的。从关系到国计民生的能源行业来看，我记得某断路器开关2009年能卖到18万元，可是在2022年，最高电流等级的断路器开关才4万元啊，要知道在这13年里，人力成本、材料成本、运输成本等都是巨幅增长，利润却以人眼可见的速度在减少，按照最简单的利润计算公式“利润＝售价－成本”，在售价降低的前提下，还要维持合理的利润，那么就必须减少成本，成本含材料成本、人力成本、管理成本等，而人力成本是刚性支出，过度减少会导致社会不稳定，材料成本减少会影响产品质量，怎么办呢？看来只能从管理成本上着手。

可是，管理成本是一个虚的东西，仅仅把管理费用分摊到设备折旧上是远远不够的。于是，大量的精益类公司冒出来，着力解决公司在管理运营中的各种浪费，有开展得好的公司，也有水货公司，林林总总不一而足。请外面的精益公司来诊断公司的浪费，我见得太多了，效果如何有待商榷。以下是真实的状况描述。

我国传统离散制造行业中有很多知名公司非常重视方法论的培养，聘请市场上各种培训公司，花费大量的金钱来培训精益制造、六西格玛、现场管理等。每次外聘老师来后，公司从上到下都搞得轰轰烈烈，好像只要这些老师在，就可以一劳永逸地解决现有问题，但是通常情况是一阵风的运动过后，问题依旧存在，甚至比老师来之前更差。于是，公司高层感叹“外聘老师不过如此”，花了大价钱却没有得到回报，后续请外聘老师来讲课的机会就越来越少，员工受到的专业培训也越来越少，公司制造素养越来越差，进入恶性循环。

我经常接受外聘老师的培训，平心而论，外聘老师讲得非常有道理，深入浅出地阐述了各种方法论，如方差回归、概率统计、制程能力指数等，确实非常好。可是问题来了，为什么外聘老师讲得这么好，最后却一地鸡毛呢？我调研了多家公司，发现原因有二。第一，误把外聘老师当成解决公司实际问题的神人，而实情是外聘老师不可能在几天的培训或做项目阶段了解到公司真正的问题，他们只能给出浮于表面的问题的对策，因此公司必须要正确认识外聘老师的作用，就是要给公司解决原理缺失的问题，公司内部要有内训老师，内训老师和外聘老师的分工一定要明确，内训老师是基于外聘老师介绍的原理来真正帮助公司解决实际问题的，公司需要真正打造基于公司愿景的内训老师团队，99%的情况下请内训老师来提升公司素养，不要寄希望于外聘老师一阵风的运动。第二，数据不真实，离散制造业对基础制造数据不够重视，导致真正需要数据运算时，只能做假报告，假报告的危害性何其巨大呀！我也曾无奈地做过假数据、假报告，仅仅是为了交差外聘老师的六西格玛项目报告，为了使假数据符合逻辑关系绞尽脑汁，确实让人心力交瘁，因为“说一个谎必须要用无数个谎来圆”，最后确实交了漂亮的PPT报告，也顺利地通过了项目评审，领导也满意地点头，可是外聘老师走后，问题照旧。无论做何事，无论解决什么问题，都必须基于真实的数据来谈论下一步的行动，毛主席说过，“没有调查就没有发言权”，这永远是企业解决问题的原则。我经历过许多大型世界先进企业做假报告，更别提国内中小企业了，外企做六西格玛的效果不好，而台积电从来不做六西格玛，却蒸蒸日上。我认为六西格玛被神化了，貌似什么事情都要用六西格玛来包装才显得“高大上”，没有这个包装就是土老帽儿、不规范，我要强调的是制造业基础数据不需要华丽的包装，要有实实在在的硬核干货，这才是企业卓越制造发展的根基。

人才是企业发展的第一推动力，是世界上最高端的“装备”，任何高端设备离开了人都是一堆废铁。如何充分发挥人的潜力，如何真正地避免管理上的浪费，企业要进行现场调研，让每个工程师深入现场，理论联系实际，获得一手真实的数据委实是非常重要的一件事，也是PDCA（Plan，Do，Check，Action，戴明环）的第一步。

第一节　风起：来自高层的失望

周一，天空灰暗，心情沉闷

我是苏州人，单位在外地，每周都要往返于家和单位之间：通常我会早上6点从家出发，然后一路坐高铁到外地，再打车到单位，到单位基本上是早上9点。这一路颠簸，头脑昏昏沉沉的，可我不觉得累，我愿意为了情怀来回跑。2019年12月的某个周一的早上，我刚到单位，大领导就急急忙忙地跑来和我交谈。

“沈总，有极其重要的事情交给你。”

“什么事情？”我昏昏沉沉地问他。

“董事长对于底下一家制造公司的产品开发过程有看法，但是找不到懂研发、技术、工艺、质量、生产全链条的人去调研。”大领导很焦虑，“我想来想去，此次调研非你莫属，你有在世界先进企业工作的经历，各个条口（业务模块）都做过。”

“你是说那家标准产品厂吗？”我惊讶地问道，“我长期在跟踪查看制造公司的业务开展，就这家企业好像是冥顽不化的，非常特殊，水很深啊！”

“可不是嘛，你是知道的，这是唯一一家长期游离于我们集团公司的制造体系之外的制造单位，不好也不坏，总是做不大，时不时出个问题，让人心脏受不了。”

“领导，我去调研，你都知道水深，那么请你授权我足够的调动力，否则不好办的。”我提了个要求。

“这都好办，你去就行了。”

“好，我会彻底调研清楚，请领导放心。”

这家离散制造标准产品厂，在行业内基于集团的名号，也算小有名气，产品品牌在国内属于中高端品牌，在外企圈里，被认为是国内企业中最有竞争力的品牌。可是在这么好的口碑下，为何已成立20年，每年总是止步于几个亿的销售额呢？这个厂的产品属于典型的标准化产品，和集团几十家公司的典型定制化产品完全不一样，理论上讲，标准化产品应该是很好达成大规模制造的，但是这家工厂没做大，原因有两点：第一，在标准化产品上应用了定制化的运营模式，最夸张的时候被说成是整个集团最定制化的工厂，这是达到了诡辩主义的巅峰，理由是什么，我后面再详细说；第二，由于标准化产品的生产流程和定制化产品不一样，集团其他公司的总经理不愿意调任到这个标准化产品厂，所以历年来这家工厂的总经理都是外聘的职业经理人，总经理是一年换一个，真是铁打的营盘流水的总经理。职业经理人必定是短视的、功利的，追求短期亮点而没有永续经营的决心，客观上集团也不允许职业经理人长期不出业绩，故整个工厂一直在短期事务中彷徨，每个人都疲于奔命。

基于以上两点，该工厂员工长期处在被集团各部门问责的氛围中，做任何事情都谨小慎微、缩手缩脚，以不犯错为第一宗旨，不敢越雷池半步，整个工厂呈现出“各人自扫门前雪，莫管他人瓦上霜”的精神状态，部门墙极其严重，严重到双方都不能说话，为了避免见面冲突，往往发邮件传递信息。工厂在集团治理体系下，二十年来没有任何进步。就是这样一家工厂，竟然要一步跨到数字制造时代。董事长的出发点是好的，可是他根本没有意识到，冰冻三尺非一日之寒，再好的数字化平台，没有人执行，还是废纸一张。我一直说，人是最高端的“装备”，完全可以绕开平台另起炉灶，后面数字制造调研和实施期间发生的事情也印证了我的说法。

第二节　塌陷的产品内核业务：PPAP丧失

周二，天气晴朗，心情忐忑

第二天，我从集团总部前往这家制造工厂。在去的路上，我的内心是这样想的：能够用到我这个总经理级别的人去调研，而且还是来自外地的没有历史包袱的人去调研，这事一定非同小可。总经理级别以下的人员去调研，估计会碍于面子，把调研化解于无形，最后变成“你好我好大家好”。我还是按照我的想法来吧，不要有顾虑，基于我十几年在世界先进企业的经历，好好地、彻底地检查诊断这家工厂。想到这里，心里立刻充满了情怀感，我真的是一个讲情怀的人。说不定我诊断过后，工厂就能改正以前的不足，产值爆表，这样一来，我对集团也做出了显著的贡献。

按照既定计划，我来到工厂，注意我是一个人，没有助理。我即将一个人单挑工厂的研发、技术、工艺、质量、生产，以我的方式对其业务环节逐个调研。我知道他们就是一群可怜人，被问责得太多，要拼命地保护自己，他们是环抱双手永远不愿意张开双臂的一群人。

我开始发言：“按照上级领导指示，今日来到你们工厂进行现场调研，望大家配合啊，调研是公正的，大家实事求是。”

一阵寂静后，质量部经理先开口：“领导，你想要知道的，我们一定知无不言言无不尽。”

“好，”我说道，“那我们开始吧，从研发部开始，然后是技术部、工艺部、质量部，最后是生产部。”

研发经理的汇报方式就是讲解一遍研发流程，从产品立项，到详细设计、小批试生产，再到释放量产，从头至尾讲解了一遍。研发经理是工作20年的老研发经理了，我知道这个PPT他已经讲解了无数遍，而且我是研发出身，这些资料在我眼里就是平淡无奇的流水账。

“李总，你说的这些我都懂，这些面上的东西我们先放一边，我们拿一个实际的案例说。”我随意挑出了一个关键零件，“这个零件是涉及产品性能的关键零件，需要经过工厂内的入料、检验、冲压、焊接、部装、总装、出货整个过程，这是释放量产之后的后端要经历的过程，那么在前端没有释放量产前，研发部在这个零件上到底做了哪些具体的事情呢？”

“我们会做国家认可的产品型式试验，型式试验的通过，就代表该零件可以大批量生产。”研发经理在狡辩，但明显底气不足。

“真的是这样吗？”我问道。

“我们十几年来一直是这个做法，产品也是稳定的，没有出过什么问题。”

“前一阵子的产品材质和图纸不符，产品也做了多年确实没有出大的问题，你怎么解释呢？这种不符合图纸的材质就一直不符合下去？”我问得越来越尖锐。

“我们接下来会把图纸改过来，让图纸和材质相符合就好了。”研发经理赶紧补充说明。

“图纸改过来之后，打算怎么办？下一步的动作是什么？”

“就把图纸发出去，反正图纸已经用了好多年了，只是把图纸改了，不涉及实物变化，所以没有必要再次做产品型式试验。”

“可是，型式试验的国家级报告上规定的是正确的材质，你不重新做型式试验更新报告肯定是不合理吧？”

此刻研发经理已经低下头，不说话了。

我深深地叹了一口气，心想：若我是一个浮于表面的人，估计就被他们忽悠过去了，调研又是走过场。

这么多年来，集团的职能部门对这个标准化产品工厂是怎么审核的呢？我知道得太清楚了，他们的审核简单、粗暴、直接，翻开工厂的制度流程，对着制度流程一行一行地读，然后找对应的执行证据，这种浮于表面的审核是完全没有用的。为什么呢？因为想要准备证据，太容易了，在长期的被审核过程中，这个工厂形成了一个行之有效的应对审核小组，针对集团的审核，他们专门编制了另一套版本的文件，和制度都是一一完美对应，这样的情况下，只要集团公司没有彻底地改变自身的审核方法，那么这个工厂在多年的审核中总归会一路通畅。事实证明也是这样，集团的审核团队浮于表面，给这个工厂创造了做表面文章的绝好平台，达成了表面上的双赢，集团审核团队可以回去交差说“工厂没有问题”，工厂一次又一次通过了审核，貌似一片安定祥和。可是问题来了，既然审核结果是制度和执行一致，为什么还会发生材质和图纸不一致的事情呢？倒推过来很简单：要么存在两张皮的运作方式，要么是没有执行好，监督没有到位。关于监督到位，现在很多数字化平台可以强控，这是后话。这种言行相悖的管理方式从上到下都一直在采用，根源在于审核团队没有深刻的工业逻辑体系，达不到端到端的逻辑贯通，对于市场上各种所谓的“高大上”的质量体系、研发体系、工程体系等的理解，大部分都是断章取义，片面追求点上的合规，没有注意要在整个面上顺滑流转。市场上的丰田制造体系，一直强调“一个流”的顺畅，就是这个道理。

“李总，我尊重你这么多年的设计思路，迭代优化快速的产品是有一定可行性的，但是我们的产品是传统产品，是关乎能源安全的，稳定性大于一切，而且十几年来，基本上产品核心结构都是换汤不换药的。那么，这么快速地开发产品的意义何在呢？还是本来没有颠覆性变革，把一件小事情分解了无数个步骤，让不懂的人感觉很忙，要快速推进？”我说着说着就严肃起来。

我顿了顿，研发、技术、工艺、质量、生产部经理都不说话，进入了沉默是金的模式。“我来说吧，整体处于主导地位，部分影响整体，这要求我们用全局的观点看问题。一款产品的稳定，不是国家型式试验通过就代表可以稳定生产，国家型式试验仅对本次试验负责，并不代表厂内所做的每一个产品都满足了国家型式试验，你们要国家背这个重担是不现实的。”

会议室里面的各位默默地点头。

“质量经理来说说，该如何保证局部的稳定性，进而达到整个产品的稳定性呢？”质量经理是干了多年的老质量经理，他的脸一下子涨红了。

“沈总，”质量经理说，“我们通过各个环节的检验来保证零件的稳定性，比如这个关键零件，我们会有入厂检验、过程检验、最终检验、出货检验，控制了各个环节的检验，您放心吧。”

“这些检验的标准是哪里来的呢？是如何定义的呢？”我问道。

“这是我们根据国家标准，结合了图纸，从图纸上摘取了我们认为需要控制的要点。”质量经理赶紧回复。

“你怎么知晓这个尺寸就是一定要控制的呢？假如这两个孔的中心孔距在图纸上是关键的，但是中心孔距是由模具保证，你是控制还是不控制呢？”我顿了顿，继续说道，“你们这是各自为政，不交流，部门墙高耸哦，研发部给了图纸就万事大吉，质量部随意在图纸上抠几个控制点检验，工艺部拿了图纸做个‘二道贩子’把图纸扔给模具商，自己仅做个进度追踪，生产部闭着眼睛生产，只要能够装起来就行，就算测试不通过，还可以怪到质量部头上。”

“那么领导，我们应该怎样做，才能真正地确保零件质量的稳定呢？”那个脸红得像番茄的质量经理弱弱地问道。

能够意识到问题的严重性，并反映在脸上，知道所谓的回答站不住脚，这个质量人员还算是正直、纯粹，就怕有人一本正经地瞎说，脸不红心不跳就麻烦了。

“你们都知晓零件的稳定性是决定产品稳定性的关键，就是不敢捅破这层窗户纸，因为会增加各位的工作量，”我看了下大家，“我想要说，这个关键零件关系到产品的分断性能，理所当然地要做零件认可，零件认可在制造业有专门的叫法，是PPAP，即生产件批准程序，接下来我和你们仔细讲解PPAP吧，讲完后今天的调研告一段落。”

延伸阅读：PPAP如何接地气开展

PPAP来源于汽车行业的质量标准TS16949，是五大核心工具之一，PPAP即生产件批准程序。追本溯源，既然它来源于汽车行业，那么必定关乎生命安全；既然关乎生命安全，那么具体的要求肯定是极其严格的。市场上某些机构拿着鸡毛当令箭，生搬硬套地讲解PPAP，好像只有PPAP都做到位了，才能放心地投入生产。殊不知，这将大量地浪费人力、物力、财力，但是最后的效果却不一定好。究其本质，还是对自己不够自信，没有管理自信、文化自信、制度自信，寄希望于某个“高大上”的名词提高自己的格调。真心不能这么干。TS16949的推出貌似提高了产品质量要求，但是深刻思考就会发现这简直就是西方国家设定的行业壁垒，发展中国家达不到它们的要求，就进入不了汽车行业。十几年前中国品牌汽车的稳定性确实没有欧美的品牌好，它们就可以说中国品牌汽车的PPAP没有做好，但是在电动车时代，中国品牌吊打欧美品牌，TS16949于是就有了升级版的IATF16949，设定了更高的游戏规则，企图拖住中国品牌，只是这是徒劳的。

PPAP属于离散制造行业的，是灵活的，绝对不是死板的教条，其核心原则是达成零件的稳定。只要基于这个原则，不管哪个行业，都可以活学活用PPAP条款。汽车行业是离散制造企业，何为离散制造？就是一个最终的产品由零件制造、部装、总装这些环节构成，同时还带定制化。离散制造行业好多，同样可用PPAP条款，如电气制造业、消费电子产业等。而流程制造企业，其实就不适合采用PPAP，如化工厂、纺织厂等，它们是一个由配方参数驱动后续一系列环节的产业，不是离散的。还有一个证据证明PPAP是灵活的，就是PPAP明明是有官方名称的，但是各类企业叫法不同，如美资企业叫作PPAP（Production Part Approval Process，生产零件承认流程，或者Part Process Approve Package，零件承认包），台资企业叫作SA（Sample Approval，样品承认书），法资企业叫作PPEP（Part Product Evaluation Plan，生产零件评估计划）。

无论是哪种称呼，零部件必须获得承认之后才可以投入生产，不仅供应商的零部件要做好认证才可以量产，自制的零部件同样需要做好认证才可以量产，必须要经过零部件认可后才可以投入生产线组装，需要提交的报告和供应商提交的报告是一致的，只是形式上有些许不同。

通常在国内企业，除了汽车行业的核心器件生产，外围部件其实都是用了简化版的PPAP。PPAP的要求是可以选择的。以下是典型的外购零件PPAP所有项目介绍，自制的类似，只是负责的部门由外购对应的SQE（Supplier Quality Engineer，供应商质量工程师）转为厂内各个部门（资料来自某世界领先离散制造企业）。

①设计记录，包括功能要求，由研发人员负责提供2D/3D图纸、公差标准、技术规范（材料、特殊要求如喷漆等），有时研发人员为了偷懒，在还没有定型图纸的时候，就开启PPAP事务认证申请，这时候PPAP的总负责人一定要告知研发人员：要分清产品开发阶段，没有定型图纸是不能通过PPAP认证的。

②零件组件认证计划，由研发人员负责：制订零件/组件的认证计划，零组件都要有零件质量规范。注意，零件质量规范不是由质量部制订，前面和质量部开会说到质量部来做零件质量规范在PPAP里面印证了是不对的。不要看到“质量”两个字，就一股脑儿地甩给质量部。可怜质量部也没有意识到零件质量规范来源于研发部，质量部干了，一定干不好，所以出现了质

量部在图纸随意抠几个要点，后续要管控，实际上都是站不住脚的。

③供应商批准，由供应商开发部负责；若是自制零件，由厂内质量部负责：供应商的审核状态分为绿色、橙色、红色，分别代表合格供应商、待改善供应商、不合格供应商。在这个阶段，供应商的审核状态至少是橙色。供应商的总体等级由供应商开发部负责，质量子项由供应商质量工程师审核。

④过程流程图（包括外部过程），由SQE供应商管理部负责：在流程图中描述从原料接收到零件交付的所有过程步骤；在流程图中描述每个操作使用的工具、设备编号、量具号；在流程中定义重要过程参数（如温度、压力等）及过程质量要求，如尺寸、过程作业指导书。如果有分包过程，如分装、喷漆，需要提供二级供应商的流程图；过程流程图与全尺寸报告一起提交。若是厂内自制零件，过程流程图由工艺部或工程部提供。

⑤制程失效模式和影响分析（PFMEA），外购由SQE负责，自制零件由工艺部或工程部负责：失效模式和影响分析需要和流程图对应，范围为原料到交付的所有过程，明确制程失效模式和影响分析的目标和范围；供应商需对失效模式和影响分析中高RPN和严重度大于9采取措施；失效模式和影响分析由供应商、客户支持。

⑥可追溯性控制（提出要求并验证实施），由SQE负责：供应商需要定义追溯性方法；根据批次号信息，确保客户能追溯到批量大小、生产检验日期、过程记录、原料和表面处理、特殊过程、关键设备及工具的编号等；包装上的标识包括供应商名称、批号、日期、数量等；所有影响质量的数据（如材料报告、生产检验数据、重要过程调整数据等）需要保留至少5年，以备查验；未经客户同意，供应商不允许更改任何过程，包括过程变更、材料变更、分供应商变更。

⑦零件质量控制计划（提出要求并验证实施），由SQE负责：按客户的技术标准制订过程质量控制计划；应按过程流程图描述质量控制点（如零件特性检验、过程试验、定期检验项目、频次、量具等）；供应商需要在试运行前提交控制计划。

⑧过程测量系统分析MSA（量具重复性和再现性研究、量具检定证书、测量方法培训……），由SQE负责：供应商提供全尺寸报告时应提交质量控制计划中的设备能力报告，含量具清单、检定证书、对实施测量员工的培训记录。

⑨样品全尺寸报告，由SQE负责：供应商需要在样品认证阶段提交以下报告，包括尺寸测量结果、材料检验结果、表面处理检验报告等；样品全尺寸报告、模具最终参数卡。通用的检验原则如下所述。关键尺寸：32 件样品检验报告；重要尺寸或带公差的尺寸及外观项目：5件报告；材料报告：1件报告；次要其他尺寸，1件报告。

⑩短期过程能力研究，由SQE负责：如果质量控制计划中有要求，供应商需要对全尺寸报告中的32件关键尺寸，计算短期过程能力。

⑪供应商过程审核，由SQE负责：在零件实施试生产时审核，验证这些条款是否得到有效实施：⑥、⑦、⑩、⑯、⑰、⑱、㉓。

⑫供应商过程控制图，由SQE负责：关于安全和关键特性，供应商需要使用SPC图进行生产过程的管理和监控。

⑬功能性产品评价，由研发负责：零件级—组件级—产品级符合客户要求。

⑭长期过程能力研究，由SQE负责：必须定义需要跟踪研究的目标质量特性。

⑮客户工业化评估，由供应链负责：客户将在生产装配过程验证供应商试生产的零件的性能和物流满足能力。

⑯物流文件（提出要求并验证实施），由供应链负责：客户定义物流要求，并审核供应商是否满足要求。

⑰预防性维护计划（提出要求并验证实施），由设备维护部负责：对于模具，该维护计划必须有效实施。

⑱健康、安全和环境评价，由SQE负责：供应商应遵守安全环境的相关要求。

⑲历史数据转移（末件全尺寸报告、偏差表、质量拒收记录、模具维修记录等），由采购和SQE负责：必要时，客户提供历史数据给供应商作为参考，比如需要把模具从A供应商移到B供应商，那么在A供应商处的模具履

历表、最后一次产品的全尺寸报告、尾件样品、成型参数表等都要提供给B供应商。

⑳来料检验计划，由进货检部门负责，审批到SQE：客户确定进货检验计划，供应商应在出货前对计划中的项目进行出厂前检验。

㉑第三方需求（CCC、UL、NEMA、IEC……），由采购部负责。

㉒符合性声明由采购部负责：供应商需要提交ROHS和各国要求的符合性声明。

㉓不合格零件的退返管理（提出要求并验证实施），由采购部负责：供应商同意使用客户的8D格式进行不良件管理：两天内开展围堵行动；两周内提供及实施纠正措施；两个月内提供有效的预防措施。

以上是比较全面的PPAP条款，也是世界先进企业的做法，哪怕是一个最细小的零件，必定是在生产线上试生产过的，具体执行下来，有两种方式。

第一种方式，对于全新产品的导入，由于没有生产线，实际执行是单个零件在试验室里面先期试做，比如有500个零件，先期试做完成后，一起运送到生产线试生产。

第二种方式，对于单个零件的工程变更，因为已经有了生产线，只要有一个变化，必定要把这一个零件从头至尾按流程操作一遍。

如果按照这种极其烦琐的方式，所有离散制造企业都将疲于奔命。好在PPAP各个条款的执行可由团队商定，供应商和客户基于实际情况，商定哪些条款是必须执行的，哪些条款是选择执行的。

PPAP的各类事务还分布在产品开发的各个阶段，有些企业需要快速迭代产品，可以把开发的三个阶段精简成两个阶段，那么一些条款可以合并，比如过程流程图和失效模式分析合起来完成。

基于工厂的实际状况和产品特色，PPAP中的某些条款可以固定下来，这就是活学活用PPAP条款。

台资企业在实际运作中，把PPAP精简成了样品承认（Sample Approval，SA）。这一套做法堪称完美，把活学活用PPAP实践得炉火纯青，摈弃不必要的条款，精选必要的条款并固定成为流程。我如果没有经历过台资企业和欧美企业，就不会对比，也就不会知晓两者之间的完美契合。以离散制造行业为例，详述PPAP的精简版——样品承认——方方面面的逻辑关系。

一、样品承认

1. 什么是样品承认（资料来自某离散制造企业）

样品承认即零部件承认，可以参考专业叫法PPAP（生产件批准程序），是精简版的PPAP。通常国内企业做不到完整的PPAP，故一般做精简版。

2. 为什么要做样品承认

• 样品承认是新品释放量产的交付物之一，表明所有零部件已经获得研发、技术、生产、工艺、质量等部门的认可。

• 样品承认是量产入料检验的规范。

• 样品承认是产生零部件控制计划的先决条件。

• 样品承认有严谨的签样，量产后追踪问题有据可查。

3. 样品承认聚焦哪些内容

• 针对大规模制造产品，自制和外购的所有零部件必须提交样品承认书。

• 针对非标定制产品，对标准部分做样品承认。同样，自制和外购的零部件都需要做样品承认。

• 基本的样品承认报告包括全尺寸报告、CPK、ROHS报告、签样、零件控制计划、零件审核计划、运输规范、试装效果、焊接、铆接参数、外购零件参数等。

4. 什么时候做样品承认

• 新产品量产试跑之前，所有零部件的样品承认报告必须完成。

• 产品释放量产后，有任何零件结构变更，都要走工程变更，联动到样品承认完成。

5. 谁是负责人？谁是关键参与者

产品释放量产前，负责人是研发制造工程师；产品释放量产后，负责人是技术工程师。关键参与者是质量部、工艺部、生产部。大量的工作由工艺人员完成。

样品承认报告中含有了零部件的真实的控制计划，图 1.1 展示了这个逻辑关系。

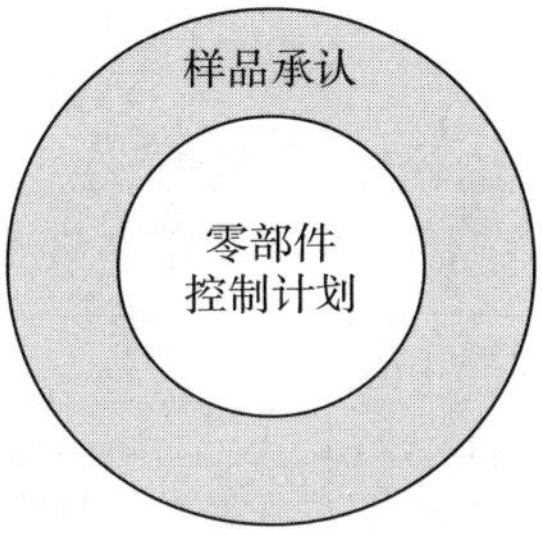

图 1.1　样品承认和零部件控制计划间的关系

二、控制计划

在讲这种逻辑关系前，先阐述零部件控制计划是什么。

零部件控制计划是针对单个零件或小部件在量产条件下，确保该零部件的各项规范被控制在范围之内的计划。包含内容有：控制什么，如何控制，采用什么工具来实现。需要注意的是，能够跑到零部件控制计划这个层级，意味着零部件已经可以量产，不再是研发阶段的零部件控制。世界先进企业项目持续一年，释放量产所做的零部件质量控制花费时间需要半年。大规模标准化产品比小批量多品种的定制化产品更注重零部件控制计划，如果产品是标准化产品，涉及批量稳定性，一旦出现一个零件质量问题，那么大批量的成品会受到影响，轻则召回，重则报废。如汽车行业，召回事件大家耳熟能详。而对于非标定制化产品，一台非标定制化产品一定是由“标准部分＋非标部分”构成，标准部分仍然要做样品承认，非标部分的零件是项目制，做简单的装配确认即可，就算不合格，浪费一个也没有多少成本，毕竟非标定制的数量肯定是少的。

1．控制计划的意义

- 控制计划是量产外购零部件入料检验的法律规范。
- 控制计划是产生问题后用于比对的规范。

• 控制计划是量产自制零部件确保制程稳健的控制点。

• 控制计划是细节决定成败的体现，细节都不稳定，别指望整个产品稳定。

• 控制计划为后续稳定的量产打下坚实基础而不是常态化产生制造障碍。

2. 控制计划的路线

在对样品承认没有意识的单位，通常产生一个零部件控制计划的路线，如图1.2所示。

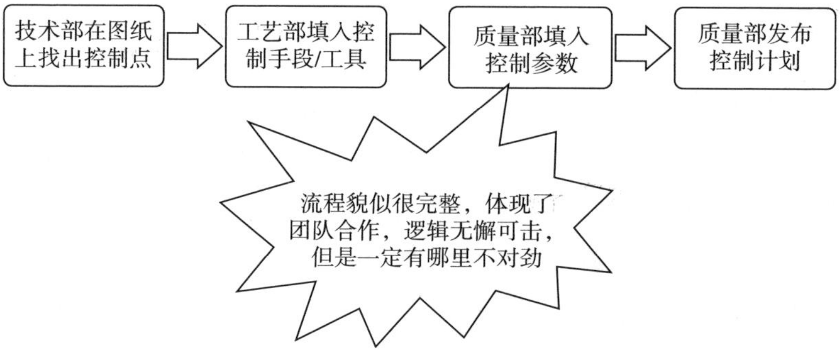

图1.2　没有样品承认意识的零部件控制计划的路线

采用这种零部件控制计划，看起来团队是合作的，并行工程都有，可是这是形而上学的，最大的不合理之处是未考虑开量产模的实际零部件状况，提出来的量产零部件控制计划是不切实际的。详细解释如下。

• 根据产品功能在图纸上圈出控制点是对的，但是没有考虑实际生产中有可能该参数根据模具结构永远会做到合格，那么控制该参数是没有意义的，如孔中心距①。

• 实际首检后的零部件尺寸，有些非关键尺寸就是没有做到规范，这些尺寸就一定不要控制吗？非关键尺寸对关键尺寸有影响。

• 若仅根据理论设计参数来管控后续的零部件，在尺寸持续做不到位的

① 按专门的模具设计经验，极少数情况下会存在合模没有错位而孔中心距偏位，本书仅以通常情况为例。

情况下，长期签发让步放行单，流程进入恶性循环。

• 经常存在实际材料和图纸材料不一致，导致抱怨频发，某些部门忙于处理各种突发情况。如果企业真正执行了样品承认，即使出现替代材料的情况，那么在承认报告中必定存在替代材料的认证过程，这样就算用了不一致的材料，也有数据可以联通，而不是完全断裂的。

正确的零部件控制计划产生的路线如图1.3所示。

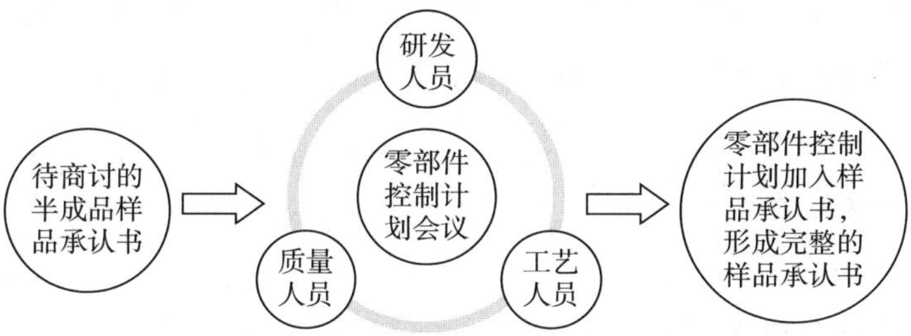

图1.3　正确的零部件控制计划的路线

没有先决条件的半成品样品承认书，是绝无可能做出真正指导量产的零部件控制计划的，零部件控制计划是达成样品承认最后一步的关键。

讲到这里，逻辑关系已经很清楚了，零部件控制计划是样品承认中的最后一环。基于零部件的实际状况，在会议上各部门达成到底要控制什么的结论，这是各部门现场讨论的结果，不是每个职能部门人员坐在办公室里，随意点选几个点来控制就可以的，不是各部门一起讨论产生的控制计划都是伪控制计划。这种通过团队讨论产生控制计划的方式就是PPAP的一个典型的方式，也是西方企业的典型做法。我国几十年来形成的根深蒂固的工作习惯，通常就是由部门助理拿着一个单子在各个部门跑，万一某个部门不签字，要来来回回好多次，不仅耗费时间而且做出来的控制计划还不对。为什么各部门不能坐在一起，共同决定真实的控制计划呢？在中国崛起之际，国内的一线大制造业单位已经在切实执行这种方式，达成真正的高效样品承认，希望大部分中小型企业可以深度思考，痛定思痛，完全意识到这种控制计划产生方式的重要性。

基于完整的闭环，零部件控制计划绝对不是一个孤立的过程，是样品承认体系中的最后一环。

这再次说明样品承认的巨大意义。

• 样品承认可以确保零部件质量稳定性，进而保证整个产品的稳定。

• 样品承认是后续量产入料检验的规范，大量减少不良品放行单，因为在第一次签样的时候已经确定了样品的允收尺寸。

• 尊重研发设计，无须一次次修改设计图，宽放公差。

• 样品承认是审核制程稳健的依据，确保量产产品和样品一致。

• 不得随意更换同类型原材料供应商，除非走工程变更流程，确保原材料可控。

• 样品承认具有可追溯性，通过样品承认能够迅速找到问题零部件的评判标准。

• 外购样品需要签样给供应商，因此样品承认对供应商产生天然的推动作用，供应商必须按照样品承认提供和样品一致的合格品，不能把不良品送到客户的生产线上。

• 推行样品承认体系的过程会倒推内部流程的完善，比如会限定问题在释放前解决而不是后续紧急救急；倒推研发/技术部项目经理是样品承认的第一负责人等。

• 样品承认为后续的稳定量产打下坚实基础而不是常态化制造障碍。

• 没有图纸转阶段一说，转阶段硬生生地把标准产品做成非标产品是倒退。

• 保持和行业内先进企业一致，一切新品开发在释放量产前必须完成样品承认。

3. 控制计划的负责人

零部件控制计划的第一负责人是研发/技术部，工艺部和质量部做大量的工作，最终该文件由质量部管理。零部件控制计划是样品承认书现场会议上达成的结论，是后续零部件控制的规范，是样品承认书的关键一环。根据PDCA循环，零部件控制计划是一个持续动态更新的过程，不是一锤子买卖。

在研发释放量产阶段，零部件控制计划的完成充分践行了质量、工艺的同步工程。

更大体系内的循环路线是：半成品样品承认书—研发/技术、工艺、质量三方会议—零部件控制计划—零部件审核计划—成品样品承认书—工程变更—做新的半成品样品承认书……

三、样品承认书的清单

至此，我们已经知晓了样品承认书的意义、产生路径、阶段、负责人等，但是还有一个关键点没有说到，样品承认是PPAP的精简版，但是如何精简呢？各个公司有各个公司的做法，主要基于产品的侧重点来开展。比如，产品环保非常重要，那么ROHS毫无疑问是必选项；产品的装配效果非常重要，那么实装验证就是必选项。根据公司和产品特色，公司可以固化需要管控的点，以下是某单位基于PPAP形成的样品承认书的清单。

- 承认书的封面。
- 图纸。
- 5模全尺寸报告，即FAIR报告（First Article Inspection Report，FAIR）。
- 零部件关键尺寸的CP/CPK报告，即制程能力指数报告，测量32模产品。
- 材质证明。
- 物性表。
- 绿色产品检测报告。
- 绿色产品承诺书。
- 成型参数表（注意：该成型参数表一定是匹配送样样品、成型参数表跟随样品一起提供给质量）[①]。
- 会签样品照片。
- 试装合格照片。
- 包装运输规范。
- 零部件控制计划（Part Quality Plan，PQP）。
- 零部件审核计划（Audit Sheet）。

---

① 以模具件为例，其他加工类型零件类似，读者可以自行拟定。

外购组件还需要提供：出厂性能验证报告、包装规范、外观检测报告、厂内组装规范（以便质量审核）、其他特殊要求等信息。

厂内焊接件和铆接件的承认需要有以下内容。

- 封面。
- 图纸，含规定的焊接铆接技术要求。
- 焊接、铆接操作规范。
- 焊接、铆接后的测试结果。
- 关键要求的CP/CPK报告。
- 零部件承认书。
- 会签样品照片。
- 试装合格照片。
- 包装运输规范。
- 零部件控制计划。
- 零部件审核计划。

以上这些要求，基本上都存在于原始的PPAP清单里面，企业抓住核心，就能较好地达成质量和效率的平衡，不会把精简后的关键环节遗弃，样品承认就可以真正地为促进产品的高质、高效量产而保驾护航。

完成样品承认报告后，企业是不是就可以一劳永逸了呢？不是的，按照哲学的观点，万事万物都处于运动变化之中，工业制造业也永远处于变化之中。如果样品承认到此为止，那么意味着这家企业对零件稳定性的追求止步于此，这家企业仍然是一个做表面文章的企业。正确的方式必须有下一步，只要企业没有关门，追求就永不停歇。

四、样品库

当零部件认可好之后，必须要建立样品库，样品库的阐述如下。

- 样品库里的零部件对应样品承认报告，仅对样品负责，如医院检验报告会标注清楚此次报告仅对该标本负责。

- 该样品是可以量产的样品，是做过CPK报告的，并不是完美样品（Golden Sample）。若供方提交完美样品，要么供方对自己的生产制程极度自信，要么是无知者无畏。

• 样品库需要有不良品样品。

• 原则上，样品的有效期为一年，一年后要集中更换承认样品，同样该批生产样品匹配了对应的承认报告。

• 样品室有环境要求，高温高湿的环境会加速样品老化，单位需要根据材料属性建立环境合适的样品室。

• 样品的签字必须签在零部件表面，使用长期不能褪色的签字笔签字，签字内容包括部门、姓名、日期、已承认。

五、签样

样品库里的零部件需要签样，签样需要遵循一定的原则，绝不是随意拿一个零件署上名字就完事，这是对自身、企业、供方极度不负责任的行为。某些没有经历过体系化熏陶的工程师，为了项目早日推进，只要产品能够敲敲打打装起来，型式试验通过，面对零件不合规，都闭着眼睛签字。这是在粗放式增长的环境下仅以结果为导向、以成败论英雄的做法，在今天，这种只强调结果不注重过程的方式已经行不通了。因为在不合格零件签样的那一刻，那个不合格零件碰巧通过了组装和型式试验，但是不能代表后期是稳定的，出问题是迟早的。一次通过不代表后续就是普遍稳定的，极端侥幸的机会不能代替普遍。鉴于此，签样需要遵循以下原则，由研发/技术部签样给供方。

• 样品仅供结构参考，尺寸以客户承认的尺寸为准。

• 样品有效期为一年，超过有效期的样品及时报废。重新送样到客户并提供相关尺寸。

• 零件结构在一年内若有设计变更，上交最新签样时需将旧版本的样品报废。

• 签样之时需要实装检验零件是否装配正常，如果实装正常，该样品装配情况以实装时为准。

• 签样完成后，产品正常装配发现新异常，而此种异常并没有在首次实装或试跑时发现，需要双方共同解决此问题，重新签样，因为签样时并不能考虑到方方面面。供方不能以“已签样”为借口而推诿。

• 设计变更后，需要试跑的零件签临时限量样品，限量数量以需试跑的量为准。试跑合格后再签正式样品。

• 样品在有效期内，如发生产品老化、自然变形、人为损坏等情况，该样品不负责任。因为样品仅告知供方当时签样时什么部位是什么样子。供方有义务保证量产的零件与当时的签样样品保持一致。

• 若供方无法保证正常生产的零件与样品一致或者发生新异常时以样品而推诿，则以图纸为准。

• 研发部主要负责产品从试做到量产的转移，因此研发的样品仅适合于试做，因为试做时产量很少，故少量隐藏很深的问题难以被发现，量产时产生的问题研发部不能用研发的样品来推诿。

综上所述，签样是极其严谨之事，也是花最小的成本控制好零件，不让问题流到客户端造成指数级质量损失的有效方式。各方都有这个意识后，必将倒逼供方送样承认时在尺寸、性能等方面必须严谨，原则如下所述。

• 供方需提供至少10模产品以便客户完成承认工作。

• 所测试尺寸必须要测试5模以得到平均值，不能测试1模，因为可能存在测量误差导致该尺寸不合格，多次测量会接近真实值。

• 提供CPK报告时数值不能为负数，因为需要测试的尺寸均为关键功能（Critical To Function，CTF）尺寸。数值为负数，则表明关键功能尺寸有超差。此时供方需要重新处理保证关键功能尺寸的合格且CPK大于等于1.33。

• 全尺寸报告中的关键功能尺寸数值应与CPK报告中的关键功能尺寸数值保持一致。

• 测量尺寸时，原则上不能使零件受到外力（比如治具矫正），需要保证零件在自然状态下接受测试。若要使零件在受到外力的情况下测试，需要得到工艺部及入料检验部的认可。

• 不能因为想要得到客户的承认，而提供假报告，客户只会认为供方提供的尺寸是真实的。报告造假导致的所有损失由供方负责。

• 若在尺寸测试方面有疑惑，要联系客户入料检验部，并就如何测量达成共识。

• 供方在零件设计变更完成后，不能仅提供设计变更部分的尺寸报告，仍然需要提供全尺寸报告。因为零件结构改变后，会对成型时的整个产品产生影响。供方需要保证设计变更后的其他尺寸仍然OK，因为入料检验部在入料检查测量尺寸时不会考虑是否设计变更。

六、交接

严谨的样品承认及签样完成后，模具资产必须要从研发端转移到工厂端，工厂端的接口通常为工艺部或工程部，模具资产正式交割给工厂端后，后续模具修改的一切事务由工厂端的工艺部或工程部负责。严格的交接需要遵循以下原则。

• 零件尺寸测试在公差极限时不能接收，因为供方为了得到承认，可能会想尽办法地把零件调试到尺寸合格，然此条件不能应用于量产，此情况会导致量产首次送料时即尺寸不合格。关键尺寸的制程能力指数CPK必须大于等于1.33。

• 样品承认报告已经完成。

• 供方在正常量产送三次不同生产日期的料满足尺寸OK且不在尺寸极限，样品尺寸也是对应的，可以考虑接收。尺寸数据原则上以入料检验部的测量为准，有争议时研发部、入料检验部、工艺部共同商讨解决方案。

• 工艺部相关负责人需要同供方确认模具状况，不能仅以入料检验、研发的观点为准。

• 研发不能跳过入料检验而在某些情况下直接将模具移交工艺部，一旦发现，工艺部要将模具退回研发部，而且产生的问题全部由研发部负责。

• 模具通过正常渠道移交后，若产生问题，工艺部全权负责。

至此，从世界先进企业走出来的PPAP，如何接地气地在国内企业界生根发芽，已经讲得极其透彻、清晰明了。在数字化时代，在整个全生命周期用数字化平台打通的情况下，每一个PPAP节点如何结构化呢？比如，PPAP就是一个非常需要在平台中结构化的业务，可是难度实在是太大了，那么精简版的样品承认是否可以？答案显然是可以的，具体如何在数字化平台中实现，会在样品承认的结构化中详细阐述。

PPAP是一个体系化的、端到端的面过程，不是MSA、SPC那样是一个点工具，所以我花费大量篇幅讲述清楚，这是一个西瓜那么大的流程，不能被缩水成芝麻这么小的流程点，后面讲述样品承认蓝图时会专门讲解到。

需要强调的是，无论企业中的质量部是否强势，PPAP都不可能由质量部负责。PPAP的第一负责人是研发部，分解下来的事务该是质量部承担的，就是质量部承担，该工艺部负责的，就是工艺部负责。某些企业断章取义地看到PPAP是TS16949的质量工具，就理所当然地把PPAP甩给质量部，这是极度不负责任的做法，研发部难道只要画一个零件样子出来吗？都不要懂质量，不要懂制造工艺？设计为制造服务基本上都是一个口号。质量部人员无论如何都不会精通产品的，通常在企业里，质量部存在的核心价值在于供应商管理、监督、审核、体系建设、协助分析质量问题等，做预防胜于治疗的工作。由质量部来运作PPAP必然沦为一个笑话，这在后面数字化项目中会得到充分的印证。有道是师出有名才能名正言顺，不搞清楚PPAP从哪里来要到哪里去，硬生生地强推给质量部必然是名不正言不顺的，最终必然一地鸡毛。

我在会议室整整讲了三个小时，此时接近正午，工艺经理热情地说："领导，都午饭时间了，我们去小食堂吃个便饭吧，然后睡个午觉，我们下午再探讨可好？"

我回答："好。"事实上，我真心讨厌聚餐，一来酒量不行，二来肠胃不好，三来不喜欢在酒桌上套近乎。我是这样的人，和我坐着聊聊天可以，要我放弃原则走偏门，绝对是行不通的。

单位的小食堂一般是招待客人用，小食堂的厨师原是五星级酒店的大厨，做出来的菜真心好吃。我经历过多家企业，这是做饭菜最好吃的单位了。虽然我在调研这个工厂，貌似我是"居高临下"的监督者，他们是被监督者，但是吃饭是我们共同的诉求嘛。

“沈总怎么会到我们单位来调研呢？”饭桌上，生产经理先开口。

“老实说不想来的，但是你们工厂老是让集团大领导不省心啊，集团大领导又不懂这里面的运作套路细节，就是怀疑，怀疑了就要验证，这任务就落到我身上了。”

“我觉得你讲的样品承认非常有道理，需要做零件级别的验证，要签样，现在我们一直在救火，零件老是出各种奇怪的问题，出问题后，我们又找不到以前合格的零件用来对比，任意地被其他部门说这个零件没做好，但是怎么个不好法，都说不上。”工艺经理恨恨地说，“工艺部就深受其害，零件有毛边了，有花斑了，质量部、生产部第一时间来抱怨我没有把制造参数调试好，可是工艺部也很冤呐，以前一直是好好的，为什么现在突然出了问题，质量部、生产部就没有任何管理吗？出问题就甩锅到我们工艺部，我好心累呀！”

“大哥，你要晓得，工艺就是生产技术的万恶之源，当然我们都找你了。”生产经理和质量经理竟然异口同声地说出了这句话。

“你们两个说的还真是有道理的，我再加一个追本溯源的问题吧，产品技术的万恶之源又是谁呢？”我乐呵呵地问道。

我看到研发的李总无奈地叹了口气，摇了摇头，我知道他心里也累积了大量的抱怨，来自市场部的不清不楚的开发需求，来自手下工程师的能力不足，来自配合部门的扯后腿，来自上级部门对研发的瞎指挥，都让他这个干了二十几年的老研发经理心力交瘁，白发都掩盖不住地跑出来，头发上还有头皮屑，我担心他再摇几下头，头皮屑都要掉饭碗里了。

研发经理不怎么说话，一直在扒他碗里的饭，他应该晓得下午他是主角，我是按照产品开发周期来调研的，前端还没有调研结束，他是高度紧张的。

“大家不要紧张，我在调研期间会给大家培训正确的做事方法，是本着解决问题的出发点来调研的，不是来找茬的。”我说道。

“我知道产品技术的万恶之源是研发嘛。”质量经理是个爱脸红的人，他看了看研发经理，愉快地说了这句话。

“好好，我就是撒旦，我就是秦桧好了吧，饭都堵不住你的嘴。”研发经理白了他一眼。

“冤有头债有主，沈总帮我们破了这个局吧。”生产经理热情地说道，“你不知道我有多难受，天天缺料，却逼着我交货，你晓得的，巧妇难为无米之炊呀。”

午饭就在这看似愉快但暗藏杀机的氛围中结束了。

第三节　失望的现场巡查：一把榔头引发的思考

怎么破局他们的部门墙，解决他们的抱怨呢？我午觉都没有睡好。睡午觉真是个好习惯，哪怕睡五分钟都行。这个老祖宗留下的养生好习惯真的要代代传下去。我夫人是人民医生，我亲姐姐也是人民医生，还是老中医，故我也知道一些医学常识，中午吃完饭，为促进消化，血液会大量地跑到胃附近，胃附近的血液多了，供养大脑的血液就少了，于是人就会有昏昏沉沉的感觉，此刻赶紧补觉，睡眠期间胃消化了食物，血液又回到大脑，元气满满的，人就有精力有能量了。我以前在外企工作好多年，从来不睡午觉，因为外国人会认为你睡午觉，肯定是身体不好，若犯困，就拼命喝咖啡提神。这在中医看来，就是没有顺应天道自然，刻意压榨人体机能就如在重症病人身上打强心针，是竭泽而渔，看起来一时精力好了，可是后面衰退得更快，会产生几何级的塌方。管理一个工厂，也是这个道理，到处救火就如每天在打强心针，强心针打多了，机体被榨干再也无法激发出能量，所以管理工厂要用中医的手段来长期调理而不是“头痛医头，脚痛医脚”，睡午觉就如中医所说的张弛有度，蓄势而发。企业也是一样，梳理端到端的系统，达到阴阳平衡。

可是我今天真的没有睡好午觉，脑子里有太多的杂念，没有办法摈弃。早上和他们讲得太严肃，我是按照产品开发周期路线来调研，一开始说最严肃的问题不好，应该先易后难。于是我列出核心事务清单（见表1.1），这些核心事务，在数字化项目里，必须都要实现。上午讲解的样品承认就包含了零部件确认和封样。

表 1.1　产品导入阶段性核心事务清单

阶段	序号	事务	阶段	序号	事务
转产前	1	同步工程	维护期	1	更新作业指导书
	2	样机作业指导书		2	工时研究
	3	零部件确认		3	重大质量问题处理
	4	封样		4	问题数据库维护
	5	研发工装＆设备		5	封样维护
	6	设计验证报告		6	技能培训
转产期	1	试生产		7	变更管理
	2	工时统计		8	制程失效模式分析
	3	量产工装		9	工艺路线
	4	量产作业指导书		10	产能与排产
	5	生产线设计	优化期	1	持续改善
	6	操作员工培训		2	物料供给
交付节点	1	交付会议		3	人机工程
	2	技术文件集中交付工厂		4	快速换模
	3	量产质量控制		5	价值流程
	4	量产生产线		6	智能制造
	5	新物料属性管理	退市	1	退市

去会议室之前，我特地走到现场查看，想要了解一手的资料。现场是最直接的资料来源，调研一定要谨遵“三现主义”，即现场、现实、现物。说白了就是“田野调查”，调查现场情况可以管中窥豹，避免“一叶障目不见泰山”。

长期以来的工程师思维，锤炼了我敏锐的现场查看能力，我举些例子来说明。

• 看到生产线没有悬挂工位牌，而仅仅悬挂了产线牌，我们可以想到这家工厂的数字化平台中的物料肯定没有关联到工位，数字化平台中的成本中心只到生产线级别，比较粗犷。以后实施数字化的时候要叫实施商把物料关联到工位。

• 看到生产线被护栏围起来，我们就可以想到这家工厂没有精益物料配送，因为生产线都被围起来了，配料车都进不来。

• 看到生产线上装配的时候员工还在使用榔头敲入零件，我们可以推断出工厂肯定没有做PPAP认证，因为PPAP认证中就有一项试装确认，我想没有哪个工程师在试装确认时会认为用榔头敲入零件是合理的。

• 看到生产线操作员工在用卡尺检查中心孔的距离，就知晓该工厂没有流程规定做快速检具。

• 看到生产线上的设备在漏油就知道工厂没有系统性的设备维护，更没有数字化平台，设备都是用到坏了再去维修，而且维修期间的工时浪费并没有分配给相应部门，这说明部门之间没有明确的责任认定。

• 看到生产线的员工没有互相帮忙，我就知道这家企业实行计件制，都什么年代了，还在用这种做法来管理员工，继续反推这家单位输入数字化平台中的工时肯定不准。工时不准，精益生产是完全做不起来的。

☆ ☆ ☆

这家工厂有一座行政楼和一座制造工厂，它们是分开的，我一路走到制造工厂，制造工厂的大厅右边有个小会议室，我朝会议室里面看了看，推开门，里面简直就是杂物间：椅子横七竖八地堆放着，上面都是灰尘；蜘蛛网都从天花板掉下来了，上面还有蜘蛛爬来爬去的；里面放了一个多年不用的电冰箱；墙上的乳胶漆都已经剥落；玻璃会议桌上盖满了厚厚的灰尘，手一按就是一个手印。“唉，都不像个公司的样子，倒像电影里面核爆过后的荒芜世纪了”。我的心情极度不好，公司大厅是脸面啊，脸面都不干净，里子更别说了。很多企业认为5S就是做表面文章，可是我要说，连表面文章都做不好，还能做好什么事情呢？

进入车间，都不要刷卡，门禁形同虚设，一股塑料废气味道扑鼻而来。“真是糟糕，怎么就没有废气回收装置呢？员工怎么受得了这个废气呢？”

工厂的布局是十字架形式，我进入的地点在十字架的底端，顺着十字架往前走，十字架的第四象限是总装区，第三象限是发货区，第一象限是钣金和焊接区，第二象限是成型和部装区，工厂很大，第一象限的成型区的废气都可以飘到工厂入口，环安卫看来极其糟糕。于是我决定先去总装区，离废气远一些，能好受点。

此时正值旺季，总装区的生产线热火朝天地在装配、测试，我随意地在一个工位边上停了下来，开始询问。

“老师傅，这个工位的关键要点是什么？”我问一个操作员工。

“注意不要装错就行了。”他回答。

“你是完全按照作业指导书做的吗？作业指导书可以指导你生产吗？”

“是的，我一直按照这个作业指导书来做的，作业指导书就挂在这里，你也可以看的。”

“可是，你为什么要用榔头把这个零件敲入基座里面呢？”我看了作业指导书，里面没有用榔头敲啊，故问道。

“这个我就不知道了，从我开始在这边做，我就一直用榔头敲了。”

“那你怎么说你是按照作业指导书来做的呢？”

“哎呀，领导，作业指导书其实也是有错的，我们怎么做，编写的人就怎么编写了，我回头叫他们把作业指导书改了，这样就好了。”

这些对话下来，我的心已经拔凉拔凉的了，这是本末倒置的做法，难道就没有人来管管这个混乱的局面吗？我打算在会议上质问他们，现在已经没有心情在现场走下去了，总装区都是这样混乱的，那么前面的部装区，零件生产一定不会按规矩生产的。

基于装配关系确定拔模起点和方向如图 1.4 所示。

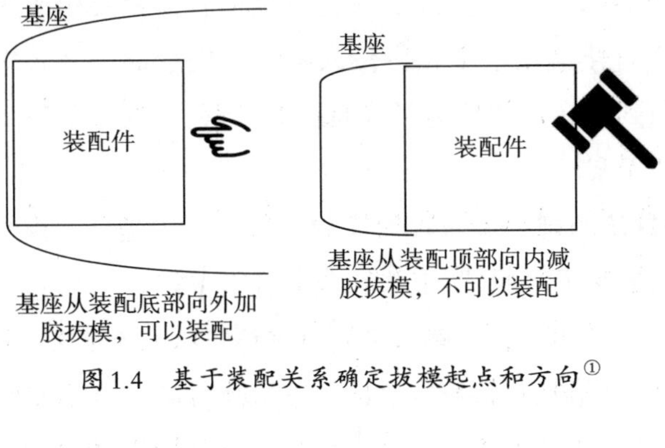

图 1.4　基于装配关系确定拔模起点和方向[①]

☆　☆　☆

① 为便于理解思路，本书中的加减胶拔模特指整个零件层面，最终为说明基于装配位置而考虑拔模方向和起点，并非是基于模具公模母模的专业解释。

下午的调研继续，质量、生产、工艺、技术等部门的经理都在场，我说道："调研开始前，我先和大家说个事情，我已经去总装区看了一圈，有个问题想要询问大家，大家实话实说，不要隐瞒。"

"领导你尽管问。"热情的生产经理说道。

"好，我在生产线上看到了操作员工用榔头把零件敲入基座，操作员工必定是根据作业指导书来进行生产操作的，但是作业指导书上并没有说要用榔头敲，你们说说看，这是怎么回事呢？"

"那是作业指导书没有说清楚，生产部肯定按照作业指导书来做的，这个作业指导书有错误。"生产部经理赶忙回答。

"根据工艺定方法，生产执行，质量监督的原则，工艺部就算定的作业指导书是错的，生产部也要先执行，执行有问题你再反馈。第一，你没有反馈给我，第二，我清楚地知晓我们工程师编制作业指导书的时候，是不要用榔头敲的。"工艺经理好像一下子就激动了，饱经沧桑的脸充满了愤怒。

他们肯定不会想到我的问题会这么尖锐，我懂产品，不像集团其他部门完全不懂产品，故只能流于形式。

"质量经理，你来发表一下你的观点呢？"我看向质量经理。

"领导，这个用榔头敲的事情，我们都知道，这个要归于产品质量问题，以前是不要榔头敲的，几年前开了一套新模具后，就要用榔头敲了，估计没有做样品承认，直接就用上了，也没人解决，质量部说好多次都没有用，所以就一直榔头敲到现在，我认为是模具没有开好。"质量经理耸了耸肩，表示自己也是非常的无奈。

"行业开模默认的规则是减胶拔模的，我当时也是开了模具评审单的，评审单上研发部也是签了字的。"工艺部经理赶紧申辩。

"研发部是不负责开模的，就算我在开模评审单上签字了，也只是代表我知晓这个事情，并不会确认拔模到底是加胶还是减胶啊。"这是研发经理的回答。

"难道你们设计的时候就只是画个样式，不考虑设计出来的东西好不好制造吗？我是要工艺并行工程，你们要是知晓一点点的模具知识，我都不要并行来检查你们的设计。"工艺经理说得貌似也对，我点了点头。

"而且，你要是去看看世界先进企业的图纸，哪个塑料模具件不在图纸上规定拔模的方向和起点的？”工艺经理又追加了一句，工艺经理很会察言观色，看我点了头，赶紧补一刀。

会议室一片死寂。

我从座位上站了起来，沿着会议桌走了一圈，听着窗外呼啸的北风，我的内心在思索：这个公司就没有想要齐心协力地解决问题，互相推诿，流程也是混乱的，根本就没有一个可靠的制度来保证各个部门各司其职。

“听我说，大家看起来都没有问题，但是装配员工用榔头敲零件的异常还是发生了，你们要知道，后续这个产品是要上自动化装配的，用机械手来装配，难道还要设计一个敲榔头的机械手？”我说道，“我们来理一下思绪，看看问题的核心到底在哪里。”

“从前端开始说吧，既然之前的模具没有问题，那么新开模具的时候，就应该把老模具的全套资料提供出来，包括模具三维造型、二维图纸、模具履历表、成型参数表、配合件的装配作业指导书等，不用说，你们应该没有给出来，而是生产部提了开备模申请，然后工艺部接到了申请，就把图纸直接发给了模具工厂，这里面有缺失，这是第一点。第二点，工艺部有了图纸之后，需要进行模具工艺评审，按照行业默认，肯定是减胶拔模，因为减胶了，零件材料就用得少了，零件制造成本就低嘛，这也没有错，错就错在评审中大家走过场，闭着眼睛签字，若研发部告知工艺部这个装配关系，我想工艺部一定会把拔模改为加胶拔模，可是这并没有做到，要求研发工程师采用世界先进企业的做法在零件图纸上标注拔模的起点和方向，这是为难他们，我们的工程师还达不到这个水平。如果工艺部的模具评审表上写明了基于装配关系考虑拔模的起点和方向，也不会发生后面装不上的状况，可是呢，行业中的评审模板还真没有列明这一块，这个我也是知道的，我们不能把行业通用模板套用到实际产品上，就如国家标准，是很宽泛的，企业拿了肯定不知道如何执行，故企业一定会基于国家标准形成自己的企业标准，把国家标准细化到可执行的层面，这个颗粒度细化的标准就是企业的核心价值。此事实际上就说明了我们评审的颗粒度不细，研发部和工艺部没有真正地坐下来仔细思考，我们一直说设计要为制造服务，同时制造技术也要前移到设计端进行制造评审，在你们研发和工艺这块基本上是形同虚设的，你们说是吗？”研发经理和工艺经理都低头不语。

“好，各位，模具已经是这样了，现在生产线就是在敲敲打打吧，从事件反推回去可知，当新模具开好了，研发部没有负责做产品的PPAP，早上已经详细说了PPAP，我们不管里面多少项要做，其中有一个很重要，样品承认也有说到，那就是装配确认，这是研发部要做的事情，可惜你们并没有做，这是第三点。第四点，就算研发部没有做装配确认，工艺部也要有常识，这是新模具，肯定要更新作业指导书上的模具编号，更新作业指导书的时候，自然会涉及产品装配的描述，可惜工艺部竟然还拿了十几年前的作业指导书想要覆盖这个新模具，你们根本不知道新模具的拔模起点已经和老模具的拔模起点不一样了，你们说是吧？”我停下来看向质量部经理和生产部经理。

“第五点，质量部没有好好地监督生产过程，没有发现生产过程和之前不一样了。根据我们的基本原则，工艺定方法，生产执行，质量监督，这么明显的不一样你们都能够闭着眼睛过的，反推回来，可知质量部对总装过程根本是不管控的，是不是？”我问向质量经理。

质量经理的脸一下子红了，结结巴巴地说：“沈总，您说到我们的疏漏了，我们质量部还真的不巡检总装过程的，但是呢这有一些理由，我想说一下。”

“你说吧。”

“我们这个工厂，虽然生产的产品是标准化产品，和其他制造公司全是非标定制化产品是不一样的，但是我们的做事方式全部延续了非标的做法。你知道的，非标定制化产品只要最终性能联调过了，就代表产品合格了。我们生产标准产品时也沿用了非标产品的做法，故我们只在最终检验的时候看性能是否通过，真的没有关注最终检验前的各个工位的质量。”质量经理说出了理由，深深地呼出一口气，好像有人理顺了他一直以来的梗。

“你看来也意识到了，很好，”我继续说道，“第六点，生产部真是一个好说话的部门啊。”我看了一下生产经理，生产经理一脸的放松，终于有人体会到他的痛苦了。

“为什么这么说，生产部其实应该第一时间反映这个零件装不上，我宁愿相信生产部已经提出了一次又一次，可是你们研发部、工艺部、质量部都熟视无睹，万般无奈之下，生产部只能拿起榔头，自行敲入零件进去。庆幸的是，这个零件还是能够敲进去的，要是连敲都敲不进，你们研发部、工艺部、质量部都要承担这几十万的模具报废的损失，”我喝了口水，继续说道，“我要是生产部呀，我一定要做一件事情，就是把增加的敲榔头的工时转嫁给研发、工艺、质量，让他们为自己的错误买单。”

“沈总，我接下来就把工时转嫁出去，咱们明明白白算账。”生产经理很高兴。

“最后一点，我还要严肃提出，”我面向大家，“任何一个问题的背后都是流程和体系的缺失，其实这个问题的发生，凸显了你们单位是没有真正的工程变更的，你们成天嘴巴上喊得震天响，‘要管控好工程变更的每一个细节’，其实就只是喊喊口号，这里面有现有系统层面的问题，你们用的ERP是财务驱动的，只在乎BOM的准确性，故你们在设计变更的时候，只有一个BOM变了，其实不仅是BOM变了，和这个物料有关的方方面面都会变化。比如，作业指导书变了，工时变了，因为要敲入零件，样品承认书升级版本了，等等，你们的工程变更是割裂成一个个小块的，不是体系化的。明白了吗？”

“沈总，事已至此，我想只有把装配件的尺寸改小才可以解决榔头敲的问题了，否则重开模具又是几十万元的浪费呀。”研发经理还是聪明的，不愧是做了二十年研发的老“革命”。

“这么做最好，但是后续所有的模具开制必须要按照正规的思路来，”我和研发经理开了个玩笑，“你现在知道研发果然是万恶之源了吧。”

“哈哈，还真是。”研发经理笑得很尴尬。

CHAPTER 02

第二章

产品的第二道护城河

——广义同步工程调研

第一节　形同虚设的同步工程

下午的这个插曲太长了，花费了我一个小时的时间，还是回归本源进行调研，这才是重头戏。我就从同步工程、样机作业指导书、研发工装和设备、设计验证报告这几个角度调研。零部件确认和封样已经归入样品承认，现在已经知道他们没有做，就没有必要浪费口舌了。

“我们还是继续我们的调研主题吧，关于同步工程，你们做得怎样？”我问大家。

“什么是同步工程？我们都不知道。”大家一脸茫然。

“简单来说，同步工程就是研发在设计产品还没有完全定型前，先把设计资料给到后端制造，制造端的专业工程师要看看是否有制造障碍。”

“从这个意义讲，虽然我们有一些产品是执行了同步工程，但是离真正的同步工程还远着呢。而且我们真的要做同步工程吗？研发人员水平如果足够高，充分调研了生产制造能力，设计出来的产品结构就能直接量产，这样流于形式的同步工程还有什么意义呢？”思想深邃的研发部老李陷入了思考。

“你说得有道理，我和大家解说下同步工程的来龙去脉吧。”我又一次进入了科普模式。

延伸阅读：同步工程

同步工程在工艺国家标准GB/T24737中明确定义成结构工艺性审查，分为三类。

工艺性审查：在产品设计阶段，对产品及其零部件工艺性进行全面审查并提出意见或建议的过程。

生产工艺性：是指产品结构制造的可行性、难易程度与经济性。

使用工艺性：是指产品的易操作性及其在使用过程中维修和保养的可行性、难易程度与经济性。

国家标准是纲要性文件，要顾及全国企业的普适性，国家标准一定是第一层级的，各类省标、市标、企标才是逐级向下分解的可执行的标准。在实际工作中我们要知晓同步工程这个词语的来龙去脉，这样我们在实践中才不会偏位。

同步工程说得最多的是日资企业，后来台资企业改成了并行工程，无论哪种叫法，本质都是一样的，就是让制造端早早介入设计端，从制造层面检查设计的结构能不能稳定地制造出来，尽快地实现新产品的量产导入。

同步工程型和前后衔接型示意如图 2.1 所示。

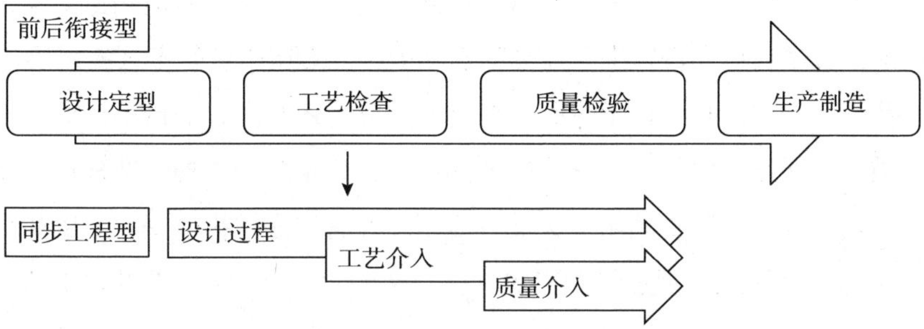

图 2.1　同步工程型和前后衔接型示意

我们已经知晓了同步工程来自日本，为什么不是来自欧美国家、非洲国家呢？这是有历史、国情因素的。

大家都知道，二十世纪七八十年代，消费电子行业在日本强势崛起，既然是消费电子，那么必定是迭代优化非常快速的行业，竞争也是非常激烈的。同种类型的电子产品，多个厂家在生产，快速抢占市场获得先入者利润是非常重要的，等大家都进入市场，这个行业就已经从蓝海变成红海，利润非常微薄了。二十世纪九十年代，流行可播放磁带的日本随身听，有爱华牌、索尼牌、松下牌，外形非常精巧，音质也非常好，但是价格非常贵，我是买不起的，只能羡慕别人听，偶尔能借到别人的机器享受下，这肯定是要拼人品才能借到。只是，没过几年，这些电子产品的价格断崖式地下降，又过了几年，MP3播放器横空出世，彻底地革了机械磁带播放器的命，现在有哪个人还有这种磁带播放器，那绝对是对其很有情怀的人。从历史发展角度看，消费电子产品的升级换代是很迅速的，而日本是消费电子产品的大本营，其为了保持员工的高工资、产品的高利润，必然要想尽办法地缩短产品开发周期，当然偷工减料是绝对不行的。这样，同步工程就应运而生了，其把原来前后衔接式的开发模式变成专业部门早期介入的同步模式，确实大大缩短了开发周期，而产品质量仍然是稳定的。

到此，我们知道在日本国情下，消费电子行业只能走这条路径，消费电子产品不是欧美国家、非洲国家的主导产品，所以，理所当然地消费电子行业只能发端于日本。

任何一个现象放到历史和国情下审视，就可以清楚明白地知道其发展脉络。这印证了我们一直以来要以高瞻远瞩的眼光看待事务是多么的重要。

我国产业门类齐全，不仅有消费电子产业，还有大量的传统工业，如航空、重工、能源、电气等，这些行业的产品稳定是第一性的，迭代优化反而是慢的，除非有颠覆性的物理突破，否则不会有产品结构的变化。比如，家里使用的墙壁插座正常承受10A的电流，这个10A的电流硬要通过16A的电气产品，这个插座就会烧毁，家里会跳闸断电。所以，这些行业并不一定渴求同步工程，渴求的是稳定，稳定大于一切，除非有特别紧急的项目，但是这些项目是少之又少的。

除了行业门类导致的同步工程，同步工程喊得震天响，不是绝对的。十几年前，我曾听一名资深咨询专家说过，“设计做好了，根本就不要并行嘛。”当时，我还无法理解，后来我开始做设计，因为懂得产品制造过程，故设计一次性制造成功。设计本身就要为制造服务，并行做多了反而拉低了设计人员的水平。某些国内企业的设计人员水平不足，为了规避设计不好的责任，借着国家标准中“要工艺人员进行结构工艺性审查”的规定，把设计检查的任务交给了工艺人员，美其名曰“工艺要介入研发设计”，要工艺人员来审核他们产品设计的好不好，这是严重的不负责任。第一，工艺人员如果要审核产品设计好不好，还要研发人员干吗呢，干脆工艺人员来设计产品好了；第二，国家标准规定的是工艺人员从制造层面上看产品，注意是从制造层面审查，不是对产品性能进行审查。好多设计人员对此断章取义，把设计审查工作一股脑儿地丢给工艺人员。这是要不得的。

所以要追本溯源地了解概念的起源，不能跟风，就如日本传来的5S明明已经是一个体系了，为何还要搞个6S呢？适当的同步是需要的，但是同步工程就像一粒药，是药就有三分毒，不适合所有行业，企业要因地制宜，一定要结合行业和产品特点、迭代速度、工程师水平等，以此决定是否要开展同步工程。

以上讲述的是狭义的同步工程，仅仅针对了产品设计上的制造检查，在企业运作中，广义的同步工程含有以下关键事项：设计失效模式分析、产品组装关系、关键质控收集、重要问题解决、常态化研发会议邀请工艺和质量、制程失效模式分析、制程控制制定、关键质控要求制定、问题库建设。

这个同步工程又讲了好长时间，我看了下表，下午四点了，休息片刻吧。

“领导，你这样一边调研一边科普，这要搞到什么时候啊？你比较累，我倒是很喜欢这样的方式，你知道的，我们单位的审查一直是浮于表面的，无论发现什么问题，最终都大事化小小事化了，”热情的生产经理说，“沈总是真专家，不搞虚的，全是干货，眼光扫到之处，都是我们多年的顽疾呀。”

“当局者迷旁观者清，沈总您一点拨，我还真从迷糊中惊醒了，这么多年，这么多事情都没有做，或者是一知半解的，我们还真是缺少这方面的专业知识。”爱脸红的质量经理很激动。

“不要捧杀，这些知识在各类资料库中都躺着呢，你们就是懒得系统性地联系起来并用于工作中。”我斜着眼睛看了他们一眼，内心充满了无奈。

“领导，抽烟。”工艺经理递过来一支烟。

“不不，我不抽烟，老婆闻了烟味要骂的。”我赶紧推脱了。

“你周五回家去，烟味早就散干净了，勿忧。”研发经理果然思维缜密，知晓时间可以冲淡一切。

我还是喝口水吧，是啊，时间可以冲淡一切，可是冲不走这根深蒂固的落后的管理方式啊！

“今天的调研就到此为止吧，我明天看看能不能继续，各位辛苦啦。”我收拾起电脑，回集团大楼了。

回到办公室，已经下午五点，12月的冬日，昼短夜长，下午五点天已经黑了。今日讲得太多，我明明是去调研的，现在反而变成科普者了，由此可见这家工厂的管理层对制造底层逻辑的掌握是多么的匮乏呀！我是见不得他们乱，恨不得现在就把他们正过来。

办公桌上有一包大红袍，哦，还是家人的关爱让我暖心。昨日从苏州出发，老婆大人在我包里塞了一包大红袍，上个星期回去，她就问我现在喝的是绿茶还是红茶，我一惊，都12月了，天气寒冷，我竟然还在喝清热祛火的绿茶，这是不顺应四季交替，枉为精通茶道之人。

我赶紧泡了一包大红袍，大红袍的冲泡方式是用100℃的水冲在茶叶上的，和碧螺春的冲泡方式不一样，碧螺春是先倒80℃的水，然后再把茶叶放在上面。看着袅袅升起的蒸汽，闻着四溢的大红袍茶香，我抿了一口茶水，直冲心田的暖意油然而生。

茶有茶道，家有家规，制造业有制造业的逻辑，管制造如烹小茶，来不得半点马虎，可是我如何才能让这家工厂按制造业的方法论来规规矩矩地开展工作呢？把方法论固化入数字化平台到底有没有用？我从椅子上站了起来，走到窗口，抹开窗户上的雾气，看向远处，远处的烟花在黑暗中是那么的艳丽。

周三，天气寒冷，心情沉重

周三一早，我去向大领导汇报昨日的调研情况，推开门，就看到领导陷入沉思中。“领导，我来向您汇报昨日在工厂的见闻。”我说道。

“你坐，先喝口茶。”我一看，大领导也在喝绿茶呢，“领导，已经冬季啦，早不是喝绿茶的时候了。”

“沈总，你不晓得，最近上火，都口腔溃疡了，喝绿茶泻泻火。”大领导是一脸的无语状，“年底了，要做年终总结，要展望未来，批评与自我批评很多，天天报告，火气大呀。”

“治口腔溃疡有民间偏方的，我和你说啊，你买些明矾回来，碾碎，敷在溃疡面上，连着敷两次就不痛了，然后晚上早点睡，过两天就愈合了，这是做牙医的老婆告诉我的，一般人我不告诉的。”我乐呵呵地和领导说。

“有这等偏方啊，不早点告诉我，你这个家伙。”

“我看你一直优哉游哉的，哪像上火的样子呀！”我说道。

“都是表面上的，你是不晓得，上头天天念叨这个不满意、那个不满意，我们这些直面老总的老干部哪个不是战战兢兢的，就说这回要你去调研的工厂，上头天天念叨着要辞退总经理呢，看来又要招聘新总经理了，”他一脸忧郁地说道，“你现在知道我有多难受了吧！”

“那我这个调研到底还要不要做呢，说不好，这是夺人饭碗的事呀，领导，”我心里紧张了，“我简直是在刀尖上跳舞呀！”

“这个你不要有顾虑，实话实说就好，千万不要像之前的调研，从上到下都是两张皮，都在欺瞒，”大领导很是坚决，“说一说，昨日你调研得如何？”

“一言难尽呀，本来想一直调研下去，可是实在问不下去，他们连基本常识都搞不清，干脆上午科普了一次，下午又科普了一次。”我一脸无奈地说道。

“我就知道你按捺不住你的老师欲，这样挺好，至少让他们知道了正确的做事套路，调研不要有时间限定，做彻底是最重要的。”大领导鼓励道。

“好，有你这句话我就放心了。”

“你调研好了，我就不上火，就该喝红茶了。”大领导一脸期待地说。

“我有上等大红袍，领导随时喝。”

“沈总就是贴心，回头再聊。”

☆　☆　☆

早上我又到了这家制造工厂，被调研的部门经理们还算认真，早早地坐在会议室，我看了看，大家都一脸的严肃样。

“各位，放松一点嘛，就我一个集团的人，我会吃了你们？”作为集团“钦差”，我还是要活跃气氛的。

“作为这家工厂的中层干部，我们是真心想要这家工厂好的，工厂好，我们才能好，等将来上市了，我们都是核心高管，也是有原始股的，”生产经理先开口说了，“所以我们认为，领导的调研对我们问题的揭露是淋漓尽致的，我们需要真心发现问题并和我们一起解决问题的领导。”

“你认可就行啊，”我呵呵一笑，“那我们继续吧，接着同步工程这一块工作好吗？”

“李总，从研发角度看，同步工程到底是什么？你们现在到底做得怎样？”我问道。

“从昨日你讲的来看，我们确实是做了一些皮毛，我们现在就是设计好图纸，把图纸交给部门助理，部门助理拿着图纸，到各个部门去签字，很多部门的负责工程师就是闭着眼睛签字了，甚至工程师不在现场，部门经理签个字就好了，这么多年都是这么过来的。”研发经理一脸的坦然，好像他已经放开了。

“按照国家标准，研发部应该在图纸还没有完全定型前把工艺部和质量部招呼进来，进行可制造性审查和质量先期策划的，而不是图纸定型后走流程大家签个字，这是流于形式的，导致大家都不负责任。”我一针见血地指出核心问题，质量部经理和工艺部经理有点儿坐不住了。

“确实应该这样，研发部以后会在图纸没有定型前邀请工艺部和质量部人员介入，这样就避免了后面他们闭着眼睛签字的现象，同时研发部的工程师也会加强自身制造技术和质量技术的培养，除了具备研发能力外，还要具备工艺工程师和质量工程师的能力，这对项目进度和质量有巨大的促进作用，对自身能力也是非常大的提升。”研发经理说得好激动，他好像理解了“自己能力足够的话，还要同步工程做什么”的道理。而且说实话，这家工厂做的产品就是传统产品，同步工程不一定是那么重要的。

“设计图纸的同步工程讲到这里吧。大家要记住，我们即将开展的数字化项目必定在数字化平台中强管控结构工艺性审查，那就是说如果没有工艺和质量的审查，图纸是不能发出去审批的，好吗？”我看向质量经理和工艺经理。

“这个好啊！”工艺经理和质量经理想要说些什么，但是欲言又止。其实我知道他们心里想的是什么，那就是："我们这么多年来都是闭着眼睛签字的，这回要在数字化平台里强控，我要是没有点工艺技能干货和质量干货，贸然签字，后面出了问题，那是要严重追责的，而且系统中设定的是图纸在未定型前就要求审查，这个压力山大了"。

"你们两个肯定在想，我到底要审查什么呢？"我看向质量经理和工艺经理，"这个你们后面慢慢想吧，这是你们内部要提升的任务，我们往下看吧。"

"好，我们要仔细思考如何提升我们的审查能力。"工艺经理和质量经理异口同声地说道，但是掩盖不住他们内心的慌乱：质量经理的脸一直是红的，这说明他是极其心虚的；工艺经理的眉头已经皱成了一个"川"字，他也是极度心慌的。

第二节　无人知晓的产品设计失效模式分析

"那么广义的同步工程之一，产品设计失效模式分析你们做得怎样？"我看向研发经理。

"说老实话，我们没有做，我知道这是个好东西，但是你知道，我们的工程师还是比较弱的。"研发经理干脆承认了。

"那你说下设计失效模式上接什么？做完之后给到哪个部门？这一条逻辑路线是什么？"我要求研发经理说。

"唉，都没有做过，我哪知晓这个东西的意义呢，我就知道这是一个高级的东西，很多外企都在做，是个高端货。"研发经理看来是心有余而力不足，但是我认为不是不能而是不为也。

"就知道你们没有做，我来说吧。所谓失效模式分析，就是我们老祖宗说的三思而后行。简单来说，当你打算干一件事情的时候，你要评估好，既能上得了台，也能下得了台，就这么简单，不要被外国人传过来的高级叫法忽悠了，没有这个词语，难道我们做事都不想想如何下手？"只见研发、工艺、质量三位经理拼命地点头，"生活中就有很多常识体现了设计失效模式分析，比如我们经常使用的洗碗机，如果洗碗期间，洗碗机的盖子被打开，那么洗碗机必定会停止并报警；如果不停止，高温的水就会把人烫伤。比如电动汽车的充电盖子没有盖好，驾驶员就无法启动电动汽车。这都是基本常识。”

“失效模式分析分两个阶段，设计阶段的失效分析就是设计失效模式分析，制造端做的失效模式分析就是制程失效模式分析，两者的模板都是一样的，区别在于什么呢？”我问研发经理。

“我没有做过，不好瞎说。”研发经理比较尴尬。

“沈总，我晓得，顾名思义吧，设计失效就是在设计上要注意，避免设计导致的产品功能失效，制程失效模式分析就是要在制造阶段用一些手段避免最终产品性能失效，”纯真的质量经理激动地说道，“沈总，是不是这个道理，反正我是做质量的，是局外人，说错你也不会怪我的，哈哈。”

“你说的还是有道理的，从字面上解释也对，更多的是从业务路线上来说，设计失效模式的前端输入是质量功能展开，英文名称是Quality Function Deployment，质量功能展开由市场部负责出具，基于此，可以把客户的需求分解得细化一层。比如，客户需要这个电水壶有报警功能，这是客户最朴素的功能需求，那么质量功能展开的作用就是回答如何达成报警功能，是水烧开之后报警，还是电热丝浸水后报警，还是长时间水在保温状态没人喝水报警，等等，当我们确定了客户的需求是‘希望水长时间处于保温状态没有人喝水就报警，而且要远程发信息告知客户’，就可以进入产品设计失效模式分析，质量功能展开就不详细说，这是前端的前端了。我要告诉大家的是，设计失效模式也是有输入源的，也是有家长的。”

“这样说来，我们也曾简单做一些质量功能展开的，比如客户要求产品要防水，我们就问客户需要的防水等级要达到多少？这个是不是就是质量功能展开？”研发经理问道。

“这个就是质量功能展开，我们要知晓任何术语的起源，不要被所谓的‘高大上’的名词镇住了。”我停下来看了看研发经理，他好像也领悟了，“质量功能展开不是我们要关注的，我要调研的是设计失效模式分析，回到主题，当研发经理知道‘长期没有人喝水，电水壶就要报警并远程发送信息告知客户’，你肯定有一些设计方案，比如有计时器，有信息发送模块等，计时器、信息发送模块的设计就必须考虑后续产品的性能稳定。”

“就拿计时器来说，你要把计时器模块的BOM展开，看到每一个零件，根据标准对每一个零件进行失效打分。比如，国际标准有标准的模板，就是可探测性、严重度、发生频率三个维度。你们会后可以自行寻找模板，可以一级一级地细化，初级方式是在零件层面对整个零件进行设计失效分析。比如，计时器的盖子会发生什么失效呢？可能会发生盖子不能防水，水汽进入计时器，导致计时器功能丧失，那么设计上的对策可以是提高盖子的防水等级，或者重新设计安装位置，不让水汽通过盖子，”我停顿了下，怎么感觉又在科普了，“比较深度的设计失效模式是把一个零件的图纸上的所有技术要求列出，逐个进行设计失效模式分析。比如，计时器盖子可能不能阻挡水汽进入，设计上理论尺寸不会有缝隙，但是由于公差累积产生了概率上存在的缝隙，这时候就要更改设计公差了，这是最深刻的设计失效模式分析。”

“我们肯定做不到这么细致的，沈总，这个要求真的是太高了。”研发经理摇了摇头，典型的不自信。

“不是做不到，是大家不想考虑得那么深入，多想几层就可以啦，”我指出来，“不过能够做到零件级别的设计失效模式分析都已经很不容易了。”

“要注意，设计失效模式分析和制程失效模式的分析是不一样的逻辑，做设计失效模式分析时，给出的对策肯定必须是从设计角度进行改动，如果所有对策都是从制造端进行规避，那就不是设计失效模式分析了。这个常识大家要记住。当然，允许极度少量的对策是在制造端规避，这也是没有办法的事情。比如，设计一个盖子，技术要求上规定不能有任何划伤，因为划伤会影响外观，会导致产品卖不出去，要从设计上避免‘盖子就算是被磕碰也不会有外观划伤’是可以的，但是会用到极度昂贵的材料，这种材料的价格会导致产品价格上涨，没有市场竞争力，那么最经济实惠的对策就是盖子生产出来后，用保鲜膜包好盖子，这也是设计为制造服务的表现。”

“你们设计失效模式分析没有做，我记在本次调研中。实话实说，就算没有做设计失效模式分析也不丢脸，毕竟这要求高。”我对研发经理说，他尴尬地点了下头。

设计失效模式分析如表2.1所示。

表2.1 设计失效模式分析

DFMEA Design Failure Mode & Effects Analysis

组件或元件	功能	潜在失效模式	潜在失效后果	最严重后果（10等级）	严重度	潜在失效原因	频度	现有预防措施	现有探测措施	探测度	RPN	专门设计	提防	警示	建议措施
					16							0	0	0	
爪片弹簧	用于控制加紧力	爪片弹簧的变形力不能确保给母排的夹紧力	接触电阻偏大	电气性能受影响	7	爪片弹簧的变形力设计不合理	4	人料检验	NA	7	196	X		X	生产线做受力测试检具，装配之前做测试
		爪片弹簧断裂	连接夹头散架	开关完全失效	9	爪片弹簧的材质选择不合理	1	厂商提供材质报告	NA	10	90			X	
		卡触头片松动	接触电阻偏大	电气性能受影响	7	槽开间设计尺寸偏大	4	人料检验尺寸是否符合规范	生产现场检查	1	28		X		
触头集槽	用于放置触头	触头集左右松动	接触不良	电气性能受影响	7	槽开间设计尺寸偏大	4	人料检验尺寸是否符合规范	生产现场检查	1	28		X		
		触头集上下松动	成品开间尺寸大，和主母排接触力不够	电气性能受影响	7	槽设计深度偏大	4	人料检验尺寸是否符合规范	生产现场检查	1	28				
触头	用于导通电流	镀银层发黑发黄	接触不良	电气性能受影响	7	镀银设计不合理	1	人料外观检查	NA	10	70	X	X		设计要求供应商在每个零件上密封包装
		镀银价格贵	整体成本增加	市场竞争力减小	1	过量设计镀银面积	4	NA	NA	1	4		X		
		厂商无法做到要求的电导率	无法交货	无法生产	10	电导率设计不合理	1	人料检验控制	电导仪器抽检	1	10		X		设计合理的电导率
		夹紧母排力不足	接触电阻大	电气性能受影响	7	关键夹紧尺寸设计不合理	4	人料检验控制	测量关键尺寸	7	196	X		X	生产线做快速检具，装配之前先检查
支撑板	用于外围骨架	成品倾斜	难以装配到母排上	电气性能受影响	7	穿芯轴所用孔的大小及定位设计不合理	4	人料检验控制	测量关键尺寸	7	196	X		X	生产线做快速检具，装配之前先检查
定距板	定义开口尺寸	开口间距忽大忽小	装配无稳定性	电气性能受影响	7	开口板宽度设计不合理	4	人料检验控制	测量关键尺寸	7	196	X		X	生产线做快速检具，装配之前先检查
穿芯轴	用于固定触头集	无法穿插入孔或铆接成品松动	难以装配到母排上	电气性能受影响	7	设计直径不合理	4	人料检验控制	测量关键尺寸	7	196	X		X	生产线做快速检具，装配之前先检查
		材料无法耐受爪片弹簧力而弯曲，甚至断裂	整个连接夹头散架	开关完全失效	9	弯曲强度无定义	1	人料检验控制	NA	10	90	X		X	生产线做受力测试，装配之前先检查
主回路连接夹头	确保和主母排的夹紧力	难以装配到母排	接触电阻大	电气性能受影响	7	夹紧力设计不合理	4	NA	产线做夹紧力测试	1	28			X	
	足够的支撑强度	强度不够，铆接断裂	整个连接夹头散架	开关完全失效	9	铆接后高度和直径无设计要求	4	NA	产线做插拔测试	1	36			X	
	和母排顺滑接触	和母排接触不顺滑	镀银面磨损严重	电气性能受影响	9	设计无润滑要求	4	NA	目视检查是否在触头上涂低温油脂	1	36		X		

第三节　没有项目管理的产品设计

“我问你们一个好回答的问题，产品研发期间，你们到底有没有召集质量部、工艺部、生产部来参加会议呢？这个也是同步工程的一部分，”我问大家，“可不能闭门造车的。”

这个时候，我看到大家竟然面面相觑，但这是一个简单的、常识性的事情。

“领导，你又问到点上了，你的眼光怎么那么毒呢？”研发经理叹了口气，“曾经，我们是有项目经理的，那是多年前了。”他抬了下眼镜，思绪回到了十几年前，“我们有一个研发老大，是德国人。当时公司刚成立，大领导从行业内的先进外企里挖来了一个设计高管，负责整个研发团队的建设和管理。刚来嘛，大领导非常支持德国人，一来表态要做好研发，二来也是给德国人撑腰，鼓励他好好干。在蜜月期内，德国人参照他在德国企业的研发模式，迅速搭建了研发团队，其中就有项目管理团队，项目经理确实召集各个部门开会驱动研发进度，可是蜜月期过后，大领导发现投资几个亿后，没有做出像样的产品，一怒之下就把这个德国高管开除了，其中细节就不说了，说起来都是泪。”李总的眼睛泛着泪光，看来他亲历了这惊心动魄的时刻，“树倒猢狲散，原来一百多号研发人员的研发中心，不断地调岗、裁员，调岗、裁员是从价值最低的员工开始的，就如科技进步第一个淘汰的永远是一线员工。你们去肯德基餐厅看看，现在都没有点单服务员了，都是自助点单，老实说我每次去肯德基点餐都是极度不愉快的。”

“你不要扯远了，”生产经理打断了他，“难道项目经理没有技术含量吗？”

“你说得对，但是也不对。我们认为项目经理在跨部门协调推动进度上是很有作用的，可是大领导认为项目经理就是在‘吹拉弹唱’，对上忽悠，对下妥协，这个中间夹心层的存在挡住了上头了解底层一线状况的脚步，蒙住了上头的眼睛，是个毒夹心层，所以一定要除之。在这种情况下，项目经理就被当作不做事、瞎忽悠、没有价值的一群人，第一时间就被‘革命’掉了。”李总娓娓道来，饱经沧桑的样子让人心酸。

“我知道你们的苦楚，可是既然项目经理没有了，那么谁来推动项目呢？”我惊讶地问道。

“负责产品开发的工程师呀，大领导要把我们打造成全能王子。”

“这是不对的，我和你们说啊，产品开发工程师成天对着电脑想着产品设计方案，他们交流的对象基本上就是电脑设计软件，语言功能实际是退化的，要他们放下设计方案和别的部门沟通协调项目进度，是一件非常难做的事情。毕竟术业有专攻的，我多年前也是做研发的，长期对着设计软件和电脑交流，和人沟通时说话都不连贯，这样下去我老婆都要认为我是一个机器人了，所以我毅然决然地转向了工程、工业化、精益等业务，凭借我对产品的精通和更多的人交流，我今天才能站在这里和各位聊天。”我真的非常惊讶，竟然连项目经理这个业务块都砍了，出乎我的想象，“任何一家世界先进企业都有庞大的项目部，项目经理不需要懂具体的产品细节，但是他们必须懂得从产品设计开始到出货各个环节的运作模式，若有环节出了问题，他们必须要把这个环节板正，这个端到端的核心打通的逻辑关系就是项目经理的核心价值！”

“反正在数字化平台上要上项目管理模块的，以后都是由电脑驱动项目进展，电脑就代替了项目经理，项目经理这个业务市场上有大把的项目管理软件能把项目管理经验固化好，所以大领导认为项目经理是可有可无的。”

“恰恰相反，再好的工具软件都不能代替人的主观能动性，你们要晓得，项目管理，管理的对象是你们这些高智商的设计人员，不是机器人。软件再好，凭你们的高智商，一定可以把这个工具软件化解于无形的。人是最难管理的，除非设计人员都是机器人，但这是不可能达成的。这其实就是项目经理的价值。”

“我们也不好反驳，像我们这种企业，大领导总归是对的，我们这些小虾米只有接受的份儿。”研发经理又一次躺平了。

“我来总结你们的问题，关于有没有常态化地召集质量部、工艺部、生产部参加设计会议，没有项目经理后，你们的做事方式是做到哪里就是哪里，没有人监督的，自己既是设计人员又是项目经理，既做运动员又做裁判，做事全凭自觉。项目进度，想报什么时候就什么时候，部门经理想要催你们快点，就一句话‘要么你来’呛回去，反正部门经理又不知道细节，没有项目经理上紧箍咒的日子真的挺舒服的。而且，就算项目已经延期了，你们也有充足的理由甩锅给其他配合部门，比如工艺部没有及时把模具开好而延误项目进度，质量部没有及时检验零件导致项目延误，投产后交不出货可以甩锅生产部不备料，等等。”我看了工艺部经理、质量部经理和生产部经理一眼，他们脸上露出了被人看穿的讪笑。

我继续往下说：“在这种既当运动员又当裁判的运作模式下，你们一定会一个项目做好多年，因为没有人监督嘛，延期了就向上头报备，然后照旧，再延期再报备，仍然照旧，你们心里有数手头上的项目做了多少年了吧。等产品做出来了，市场的红利期都要过了，企业还靠什么盈利呢？企业不盈利，你们的工资怎么涨上去？”

“即使工厂后期会上数字化项目管理软件，正如我前面说的，软件是上了，如果人的思维没有转变过来，仍然是一个摆设。我来举个例子，软件其实很傻，你给它设定什么取数逻辑，它就怎么展示KPI，我要软件获取本项目的按时完成率，取数逻辑是‘实际花费时间/计划花费时间’，表面上看很简单，我来告诉你如何用化骨绵掌之术化解这个按时完成率，假定这个计划花费时间是两个月，我在这两个月其实就只画了一张图纸，其他什么都没有做，这肯定是没有按时完成，但是我可以设定这张图纸就是这个产品开发阶段的唯一交付物，那么两个月内的按时完成率就是100%，其他还要设计的几百张图纸放入下个阶段好了，项目无限期地拖下去，但是KPI永远是100%，当然这个例子比较极端。我想说的是，有项目经理这个角色存在，这种事情的发生概率会大大降低，和有没有项目管理软件无关。”我看向大家，会议室又陷入了一片寂静。

这个简单放松的问题，竟然又引申出一个严肃的话题。

“好了，各位，这个问题我就记录你们没有常态化地召集工艺部、质量部、生产部开研发项目沟通会吧。”我总结道。

思绪万千，这个出乎常规的项目管理方式竟存在这么多年，还没有人质疑它的合理性，一步错步步错，大家跟着一条路走到黑，是大家在高压政策下的不敢反抗，还是在执行中发现可以较好地混日子而缄默无声呢？想了想，可能这家工厂被问责得太多了，从而形成了一种生存技巧。我打开窗户，伸手出去，寒风凛冽，可会议室内却温暖如春，恰如这家工厂一样隔绝了寒风自己过小日子，不知道增强自己的抵抗力，反而寄希望于外力把自己包得暖暖的。

第四节　经验主义的产品组装关系

“我们还是来讲讲同步工程的子项吧，产品组装关系图。大家知晓组装关系图吧？”我问大家。产品组装关系如图2.2所示。

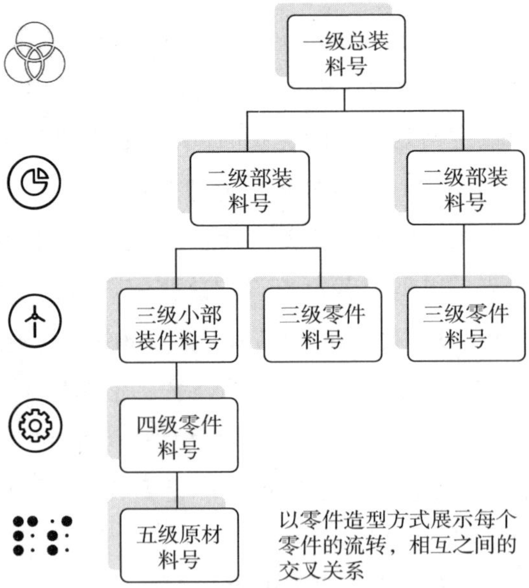

图2.2　产品组装关系图

“是不是工艺流程图？”工艺经理问我。

“组装关系图是研发人员提供的整个产品层面上的零件装配关系，类似组织架构，只是颗粒都比较细化，到最底层的零件级别。”

“这倒是从来没有过的，通常情况下研发人员把图纸发给工艺人员，工艺人员自己判断零件级别到底如何流转，这要求工艺人员要非常精通产品制造过程，工艺部的员工都是干了十几年的老手，一看就知道。”工艺经理说道。

“熟悉产品是好事，只是有个不好的事情，新员工没有这个组装关系图，可能不知道把这个零件放到哪里吧？”我问道。

“这个确实是，可是研发人员也不给我们呀，他们完全没有这个意识。”工艺经理看向研发经理，研发经理对工艺经理一脸鄙视。

“工艺经理不知道零件放在哪里，不知道前后关系，还做什么工艺经理呢？”研发经理反问。

“不，李总，我倒不是向着工艺部，没有人会第一时间就懂得产品过程的。研发部提交这个组装关系图有三个目的：一是告知后端每一个零件从开始到最终成品是如何流转的，便于工艺人员做零件级别的工艺流转图；二是质检人员拿了这个组装关系图，可以基于这个流转过程制订控制整个过程的步骤，这也是APQP先期质量策划的输入源；三是生产部可以初步形象化地知晓加工流程，以便提前评估设备是否有加工能力。任何一个事务都有来龙去脉的，前面输出什么，后面接受了这个输入，会继续往后输出，这样一环扣一环，就把整个制造逻辑连通了。”

“想不到还有我们质量部和生产部的前期输入源啊，看来我们过惯了苦日子。”质量经理和生产经理理直气壮地说道。

“这难道不是同步工程的一部分？研发部要给东西，你们才能同步呀，否则同步什么呢？”我对大家说道。

“好吧，我还是万恶之源。”研发经理有点绷不住了。

“当然，我们工厂是一家非常稳定的工厂，员工基本都是十几年工龄的，一看就知道零件的过程，我对于这一块的看法是虽然你们没有做组装关系图，但是不影响大局，好吗？”我乘机放宽他的心。

“那是当然，我们下次会注意。”

第五节　数据链断裂的制程失效模式分析和制程控制计划

“我们继续同步工程的下一个话题，制程失效模式分析和制程控制计划，你们现在开展的如何了呢？”我问工艺经理和质量经理，我看到研发经理松了一口气，好像他就等着我不关注他，我不关注他，他就可以笑看风云，看着质量部、工艺部、生产部被质问。

“我知道制程失效模式分析是工艺部的事情，我们还真是没有做过。”工艺经理赶紧承认。

“质量部应该有一些零件级别的检验单，远未达到制程控制计划的要求，而且你知道的，我们这个标准产品厂沿用了非标厂的做法，生产线的过程是不控制的，只做最后检验。”质量经理和盘托出。

“好吧，看来又要科普了。”我说道。

延伸阅读：制程失效模式分析和制程控制计划

制程失效模式分析和制程控制计划不是一个孤立的过程，必然有从哪里来到哪里去的这个主线条，制程失效模式分析和制程控制计划是含在整个制程稳健体系中的，是这个体系的核心一环。

1.制程稳健

制程稳健使用科学的方法论，如：设计失效模式分析（DFMEA），制程失效模式分析（PFMEA），产品质量控制计划（PQCP），制程控制计划（PCP），过程流程图（PFD），监督试验、防呆和自动化，可视化作业指导书等来确保制程控制的能力指数CPK大于1.5，最终满足客户对产品的质量要求。

稳健过程控制识别了现有的过程波动，并预见了潜在的过程波动，它制订了确保过程满足规范要求所必须采取的控制以及相应措施。

图2.3是制程稳健各个方法论的控制关系：过程流程图（PFD），失效模式及后果分析（FMEA）以及制程控制计划（PCP）应结合使用发挥最优效果；过程控制系统在创建时如果能得到一个跨职能团队的输入（包括操作员），过程的稳健性可以提高；稳健的过程控制系统需要定期评价和更新，持续改进。

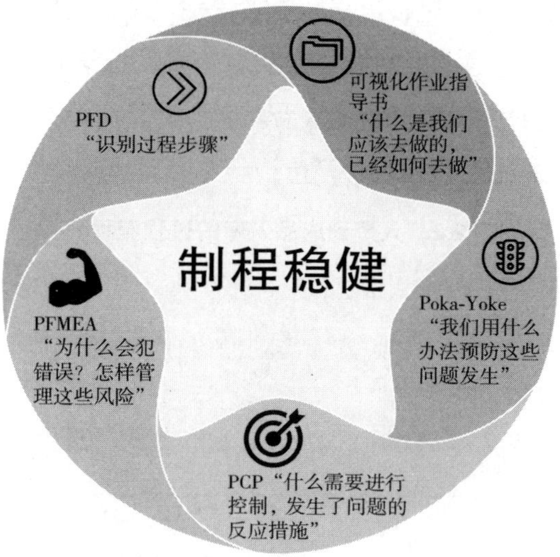

图2.3　制程稳健的关系图

2.过程流程图的阐述

过程流程图是确保稳健的过程控制工具中的一种，一个过程流程图能够可视化地描述流程，用来识别所有的过程步骤，包括从原材料入厂到生产出货，产品工艺流程图是过程流程图的一部分。

流程图提供了过程的架构，可以用来识别产品特性在某个过程中如何被影响以及被监控。

过程流程图有两个主要因素：第一，关键过程步骤的识别；第二，对于过程每一步的重要特性和其过程控制要求的识别。

过程描述。

设备类型（如果适用的话）。

控制的特性。

过程参数（公差等）。

其他要求和建议。

作为稳健过程控制的一部分，流程图应有效结合失效模式分析、制程控制计划以及操作作业指导书一起使用。

3.过程必须被逐步地定义

一个过程如果没有在过程流程图中被识别，那么我们无法确信该过程的风险得到评价或者过程得到相应的控制。流程图应该包含返工和检验的细节，确保识别“隐藏工厂”产生的浪费。

表2.2为典型的过程流程表，可用于参考。

表2.2　入厂到成品入库的过程流程表

步骤 Step	生产 Fab	搬运 Move	库存 Store	检验 Insp	返工 Rework	报废 Scrap	退货 Reject	Process Name/过程名称/操作描述	Control Files No./控制文件编号	Characters/特性 编号/No	Characters/特性 Product/产品	Characters/特性 Process/过程	Special Char. Class/特殊特性分类	Method/方法 Spec./产品/过程规范/公差	Method/方法 Measure-ment/评价/测量技术	Sample/样本 Size/容量	Sample/样本 Freq./频率	Control Method/控制方法	Reaction Plan/反应计划
1								原材料进厂	/	1	规格	/	★	2mm	游标卡尺		每批	材质证明进料送检单	采购部反馈供应商
										2	数量			与发货单一致	点数/称重	100%			
										3	外包装			无脏污、破损，变形，	目视	100%			
										4	材料品名			纯铁板	目视	100%			
2		Yes			No			来料检验	QJJHC J321、QJJHC J321	1	材质确认	材质	★	纯铁	/	1件/3件	每批	进料检查作业指导书、原料进厂检验标准	质保部检验组发出“不合格品处理单”
										2	尺寸	板材厚度		2mm	游标卡尺				
										3	外观	/		无锈蚀、划伤、压伤	目视核对				
										4	质量保证书			国家标准	目视核对				
3								原料入库		/	材料分类 先进先出 贴标识	/	□	按材料编号/等级	目视核对	/	每批		采购部仓库
4								领料		1	填写工序卡	/	□	外观无破损无数量差异	目视核对	100%	整批	先进先出	生产部金工车间
										2	领料								
5								冲床加工		1	落料、冲孔	冲床	□		游标卡尺	100%	整批	图纸	生产部金工车间
										2	折弯								
								准备		1	画线	钳工台钻床	★	图纸	高度游标尺游标卡尺螺纹规		整批	图纸	生产部金工车间
										2	装夹			图纸					
								钻孔		3	钻头Φ2.2			钻螺纹底孔孔					
								攻螺纹		4	M3丝攻			图纸					
		Yes			No			首件检验		5	尺寸			图纸		100%			
											外观			外观检验标准					
10								电镀		1	镀锌	酸洗池 镀槽 烘箱	★	除油、除锈 镀锌 钝化 干燥		1件	批		电镀厂
11		Yes			No			检验	Q/JJH CJ321	1	镀层厚度测试		★	8μm	厚度测试仪	1件/批	批	图纸检验指导书	质保部检验组
										2	外观			外观检验标准		100%			
12								入库			数量		□	/	目视	全数	/	先进先出	采购部仓库

注：★，重要性　●，一般性　□，次要性

4.制程失效模式分析（PFMEA）的阐述

制程失效模式分析是一种提前评估过程和降低风险的工具，作用相当于俗语“三思而后行”表达的意思，提醒企业提前避免风险。

制程失效模式分析的最终目的是稳健过程控制，它是一个系统性的工程，系统路线是研发制造工程师释放量产时向量产工艺工程师提交设计失效模式分析、产品质量控制计划、组装关系图→工艺工程师制作作业指导书→工艺工程师针对作业指导书中的每一个步骤编写制程失效模式分析；从入厂到出厂的整个过程流程图伴随制程失效模式分析一起制作出来→质量工程师根据制程失效模式分析制作制程控制计划。

针对导入类产品，可以没有设计失效模式分析和产品质量控制计划，但是我们必须看到证据，证明制程失效模式分析是在生产线上使用发现的缺陷进行评审的，并且是由客户（客户反馈的产品分析）进行评审的。然后对发生频率和可探测度进行相应的评审，更新制程失效模式分析。如果RPN（≥125）和/或严重性（≥8）发生变化（有些公司定义RPN为120或100，这样的定义更好，因为乘积越小，体现公司对制程稳健越重视），则企业必须采取行动降低风险。客户抱怨和人机工程点必须加入制程失效模式分析文档中，并随时更新版本。

制作制程失效模式分析的流程如图2.4所示。注意：必须要开展头脑风暴讨论，通常参与部门是工艺部、质量部、生产部、计划部、环安卫部、设备部、出货、仓库等，负责人是工艺部人员。

如果打分超过125分，必须要有改善对策并追踪对策是否执行到位。如果没有外部的抱怨，通常半年更新一次制程失效模式分析。有试跑，客户抱怨，正式量产前必须做制程失效模式分析。失效模式分析必须和工艺流程图同时开始。失效模式分析需要非常清楚地描述过程研究的是什么和怎么研究的，依靠集体群策群力的方法，对于人工参与的过程是非常有用的工具。做好事前防范强于事后改进。不是为了做文件而开展失效模式分析，目的是降低风险优先序数，降低过程的风险。

失效模式分析计算出风险优先序数，它是三个指数（缺陷的严重度、发生频度、缺陷被探测的机会）的乘积（见图2.5）。

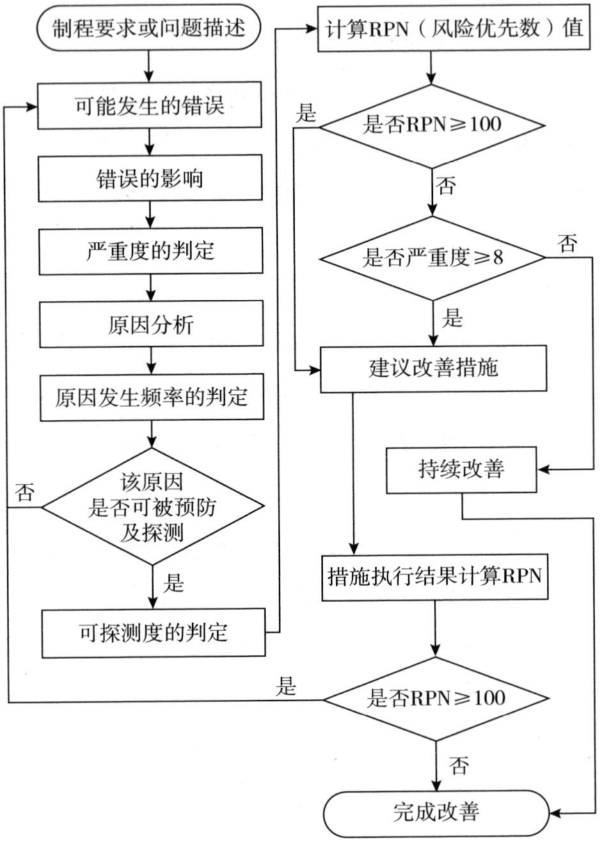

图 2.4　制程失效模式分析流程

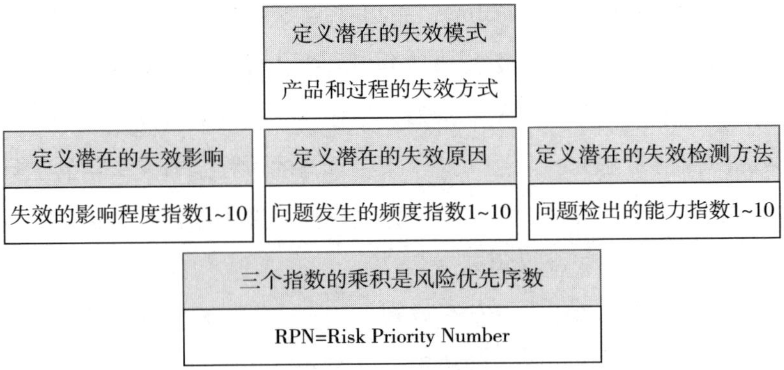

图 2.5　失效模式的数字化衡量方式

如何定义打分标准，请参考表2.3。

表2.3　失效模式的打分表

严重性			发生频率			可探测性		
	顾客后果	组装后果		失效率	可能性		探测分级	检查类型
10	伤害顾客或员工	可能危及作业员而无警告	10	≥15次/月	很高，持续性发生的失效	10	无法探测或没有检查	操作员
9	违法	可能危及作业员但有警告	9	12次/月		9	仅以抽样实验发现	抽样试验
8	产品或服务不适于使用	产品必须100%报废	8	10次/月	高，反复发生的失效	8	目视/自检	操作员
7	导致顾客极端不满意	部分产品必须报废	7	8次/月		7	二次目视检查	操作员
6	将导致部分功能失灵	所有产品可能需要返工，有零件报废	6	6次/月	中等，偶尔发生的失效	6	SPC控制/生产线定时抽检/100%操作	测量
5	引起性能损失，可能会造成客户投诉	所有产品可能需要返工，无零件报废	5	5次/月		5	100%检测	测量
4	引起较小的性能损失（如未紧固、漏螺栓、磨损等），可能导致投诉	库存差异	4	4次/月		4	以后工序可发现	检错
3	外观，可能导致投诉	部分产品需要返工，有零件报废	3	3次/月	低，很少有关的相似失效	3	下一操作可发现	检错
2	外观，不会导致投诉	部分产品需要返工，无零件报废	2	1次/月	低，很少有关的相似失效	2	100%自动检查	检错
1	不会引起注意/小问题	导致不便	1	≤0.5次/月	极低，失效不大可能发生	1	在工艺流程中或设计中应用Poka-Yoka	防错

典型的制程失效模式分析如表2.4所示。针对RPN大于125分的项目必须有防呆改善和自动化措施，而不是一而再再而三地宣导。如果公司产品是以手工生产为主，且年产量极大，该公司推行低成本自动化（Low Cost Automation，LCA）设备来解决手工装配导致的人为问题是非常合适的。

通过头脑风暴给事项打分时，必须当场定下改善计划的负责人和预计日期，写上未来的RPN乘积是小于125分。会后，需要有常态化的周会来追踪改善计划的进度以匹配预计日期，预计日期前没有完成的，需要计入该员工本月绩效考核。

表2.4　失效模式分析表

<table>
<tr><td colspan="3">文件编号：</td><td colspan="2"></td><td colspan="3">过程责任：</td><td colspan="5">编制人：　FMEA日期（编制）：</td><td colspan="5">项目：</td></tr>
<tr><td colspan="3">版本：</td><td colspan="2"></td><td colspan="3">核心小组：</td><td colspan="5">FMEA日期（修订）：</td><td colspan="5"></td></tr>
<tr><td rowspan="2">过程功能/要求</td><td rowspan="2">装配过程</td><td rowspan="2">潜在失效模式</td><td rowspan="2">潜在失效后果</td><td rowspan="2">SEV严重度</td><td rowspan="2">潜在失效起因/机理</td><td rowspan="2">OCCUR频度</td><td rowspan="2">现行过程控制</td><td rowspan="2">DETEC探测度</td><td rowspan="2">RPN</td><td rowspan="2">建议措施</td><td rowspan="2">PIC</td><td rowspan="2">责任及目标完成日期</td><td colspan="5">措施结果</td></tr>
<tr><td>采取的措施</td><td>SEV</td><td>OCC</td><td>DET</td><td>RPN</td></tr>
<tr><td></td><td></td><td></td><td></td><td></td><td></td><td></td><td></td><td></td><td></td><td></td><td></td><td></td><td></td><td></td><td></td><td></td><td></td></tr>
<tr><td></td><td></td><td></td><td></td><td></td><td></td><td></td><td></td><td></td><td></td><td></td><td></td><td></td><td></td><td></td><td></td><td></td><td></td></tr>
<tr><td></td><td></td><td></td><td></td><td></td><td></td><td></td><td></td><td></td><td></td><td></td><td></td><td></td><td></td><td></td><td></td><td></td><td></td></tr>
<tr><td></td><td></td><td></td><td></td><td></td><td></td><td></td><td></td><td></td><td></td><td></td><td></td><td></td><td></td><td></td><td></td><td></td><td></td></tr>
<tr><td></td><td></td><td></td><td></td><td></td><td></td><td></td><td></td><td></td><td></td><td></td><td></td><td></td><td></td><td></td><td></td><td></td><td></td></tr>
<tr><td></td><td></td><td></td><td></td><td></td><td></td><td></td><td></td><td></td><td></td><td></td><td></td><td></td><td></td><td></td><td></td><td></td><td></td></tr>
<tr><td></td><td></td><td></td><td></td><td></td><td></td><td></td><td></td><td></td><td></td><td></td><td></td><td></td><td></td><td></td><td></td><td></td><td></td></tr>
<tr><td></td><td></td><td></td><td></td><td></td><td></td><td></td><td></td><td></td><td></td><td></td><td></td><td></td><td></td><td></td><td></td><td></td><td></td></tr>
<tr><td></td><td></td><td></td><td></td><td></td><td></td><td></td><td></td><td></td><td></td><td></td><td></td><td></td><td></td><td></td><td></td><td></td><td></td></tr>
</table>

5. 制程控制计划的阐述

制程控制计划是供应链中保证稳健过程控制工具库的一部分。在给出的过程中总结所有的控制特性，包括控制什么、怎么控制、和谁去控制。

制程控制计划是控制产品和过程，将可变的因素最小化，以满足客户的需求。制程控制计划是失效模式的下一个步骤，只有工艺部门提供了失效模式分析，质量部门才能够根据失效模式做出来制程控制计划。

制程控制计划的制订要遵守四个主要原则。

第一，过程信息中记录所有的过程步骤通常和流程图一致。

第二，过程特性要具体描述需要控制的内容。

第三，控制方法要给出操作步骤怎样被控制。

第四，反应计划需列明可能失控的反应计划。

非常有效的方法是联合工艺流程图、失效模式分析和操作指导去完成。当新产品和新工艺被引入的时候，企业可完美地控制风险。定期地检查制程控制计划，以持续改进信息记录的质量。

基于失效模式的制程控制计划表如表2.5所示。

表2.5 基于失效模式的制程控制计划表

工厂		创建		日期		签字确认	质量		日期		文件编号
过程		版本		日期			生产		日期		
产品							工程		日期		

序号	生产过程					控制参数				控制过程						
										检验系统				纠正计划		
											人工检验					
	工位号	工位名称	操作描述	设备/工位/工装/工具	类型	产品特性	过程特性	关键等级	规范	控制频次	检验员	操作工	控制方法	记录	产品反应计划	设备/过程/工装反应计划

“各位，从控制计划往后跑，还有更多的步骤，我在这里先不讲了，因为涉及后端大量事务。”我和大家说道。

“领导，你说太多我们也是消化不了的，只能慢慢来，一口吃不成一个胖子。”质量经理说道。

“针对开发阶段的产品，严格意义上讲，先有设计失效模式分析，才有制程失效模式分析，你知道设计失效模式中的哪些要点可以转移到制程失效模式分析吗？”我问向工艺经理。工艺经理是做了二十几年的老专家，是一个勤勤恳恳、任劳任怨的老黄牛，但是他不是一个讲究方法论的人，一切从实用主义出发，所以他的工业逻辑思维是断断续续的，他喜欢解决点上的问题，却从来不把点上的问题放到整个体系面上来思考。我们讲任何事情都要水平展开，解决了这个点上的问题，就要看看同类问题是不是在体系面上大量存在，如果存在，那就趁热打铁一并解决。可惜的是，他就爱救火，而且是长期救火，封他个救火队长倒是非常好，这是我对他的评价，平时和他聊天，我也一直提醒他，可是想要改变一个人，除非先变成这个人，否则很难。在这个浮躁的社会，不会有人在某个人身上花大量的时间来静静地等待其转好。

“我就认一个死理，让我做制程失效模式分析，研发部先交出来设计失效模式分析，否则我是不干的，这个逻辑关系是不能断的。”工艺经理目光如炬地看向研发经理。

“咳咳，话是这么说没有错，研发部给工艺部设计失效模式分析后，工艺部如何摘取报告中的信息开展制程失效模式分析呢？”我问道，“要知道研发部在设计失效模式中的大部分对策是改设计，比如有100项，其中有99项是改了设计的，还剩一个要后期制程中来保证，工艺部拿了这个报告怎么开展制程失效模式分析呢？”

“我拿了这个报告，这是先决条件，有了报告后我再开始做制程失效模式分析，我才不管报告中有多少个是设计避免了，哪怕全部都设计避免了也不搭嘎。”工艺经理嘴硬地说。

“我们现在就假定研发部的设计失效模式分析全部都是设计改了方案了，那么工艺部做制程失效模式分析的输入源是什么呢？你告诉我。”我问向这个老专家。

老专家一下子顿住了，他应该没有想到我会问得这么深入，卡在那边说不出话来了。

“沈总，这个逻辑关系你不是已经在昨天与刚才的科普中说了吗？”质量经理出来打圆场。

“针对这个问题，结合我已经和大家科普的，输入源有三个：第一，零件级别的图纸上的每一个技术要求都要列出，PPAP的交付物之一就有零件质量规范，在这个质量规范中，研发人员要是懂点制造的话，会有初步的制造风险分析，工艺部要基于这个零件质量规范清单做制程失效模式分析，再说简单点就是打开图纸把上面的每一个技术要求列出来，进行制程失效模式分析；第二，就和作业指导书有关系了，研发阶段的作业指导书是初级的作业指导书，不管是不是初级，里面总归有操作步骤，工艺部需要把每一个操作提取出来作为制程失效模式分析的输入源；第三，是过程流程图，它只是识别，而且识别的是整个过程，但是不做风险分析，过程流程图一般由质量来识别，你可以问质量部要的。我不想看到，设计失效模式分析中就一项是流转到后端保障的，工艺部的制程失效模式分析里面就只有一行，这是典型的不负责任。”我看向工艺经理。

“这个我们肯定不会的啦。”工艺经理赶忙表决心，我看得出他的脸也涨红了，只是没有质量经理那么红，果然姜还是老的辣。

“还有，严格说来，研发部就应该做出零件质量规范和初步风险分析，给到质量部和工艺部的，你们没有做，以为给一张图纸就够了。”我看向研发经理，研发经理自知理亏，话到嘴边还是咽下去了。

“所以，同步工程的失效模式分析和控制计划，我认为你们是没有做到位的。”我面向大家做出结论。

第六节　从未落实的重要问题清单

“那么我再来问下，你们是如何合作解决重大问题的？在产品开发期间，释放量产前，肯定要有重大问题清单和微小问题清单，重大问题必须在释放量产前完全解决，微小问题不影响到释放量产，但是必须规定解决问题的时间期限，请让我看看你们的问题清单。”我问向大家。

“我去准备，这个都在研发工程师手上，都有。”研发经理赶紧打了电话给部门主管。

“那这样吧，你先来介绍你们解决问题的方式吧。”我对质量经理说。

“领导，我们的方式蛮奇特的，”质量经理娓娓道来，“我们公司成立了一个产品线核心团队，核心成员是研发、工艺、质量、生产。一旦出现问题，问题第一时间反馈到质量部，质量部描述汇报问题，然后产品开发期间出现的问题转给研发部，释放量产后出现的问题转到技术部。以研发阶段的问题为例，研发人员给出解决对策，我们就执行这个对策。”

“听起来蛮好，可是为什么还会有这样那样的问题跑到客户端呢？从理论上讲，按照这个方式运作下来，不可能还会出现较多的客户投诉呀，比如上一次的隔弧板击穿问题，还有昨天我说的榔头敲的问题，这个又是怎么一回事呢？”我问大家。

又是一片死寂。

“我来说吧，我对你们的了解不是从这次调研才开始的，你们的真实情况是所谓的产品线核心团队形同虚设，说是核心团队聚在一起，实际上分崩离析。”我看向大家，他们一脸崇拜地看着我。

“我还是以榔头敲入的问题为例子吧，我相信生产部第一时间反馈了这个问题，也相信质量部第一时间反馈给了技术部，可是技术部给出了什么对策吗？多少年来都是用榔头敲，到底是哪个环节出了问题呢？”我问技术经理，技术经理一直没有说话，因为这家工厂的运作方式是释放量产后的产品交予技术部，技术部来运作核心团队。技术经理是一个大胖子，心宽体胖，嘴巴很能说，思想很有高度，脑子里的体系非常完整，但是一般不落地，我知道他也为难，在这边没有根基，技术工程师都不听他的。

“我们设计上就是过盈配合，不是间隙配合，所以天然要用榔头敲入的。”他一口咬定设计没有错误。

“那为什么之前开的模具就不要榔头敲入呢？”纯真的质量经理弱弱地问了一句，“是不是之前的模具没有开好？”

单纯真的是好事情，单纯再加有逻辑，足以问得人无言以对。

“不要做杠精。”技术经理白了一眼质量经理。

“这些逻辑关系真心说不通，那么我来问，你为什么要设计成过盈配合呢？同行所有的产品都是设计成间隙配合的呀，你能把图纸打开给我看吗？”我问他。

经过半小时的翻找，技术部找出了图纸，发现这个产品设计也是间隙配合的，那么问题来了，“明明是间隙配合，为什么还要榔头敲入呢？应该第一时间检查尺寸有没有到位，这么明显的问题，就是A和B两个零件配合不良。”我问质量经理。

质量经理的脸又红了，火又烧到了质量部身上。不过我一直认为这个质量经理能够脸红，还是一个实实在在的人，只是他不知道解决问题的方法。

“我来和你说，叙述事情，需要遵循SMART原则，不是打个电话通知技术部就万事大吉了。SMART是几个英文单词的首字母缩写，S表示Specification，即有规范的，M表示Measurable，是可量化的，A表示Achievement，是可达成的，R表示Relevant，即相关联的，T表示Time-able，即有时间限定的。问题就出在质量部没有描述好问题，按照这个方式来，对问题的第一次描述就会使一些核心事情浮出水面。”我诚恳地看向这位单纯的质量经理。

“沈总，你来教教我怎么叙述吧。”

“当质量部得到生产部反馈的问题后，要找出这个规范，这就是S，质量部应该把装配件和基座这两个零件的图纸找出来，在图纸上找到受影响的尺寸，若找不到图纸和对应的尺寸，还可以找技术部进行确定，再怎么样你们是核心团队吧。”

质量经理满脸幽怨，“他们通常不告知我们规范的。”

“这是你们内部的事情，我默认你们核心团队内部是精诚合作的，拿到图纸上规定的设计尺寸后，请测量人员测量这个尺寸是不是在规范之内，若有拔模角，应该测量上下两个端面（见图2.6），然后询问技术部到底以哪个尺寸为判断依据，这遵循了SMART原则中的M。如果质量部和技术部哪怕有一点点‘三现主义’的意识，多年前就会解决此问题。A就是你给出的对策是可达成的，前面研发经理已经讲到，重新开模是不可能的，那么改配合件的尺寸是唯一可行的办法了。R意味着你给出的对策是和这两个零件相关的，不是风马牛不相及的对策，现在你们的对策是用榔头敲，就已经是风马牛不相及了，是吧？”我看向生产经理。

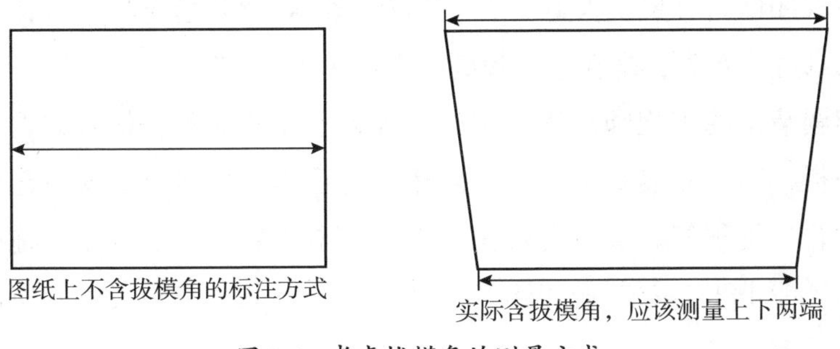

图2.6　考虑拔模角的测量方式

“我再补充一个风马牛不相及的对策吧，加点润滑油强行把装配件塞入基座，当时我有两种方案，一个是榔头敲，一个是加润滑油，最终选择用榔头敲。”生产经理恨恨地看向质量经理和技术经理，“这些对策哪要我给出呐，他们就是不理会生产部的呼喊，生产部也是没有办法才这么干的。”

“我知道你憋屈了多年了，核心团队在这个问题上，是典型的谁提谁负责，你提了，大家都不管或者说不知道怎么管，然后你就自生自灭，反正生产部不想办法装进去，出不了货，会被客户抱怨不出货，这个不出货的压力技术部、质量部肯定是不背的，我说得对吗？”

“就是，前面每一个环节的不作为，最终都会由生产部来承接，你们不惭愧吗？”生产经理感觉有人撑腰了，明显地对技术、质量的嗓门大了起来，“就如你们把手榴弹拔了保险盖，互相扔来扔去，待到最后一秒要爆炸了，一下子扔给生产部，让生产部自生自灭。”生产经理义愤填膺地看向两个部门经理。

“你说得我们两个像恐怖分子了。”质量经理和技术经理明知理亏，赶紧打哈哈。

“别扯远了，让我说完T，T就是有时间限定的，你们这个问题拖了多少年呀，要是当时仔细研究，何以到我调研时还在用榔头敲呢？我不希望我调研完多年后，你们还在用榔头敲。”我对大家说道。

“所以，我说你们的核心团队就是个样式而已，看似一个团队，实际上是不堪一击，完全经不住推敲。一个所谓的核心团队，看似大家都在管事情，实际大家都不负责任，质量部描述不好问题，技术部随意给出一个方案，工艺部觉得不好执行就不执行，生产部自己想办法克服，责任不清楚，分工不明确，打着团队合作的名义瞎运作，”我顿了顿，“若是有说错的话，你们把问题清单拿过来看看，现在应该找到问题清单了吧？”

找问题清单的工程师终于来了，我查看了他们的报告格式，看到问题的负责人一栏，写了多名负责人，我果然没有看错，多名负责人一起处理，看起来团队合作得很好，实际上是完全不会有事务处理进展的，要拖拉一起拖拉，上头怪罪下来，要罚一起罚，但是大部分情况下法不责众，所以好多事情就不了了之。

“你们看吧，这是你们创造出来的一套应对问题的独特办法，全部都糅在一起，把上面领导搞糊涂，然后就真的不了了之。我希望，不要再有“负责人是多个”的事项，若有多个负责人，请你们在会议上都分好，如果原来想把三名负责人写在一个栏里的，可以把这个事情分成三部分，每人负责一部分？”此刻，我已经感受到这家工厂把水搅浑的独特功力了。

“我来总结下，这个同步工程中的重要问题清单，我认为是有的，但是都是浮于表面的，我认为所有的重要问题没有得到妥善解决。”我看向大家。

会议室一片死寂。

“今天调研到此结束吧，我明天早上还来。还有，我和你们说，这些没有做的事情或者做得不好的事情，未来一定会在数字化平台中设定游戏规则的，大家要有思想准备，思想要先转变过来，不要临时抱佛脚，那就晚了。”

我走在铺满银杏叶的单位主干道上，此时银杏叶都黄了，落在地上，颇有些满城尽带黄金甲的味道，单位的景观还是很好的，想起我女儿，女儿是个喜欢环境的人，她肯定喜欢这个地方，工作太累，给女儿打个电话吧。

“乖乖，你现在做完作业了吗？”

“爸爸，你放心吧，我作业已经做完啦，我正要和妈妈一起出去散步呢。”

“外面天气寒冷，不要冻着了。”

“我会保护好妈妈的，不让她冻着的，你虽然在外面，但是我会照顾好你的女人的，放心吧，哈哈。”女儿就是学着我的腔调，有意思。

挂完电话，我心情好多了，和家人的开心聊天冲淡了我今天和这个工厂撕扯出来的沉重心情。

“希望这个工厂好起来吧。”我快速走过银杏叶覆盖的大道，脚下的银杏叶发出窸窸窣窣的声音，伴着我上下而求索的思绪。

周四，大风，思绪万千

每天早上我都要和亲爱的夫人打个电话，晚上睡觉前也要打个电话，夫人安静地听我诉说工作上的琐碎之事，十几年来一如既往，不忘初心，也是不容易。我和夫人有说不完的话，虽然我在外地，但是每天我们要聊天接近两个小时，这就是典型的江南男人的风格，恋家、思维缜密、细腻、深度思考。我想正因为如此，苏州地区几千年来都是人才辈出，到现在，苏州的城市精神还是崇文、融合、创新、致远，只要知道崇文是摆在第一位的，那么就知晓苏州是个讲文化的地方。讲文化的地方出的文化人，对待工作也是极其细致深刻的，绝不是大大咧咧、马马虎虎的。

"宝贝，干什么呢？"早上6点45分，我准时电话过去。

"在等着你电话呐。"好像没有个电话，我们生活的完美画卷就缺了一角。

想起当年我离开苏州到外地工作时，她那依依不舍的眼神；每周一的早上，我从温暖的被窝离开，她那泪汪汪的、幽怨的眼神，都让我挪不动脚步，每次和她分开就像一次失恋，我何以要选择这样的生活呢？我一直扪心自问，工作到底是为了生活，还是生活是为了工作？我一度迷茫。

夫人是一位极其恋家的小女人，性情平和、温婉可人、与世无争、智商超群、情商卓越，和这样的对象在一起，生活是极其惬意的，连我的心态都稳重淡定了。俗语说："一代无好妻，三代无好子"，反过来说，你要是娶了一位好妻子，那么子孙三代都会繁荣昌盛的。

可是我到外地去工作了，从外企出来进入国内企业。我一向是个有情怀的人，男儿志在四方，把先进的企业管理理念带入国内企业，也算是给国内企业做贡献了。但是走得再远，我永远牵挂着小家庭，夫人在那头，我在这头，无论我飞得多高，牵引我的线都在夫人的手里攥着呢，每天的早请示晚汇报就是。

"今日还是要继续调研，这个工厂的经理们还有许多精益管理要学。"我只有在夫人面前才会这么说，完全不要戴着面具。

"不能用你的标准来衡量他们的，要是大家都像你思维缜密、逻辑连贯，就不会有这些破事了，要知道在世界先进企业里，你这种人也不多呀。"夫人开导我说，"不是一个段位的，你不要刻意地把他们拉到你的段位，如果拉不上来，他们就会躺平的。"

"呵呵，你这个说得有意思。"我咧开嘴笑了。

"难道我能叫那些牙痛病人对牙齿的认识就如我一样？要是这样，还要牙医干什么呢，那些病人自己就把病看好了。"

"就如我们需要老师来教育小孩一样。"我好像又一次地融会贯通了。

"你不就是他们的老师吗？沈老师好。"这个小女人又是一副娇嗔样了。

"你这么说我就好过多了，我挂了啊。"

只有和夫人聊天，我才能恢复愉悦的心情，在寒风凛冽的早晨，银杏叶漫天飞舞，我哼唱林子祥的曲子：长路漫漫任我闯，带一身胆色和热肠。

第七节　不成体系的问题库

"各位早上好，我们继续吧，昨天调研到哪里了？"我故意问质量经理。

"同步工程里面还有问题库和关键质控要求。"质量经理小心翼翼地说道，他知道今天质量部是主角，我相信他内心还是忐忑的。

"问题库倒是一个非常好的可以开发成数字化平台的工具，未来实施数字化平台的时候要重点考虑。"我看向大家，"不过这回的调研，我们就是想要看看你们在研发并行过程中到底有没有建立问题库。"

"我可以认为这是一个问题池吗？就是我们把研发期间的所有问题全部放入进去，当然后续释放量产后的问题都可以放入进去，记录解决方案，以后同种类型的问题发生后，该问题的解决方法可供参考。"质量经理两眼放光地说道。

"基本上是这样，后续平台你们可以开发成数字化，把我们的管理规则固化在这个平台中很重要，我认为有问题库的公司是一家善于总结提升的公司，真正愿意吸取失败经验的公司。"

"我们都会有一些问题清单，这些集合起来的清单就是问题库了，只要把这个问题清单模板开发入数字化平台中就行了。"研发经理好像不以为然。

"你还是想得简单了，如果仅把Excel表开发进入数字化平台，这只是换了一件马甲，没有什么意义的，我们需要的是如何准确描述一件事情，改进的对策是什么，关联到制造端的哪些方面要进行优化等，太多了，我详细和你们说，然后看看你们的问题库和正规的问题库差距有多大吧。"我看向大家，今天早上我和夫人聊天后心情很好，我还是很愿意和大家好好说说这个问题库到底是个什么名堂。

延伸阅读：问题库

按产品开发时间轴线来说，问题库是一个贯穿整个产品生命周期的问题记录池，研发阶段发现的主要问题和微小问题都要记录在册，并记录解决方案，这个问题库在释放量产的时候要充分地评审，主要问题在释放量产前需要完全解决，评审的时候要评审其分析问题的逻辑关系是否合理，如果不仔细检查问题的逻辑关系，贸贸然地签字，那是不负责任的行为。还是以榔头敲举例吧，问题库记录了这个装配件无法装入基座，解决对策是用榔头敲，关于榔头敲的对策，释放量产评审时，必须要问5why，即：为什么会榔头敲？回答“不好装”。为什么不好装？回答什么呢？被审核的工程师就回答不出来，这个时候就推动工程师去仔细思考，找到真正的原因。5why真是一个好工具，如果没有仔细思考，能回答出第三个why的人很少。我举一个生活中的例子，有一次女儿考试成绩不理想，于是我们就用5why来分析为什么没有考好。对话如下：

“这个数学题目为什么做错了？”

“眼睛没有看准题目。”

“为什么眼睛没有看准题目？”

“因为手上的直尺没有划准题目。”

“为什么手上的直尺没有划准题目？”

“因为这个直尺用的时间长了，刻度线模糊了。”

“那我得出的结论是，你这个数学题目做错了，是因为直尺刻度线模糊，那么我们给你买一把新直尺，是不是就可以解决这个问题了？”我问女儿。

女儿憋了好久，扑哧一下笑了，自己都觉得是在诡辩，自身的问题非要找客观原因，典型的“宽于律己，严于待人”。

所以在研发期间，问题库存在的价值在于释放量产的时候，审核是否真正地解决了问题，而且这个审核人员必须是公正的技术专家，不得流于形式地签个字，如果只是签个字，还要技术专家干什么呢？

至于微小问题，仍然需要逐个审核，有些工程师知道上级领导不会相信项目释放的时候没有问题遗留，故意列了一些不痛不痒的问题当作微小问题，此时技术专家就需要鉴别这些到底是不是微小问题。充数量的微小问题，要剔除，若要把微小问题转化为主要问题，要明确地指出来为什么。举例来说，研发人员把“包装还没有完全验证好”放入了微小问题清单，待释放量产后再慢慢改进，此时技术专家就要指出，这个问题不能是微小问题，若使用此包装的产品发运到客户端，产品由于包装不当碎裂了，这将会导致巨大损失，产品需要重新生产发运，销售要去赔笑脸，客户还不满意，所以微小问题是否要转化为主要问题需要由有体系化思维的技术专家来鉴定。

微小问题确认后，不影响释放量产，但是必须在释放量产后的一段时间之内彻底解决，这个问题的负责人还是研发工程师，需要有职务设定，释放量产之后的技术支持是必需的，我们一直在说“扶上马送一程”，就是这个道理。

释放量产后，问题库将更加复杂，需要记录制造过程中发生的任何问题，包括从来料检验到客户反馈的问题（跟制造相关的）。

释放量产后问题库的意义如下所述。

第一，去识别重复或者类似问题，理解为什么会发生并且不能被检查出来。

第二，推动重新评价过程流程图和制程失效模式分析（PFMEA），以及制程控制计划的更新，并且根据问题库来决定是否对过程特性实施Poka-Yoke、Jidoka和SPC。

第三，作为教材培训工人，使其了解制造过程中可能发生的质量问题。

注意所有的问题都应该被收集，包括实际发生的物流问题（迟交货、缺件等）。

整理归类问题很重要，这样可以建立准确的数据库用来识别重复发生的问题，通常问题可以按工业工程的七大浪费来分类，即过量生产浪费、窝工浪费、搬运浪费、加工浪费、库存浪费、动作浪费、次品浪费，现在又加上了一个管理浪费；也可以用运营经理的考核KPI来分类，即质量、安全、设备、效率、出货；还可以按照部门考核来分类。总之，分类的方式基于企业的侧重点，这些分类方式要键入未来的数字化平台中。

确保内部审核应关注问题库：发生的问题如何记录、问题如何收集并整理等。

问题库必须及时更新（新问题、老问题的更新）。

离散制造业执行精益生产的公司不多，因此很多公司不喜欢曝光问题。精益生产是持续改善的体系，不曝光问题，如何改善呢？公司需要建立热爱曝光问题的企业文化。

问题数据库中的问题必须常态化地在生产线展示，每个工位的MES屏幕可展示本工位的问题库，若无MES屏幕，可以打印问题展示，持续警示历史问题，防止问题再次发生。

质量经理必须确保问题库的建立以及内容更新，所以问题库的第一负责人是质量部。问题库必须包括以下内容。

辨识：需要写明问题所处的工厂、产品家族、生产线、零件号、供应商（内部或者外部）。

问题呈现了什么：失效模式，如物料、制造装配、设备维护保养等。

问题导致的后果：对客户的影响，如缺货、安全；对自身企业绩效的影响，如非质量成本损失、业绩减少等；还有安全风险。

什么时候：发现问题的日期、受影响的生产周期、序列号、设备或服务的交付日期、订单号等要体现，这就要求企业是一个实行全方位追踪管控的企业，是实行精细化管理的企业。

谁发现：明确定义发现问题的员工，要有员工工号。

在哪里：明确发现问题的部门或者环节，如来料检验、制造过程的哪个工序、最终检验、审核、客户厂验、客户退货等，这些都要说清楚。

相关联的问题：受此问题影响的产品或零件的数量、估计的不合格率、发现的方式（外观检查、防错法、自动测试设备）、控制图是否要更新。

问题库不仅是问题的记录而且有对应的方案。方案是基于8D分析报告而来的。当然8D报告是针对疑难杂症的，对应于研发的主要问题肯定要由8D报告作为支撑，微小问题一般不需要8D报告支撑，因为对策都是显而易见的，浪费精力做一个8D的壳子是没有必要的。

所以，问题库严格意义上是8D报告的最后一个步骤，即防止问题再次出现。开发数字化问题库平台时候，要在问题库中链接8D报告，这是一个强管控的方式。问题库输出内容如图2.7所示。

					历史问题记录表
柜型	×××	供应商	×××	料号	×××
问题历史：					
1.2010.9.24发现A问题					
2.2011.9.7发现B问题					
描述：					
问题概览					
1.. 图片描述的问题细节					
2.. 图片描述的问题细节					

图2.7　问题库输出的报表

“现在大家知晓问题库的定位了吧，问题库必须由一家热爱曝光问题的公司来搭建。对于喜欢把问题不了了之的公司，建立问题库是一件痛苦万分的事情；对于一家遇到问题就很兴奋，认为终于可以施展拳脚的公司而言，建立问题库是个极有成就感的事情，同时也打造了工程师的思维。这是一家乐于解决工程问题的公司。”我总结道。

“可是，我们已经偏离了初心，有问题，第一时间想的不是大家合力解决问题，而是赶紧把问题掩盖起来，用一个谎言掩盖一个问题，就要用100个谎言来圆谎，好累。”质量经理说道，“我们确实准备了两套体系，一套是我们真实的，一套是用于应付集团的，每次我都要做两张皮，我就是一个人格分裂者。”

“从前面的讨论可知，问题解决都不是彻底的，都是浮于表面的，从一个榔头敲入的事情，我们就可以延展到方方面面的不合乎工业逻辑的事务，这些问题的存在，代表我们不是一个从体系上解决问题的团队。要知道，任何一个问题的背后，都是流程和体系的缺失。”我问道，“质量部的体系事务肯定没有负责起来吧？”

“我们有体系事务呀，每年外部的质量审核公司都到我公司来审核的，我们都通过的，ISO 9001、ISO 14001啊，都圆满通过的，怎么可以说我们没有体系呢？”质量经理愤愤不平地回怼。

我笑了笑，说：“我和你说的体系不是针对外部的ISO审核，ISO审核是最基本的审核，想要做外国人的生意，必须要过这个门槛。我说的是你们的体系人员绝不能止步于此。”

“那我们要怎么办呢？”质量经理还是很倔强的样子。

“讲解问题库的时候，我提到关联事务是否需要做出变化？”我问道，质量经理若有所思，“我告诉你，体系人员需要常态化地审核公司内部是否合规，而不是等待集团公司这个外力来审查，等到那个时候就晚了。比如，你需要经常性地检查研发部的交付物是否完备，外部的ISO审核怎么可能审查到这么细的颗粒度呢？”

“既然我们知道，任何一个问题的背后都是流程和体系的缺失，体系人员就要充分地审查制度是否合理，体系是否有漏洞，流程是不是在玩内循环，这些都要检查。事务级别的对策联想到其他类似方面是不是也会出现问题，这是技术工程师要全面思考的事情，质量部要考虑的是这个事情的发生是哪个制度、体系、流程上出了问题，发现之后就要从制度、体系、流程上做出变化。”质量经理好像听懂了，好像又没有听懂。

“沈总，这个对我们的要求太高了，我们没有能力从一个具体的事情升华思考到问题背后的流程和体系，我们又不是哲学家。”质量经理还是不敢多深入思考一层。

“呵呵，不要你成为哲学家的，知道成语一叶知秋吧，说的就是通过一片落下的树叶要想到秋天已经到了，体现了很朴素的智慧。还以榔头敲为例，看到榔头敲就想到了PPAP体系你们没有做，就是这个道理。”我安慰这位纯真的质量经理，告诉他多思考一层并不是难事。

“我再举个简单的例子，员工被发现上班嗑瓜子，处理方式是简单粗暴地扣绩效分、通报批评（见图2.8），那么管理层是否可以设定专门休息区，允许员工可以在休息区放松嗑瓜子呢？管理层有没有定好休息时间？工作量是否饱和呢？这些都是要考虑的背后之事，体系人员要去思考，要从体系上避免员工上班嗑瓜子。体系，顾名思义就是解决整个流程面的问题，不仅仅是解决点的问题，解决点的问题就是'头痛医头，脚痛医脚'，是在救火。"我看了一眼工艺经理，他昏昏欲睡的头一下子抬了起来，他知道我说的是他，因为私下里我已经提醒过他多次了。

通知

关于近期总装组某员工上班期间嗑瓜子的处理:

1. 参照员工手册第七章第二项第八条，该员工当月考核不合格。

2. 责令其深刻学习员工手册。

3. 如有再犯，上报公司处理。

望其他同事引以为戒，工作中严格遵守公司的规章制度。

生产部
××××年××月

图2.8　员工的处罚通知

"领导，我懂了，问题库不是简单的问题记录单，它是一个系统，是中枢系统，问题库中的任何一个问题都可以触发制造体系上一连串的优化改进，不仅是解决点上的具体问题，还要看到具体问题背后体系上的缺失，进而优化体系避免问题再现。"质量经理豁然开朗地说。

"你学得还挺快嘛，我一直看好你的，你欠缺的就是不懂这些套路的前后逻辑关系。"我还是要鼓励为主的，"但是，本次调研，我得出的结论是你们没有真正地建立好问题库，基本是没有的，对吗？"

"我们认了，领导告诉了我这么多逻辑关系，我狡辩也没有意义。"质量经理还是拿得起放得下的，不是刚愎自用、花岗岩脑袋之人。

第八节　内卷的质控要求

“同步工程的最后一个要点，就是关键质控要求，你们现在是怎么识别的呢？应该怎么识别呢？”我问质量经理。

“现在嘛，就如领导前两天调研的那样，质量部觉得哪些地方要控制，就从图纸上抠一些要求出来，自己管控。”质量经理放松地说，“我知道这种方式是不对的，但是我也改变不了这种割裂的方式呀。”

“不要着急，我们要了解现状，形成一套完整的解决方案。”我安慰他，“你必须要明确说明，关键质控要求从哪里来，思想上明确了，我们才能有的放矢。”

“还是请沈总明示吧，我担心又说偏了。”质量经理听到我要听他说，赶紧把问题踢过来。

“零件级别的关键质控要求，其实就是样品承认的最后一步，基于实际情况，召集会议商讨到底要控制什么，绝对不是在图上抠几个技术要求就完事的，这是第一；第二，从研发的设计失效模式分析看，一路推进到制程失效模式分析，注意制程失效模式分析也要对图纸的每个参数进行分析，从制程失效模式分析到制程控制计划，这些更多的是针对部装和总装级别的；第三，根据技术提供的产品性能要求，编制产品的性能测试要求，性能测试要求就是产品层面的关键质控要求，质量部绝对不是孤立存在的；第四，关键质控要求是变化的，不要以为第一次做出了关键质控要求之后，就可以一劳永逸了，质量部要监控这个关键参数，如果一段时间内，这个关键参数极其稳定，CPK、SPC都非常好，那么质量部必须要更新关键质控要求，要提出审批，把这个关键参数设定为免检，这样质量部就能把精力用在最需要管控的地方，俗话说‘好钢要用在刀刃上’，质量部可以全面展开监控，但是没有意义，为一个长期不变的参数日日夜夜地去监控，是只有投入没有回报的事情，精准发力才是硬道理。你可以看看，世界先进企业的质量人员其实并不多，他们专注于预防，而不是检验，质量部一大半的人员扑在各个地方检验，是本末倒置的，要知道检查出来了问题，已经是后知后觉了，为什么不在问题发生前就把问题扼杀在萌芽中呢，你一定要从QC（Quality Control）转变到QA（Quality Assurance）；第五，问题库的倒推，就如我刚才所说，一家公司永远会有问题，没有问题的公司是不存在的，所以只要公司运转，问题是持续不断地冒出来的，你要管理好问题库，把它作为驱动公司各个方面优化的来源，当然优化的方案就有关键质控要求的优化了，”我一口气说了好多，“你听懂了吗？”

“质量部真的是责任重大啊，我感觉快要做不下去了，”质量经理弱弱地说道，“我以前做的事情真的太弱了，一直以为质量等于检验，严重缺乏预防胜于治疗的意识，严重缺乏体系化的思维，领导你提醒得对。”

“老子说天下万物生于有，有生于无，说的就是一个体系化的思考方式，《易经》中说道：无极生太极，太极生两仪，两仪生四象，四象生八卦。说的也是一个体系化的思考方式，”我看向质量经理，“中国古典哲学早就阐明了体系化思维的精髓，你只要结合实际来应用就行了，你会发现，我们调研期间所说的所有事务，最终都会指向、汇集到形成真正的关键质控要求。”

“没有什么比QC转为QA更重要的，我们要的是预防胜于治疗。”质量经理说道。

“你明白就好了，如何做到精准预防，又是一个沉重的话题，这次先不说了。我总结下，本次调研同步工程中的关键质控要求，你们是没有体系化地开展的，只是随意地在技术图纸上抠几个要求来控制。”我对大家说。

大家沉默不语，我相信他们现在已经知道我来做的调研是真正的调研，不是他们认为的走过场、表面文章。我想想啊，这还和我这个单位所在的地域有关系。

我是这么认为的：人是社会之人，你所在的社会是什么样子，决定了你思考问题的深度，你周围的人是怎么思考的，你就是怎么思考的，“孟母三迁”就是这个道理。这个单位的思考方式是浮于表面的，可以推知这个单位所在地区的思考方式可能也是浮于表面的。思考方式来源生产生活，这个单位所在的区域是大型能源非标设备制造基地，任何一个非标设备是由标准部分加非标部分构成。不巧的是，该地区没有技术实力去生产有技术难度的标准设备，标准设备都是外部采购，需要的非标部分自己生产，这些非标部分都是一些基本的钣金、机加工件，这些零件的加工几十年如一日，不会有什么技术难度。整个地区的人都在靠没有技术难度的工作生活，没有技术难度的工作是闭着眼睛都能做的，就算钣金做出来有偏差，装配时用榔头敲一下，用起子撬一下，也可以装配上去。在这种情况下，自然不需要有人思考PPAP、失效分析、问题库，这些高难度成体系的活是烧脑的。整个地区的人都是有事情处理事情，事情处理之后就高枕无忧了，不会想到防患于未然，每个人都是救火队长，就如我一直说的工艺经理，典型的本地人，有高超的技术来救火，但是思维都是割裂的，他不会想得更多，都是救完这一次的火，就等着下一次的火来临。而这家工厂是本地区的一股清流，偏偏做的是标准元器件，标准元器件有标准元器件的工业逻辑，是以产品工程为主导的，就是前面讲的PPAP、失效分析、问题库等的事情，目的是达成标准元器件的高稳定性、高效率、质量一流，需要的人才必须有深厚的技术功底而不是成天想着如何敲敲打打。不幸的是，这类人在该地区就是凤毛麟角。我认为，要是这个工厂搬到苏州去，大把的高素质人才任工厂选择，质量会以肉眼可见的速度提升。这也印证了为什么苏州是江苏第一大城市，底蕴、思考方式、产业链与其他城市不同。

“有了关键质控要求后，你还要做什么事情呢？”我继续问质量经理，今日质量经理真的是主要询问对象，看得出来他很难受，边上的工艺经理、技术经理、研发经理一副云淡风轻的样子，我看得出来他们想要看质量部的笑话，可是，质量部的控制来源不就是这些部门吗？

“我们要去常态化地检查？”

“这个就是日常的巡检了，老实说，这是最没有技术含量的一环，但是不得不做。”我盯着质量经理说道。

“这可是我们花费了大量时间在做的事情，领导你怎么可以贬低我们到这个地步呢？一棒子打死了一拨人，质量部90%的人都在做这个事情。”质量经理难受了。

“前面反复说了，QA多于QC才是硬道理。你还是非标厂的做事方式啊，质量部要是90%的人在做预防，我就认为质量部是厉害的。”

“我们在巡检期间也会发现不符合要求的事情，我们会反馈，也会完善，这也是有价值的，一定程度上也算是和QA有关系的，因为反馈后就防止了再发生。”

“诡辩主义，QC是对已经发生事情的检查，QA是预见会发生什么问题进而提前给出对策，这完全是两码事，不要生搬硬套。”我突然发现质量经理的思维混乱了。

“你来告诉我，你是怎么巡检的？”我问质量经理。

“我们是根据前面的质控要求，开始生产时我们去检查。”质量经理回复我。

“他们质量检验的时候，一天到晚地耽误生产进度。”生产经理突然冒出来一句话，我也吓一跳，还有这等事，看来事情又不简单了。

“愿闻其详。”生产经理的困难，是不能不关心的，因为生产部产生直接价值，不是辅助价值，是实打实地把产品做出来的，产品不做出来，辅助部门做得再好都没有价值，质量检验影响生产进度，那就麻烦大了。

“我和你说啊，领导，你是不知道有多难受呢，工艺部给生产部调试好机器后，生产部稳定生产了一些东西之后，当然前面调机的我会报废掉，我是知道的，检验合格后才能开机大规模生产的，因此我会主动拿零件给质量部的巡检，让他们确认产品是否合格，确认合格后再开线批量做，这没有错吧？”生产经理问我。

“这没毛病呀。”

“坏就坏在他们拿了我的零件，要检查好久，工人是计件的，就在生产线上干等，工资还少拿了，我就有好几个生产零件的工人因为质量检验慢，计件工资低，竟然离职了，你说气不气人？”生产经理一脸愤怒地看着质量经理。

“这个你不能怪质量部，质量部都是按照关键质控要求处理的，耗时间也是必需的，检测期间你可以安排工人做其他事情？”质量经理反驳他。

“所谓的关键质控要求，还不是质量部自己定的，你问过生产部的看法吗？质量部是既做运动员又做裁判。”生产经理狠狠地白了一眼质量经理。

“我们具体问题具体看吧。”我看着一脸冤枉的质量经理，这个单纯的质量经理啊，就是没有成体系的思维能力，老是被人牵着鼻子走，好多事情多分析一层，其实都不是质量部的事情，他就这么傻乎乎地认为挂了质量两个字，就一定要由质量部解决，因此背了好多锅，锅背多了，大家也就喜欢把锅甩他身上。工厂这个小世界就是奇特，当你一直默默地做了不该做的事情后，这个事情就真赖在你身上了。

“领导，你不晓得啊，我也想好好地管控产品质量，所以只要看到图纸上有形位公差的，我就默认这是关键点，肯定要做首检的，这个研发经理也是认可的。”质量经理一脸期待地看向研发经理。

“原则上是这样的，能够标注形位公差的，肯定是研发工程师精确计算过的关键控制点。”研发经理点头说，边上的生产经理却一脸的鄙视。

“我是没有错的，领导你也听到了。”质量经理一脸无辜地看着我。

“等你一个形位公差检测完，黄花菜都凉了，放在注塑机里的塑料粒子都要降解成碳了，你们能不能换位考虑我的处境，我有巨大的交货压力，这个指标是我背不是你们背，所以你们就是死道友不死贫道。”生产经理的嗓门都变大了。

“好像你们讲得都有道理，大家都没有错，但是还是影响了生产经理的交货，辅助部门导致直接部门生产效率降低，这是极度不应该的，我来下个定论吧，原则就是这样。”我看向工艺经理，“你怎么看？”

“我能有什么办法呢？”工艺经理耸了耸肩膀，他没料到我会询问他的看法，他可不想把活儿揽到自己身上，工艺部已经够忙的了。“他们一直以来就是这种互咬的状态，我已经见怪不怪了，他们多咬几次就好了。”

“我来说吧，这个问题除了生产部你们都要打板子，为什么？因为你们又一次地把前面浪费时间的事务交给了生产部，浪费了生产部的效率，你们完全可以做一个快速检具给生产部，有了快速检具，质量部和生产部就不会撕扯效率问题了。形位公差的检测，难道叫生产部在生产工位上配一台三坐标检测仪让生产线工人自己检测？这不现实，那这个事务就转移到质量部，本质是同一个事务，质量部就可以心安理得地慢悠悠地检测了吗？要知道辅助部门的工资都是由直接部门生产创造出来的，你们就这么对待自己的衣食父母吗？”我这回一定要向着生产部，生产经理看起来很高兴，“因为质量部没有真正地做关键质控要求，要是好好地做，在评审控制计划的时候，就要考虑让工艺部做快速检具，再往前推，关键质控要求是PPAP的最后一步，PPAP是由研发部负责的，研发部根本就没有做PPAP，连做的意识都没有，我在调研开始的时候就先讲了PPAP，你们都知道问题的严重性了吧。”

“因为流程和体系的缺失，工艺部没有制作应做的快速检具，导致检验对生产效率的大幅度浪费，大家就没有把公司当作自己家，如果公司是你们开的，你们还会对这个浪费熟视无睹吗？”

“领导，你说的，我刚才也想说，只是我们并没有制度规定快速检具一定要工艺部做，快速检具也可以由质量部做，行业内好多企业的快速检具都是由质量部负责的，质量部有快速检具的设计工程师。”工艺经理这个时候拿流程做挡箭牌了，我想说的是想要做事，什么流程都没有也可以做成事，不想做事，十万个流程都不能让事情做好，流程是个双刃剑，君子会切切实实地执行，对小人（当然我并不是说工艺经理是小人）来说，流程越多，后门也就越多，就越容易被化解。在一个不想做事的企业中，流程一定是用来扯皮的工具，不是做事的工具，我们将要实施的数字化，最大的价值在于把流程固化到数字化平台中，电脑很傻，让电脑实打实地监督执行，尽量保证流程不被化解。这些心里话到嘴边又都咽下去了。

“我们的质量部连QA和QC都搞不清楚，你认为他们能够想到做快速检具这个办法吗？质量部负责快速检具申请的提出，由工艺部来制造才是最合理的。我们要记住这个原则，研发是产品技术的万恶之源，工艺是生产技术的万恶之源，那么由工艺部来设计质量部提出的快速检具给生产部用，是天经地义的。不要在意行业其他企业的做法，我们要结合自身企业的特点来定义职责。”我这个解释已经让他们无法辩驳了。

“领导说得对，就应该这么做。”质量部经理、生产部经理、研发部经理罕见地异口同声。

“会后，质量部负责起草快速检具的流程，把我们今天的决定以制度的形式固化下来。”我斜眼看向工艺经理，他一脸的拒绝，但是拒绝没有用，要想说服我，就要找出合理的解决对策，这才是硬道理。

“遵旨，领导。”质量经理很开心地说。

“不要开心早了，回归本源，我是在问你如何巡检才扯出来快速检具的事情，刚才生产经理抱怨质量部造成了效率降低，质量部开机检验完成后，还做了什么事情呢？”

“再做一下完工检验就结束了。”

“No，巡检员要像补料的AGV小车一样，拿好巡检表（见表2.6），持续地巡查生产线问题才是对的，你要画好有时间段的表格，横轴是时间段，纵轴是巡检项目，持续不断地围着生产线巡查，这才是正确的巡查方式，如果你要手动绘制SPC图，这些时间点就是图的落脚点，有数字化设备的话，设定每隔一段时间取数形成SPC管控图。”

“我懂了，颗粒度要细化到中间的各个时间段，不能仅在头尾两个点卡控好，这样就没有数据来监控、展示生产过程中的状况了。”质量经理附和道。

“你明白就行。”

表2.6　颗粒度到时间段的巡检表

制程名称：　　　　日期：　　　　巡检员：　　　　签审员：　　　　版本：

工位	检查项目	描述	时间段				
			上午		下午		加班时间段
			1/	2/	3/	4/	5/

注：1.此表由巡检员填写，助理或领班审核。
2.无异常项目在空格内填写“OK”，有异常填NG。

“不好意思，刚才讲得有点偏题。”我想了想和大家说。

“偏题？”大家都蒙了。

“我们现在的调研还在研发阶段，在做转产前的调研，还没有到大量的制造端的巡检呢，在研发期间，巡检并不多，”我赶紧澄清，“我不能给你们造成混乱，搞得在转产前就要做各种巡查，这是浪费时间，会耽误研发进度的。刚才讲述的巡检，是大批量生产时才要切实执行的。”

“您给我们讲述了这么多干货，我们感激不尽，不就是把后面要吸收的营养先吸收了嘛，我们记着后面量产的时候要注意，在数字化项目的时候把这个巡检方式开发进入数字化平台。”有时候我真搞不清质量经理是单纯还是恭维，只能“呵呵”。

“刚才一扯，就扯远了，你们这帮家伙，哦，是生产经理这个家伙扯出了质量耽误生产效率的事情，你要谢谢我，”我看向生产经理，“我自始至终都是向着你的啊，但是也不算拉偏架。”

生产经理满意地笑了，眼睛都眯成了一道缝，嘴巴都要咧到耳根子了，露出了多年没有清理的牙结石。晚上回去，可以叫他夫人多炒两个菜，喝上一口小酒，感慨多年的郁闷终于有人懂了，还能从逻辑上、理论上帮着自己。

今天的调研结束，心情总体来讲还算不错。我想了想，果然一年之计在于春，一天之计在于晨，早上和亲爱的夫人的一通电话，足以支撑我一天的好心情，心情一好，调研都是带劲的，思路都是清晰的，就算最后被带偏了一下，我还是能够明察秋毫的。正能量是个好东西，可以扫除一切阴霾。

☆ ☆ ☆

至此，转产前的零部件确认、封样即样品承认、同步工程已经结束，我只在乎核心的调研，其他如转产前要做各式各样的模具等，太过于专业，不在本书范畴之内，故模具开发是样品承认的子阶事务，样品承认管理了模具品的结果就行。

回到办公室，喝上一杯大红袍，大红袍真是我国的茶叶国粹，微微发酵的味道让人唇齿留香。

“调研研发部主导的产品开发前端，真是个累人的事情，还好我以前做过多年的研发，不至于被忽悠，大领导真是找对了人，找对的人做对的事是多么的重要啊！”我自言自语。

天还没有完全地黑下来，站在楼上的窗前，我看到楼下景观池中的几只黑天鹅在嬉戏，画面唯美。这些景观动物多么自由自在啊！环境好、食物充足，可是人是世界万物的主宰，要主宰这个世界，就必须承担维护这个世界和谐的重任，就如我要通过调研才能知晓这家工厂的真实状况并给出切实的对策。

CHAPTER
03

第三章

产品的第三道护城河

——关键业务调研

第一节　一堵作业指导书墙

周五，小雨，心情好

周五是每个员工喜欢的日子，因为是周末，本地员工可以放下一周的劳累，回家过老婆孩子热炕头的日子，外地员工如我也可以回到家，和亲爱的夫人、叛逆期的小孩一起“相爱相杀”。

早晨，我和夫人打完电话后，心情格外喜悦，夫人就是我的开心果，她不厌其烦地听我诉说各种工作上的匪夷所思之事，我有时候觉得我就是个垃圾倾倒者，夫人是个垃圾桶，我知道不可有这种念头，可是我不和她说，和谁说呢？再亲密的朋友都有翻脸的时候，唯有和我厮守一辈子的那个她才是我要好好珍惜的对象，她可以容忍我各种垃圾信息的倾倒，可以让我放松工作中的压力，可以让我吃上一口美味的饭菜。想到饭菜，我知道今天晚上回到苏州，等着我的肯定是一桌美味佳肴，美味佳肴是需要成本的，所以我的工资全部都要上缴也是开心的。

天上下着淅淅沥沥的小雨，上班的员工停好车，撑着伞走进大楼，从上向下看，我只看到密密麻麻的伞在移动，这一刻，我想起一部电影中的镜头，《生化危机》里的保护伞公司，一开始也是密密麻麻的伞在移动，突然有一个中毒的人咬破了另一个人的喉咙，一瞬间病毒就传播了出去，继而传播到全城，整个城市陷入了危机，此时拯救者队伍上场，各种打怪升级，最终解救了人类赢得了胜利，这是好莱坞大片的经典套路。我突然想到这个情节，难道我想做这个工厂的拯救者吗？哦，不，我只是在做分内事，其实也是执行上层的决定，只不过我有很高的主观能动性，加上我特别希望“这家工厂好起来”。

“今日的调研任务是作业指导书、工时、研发工装、设计验证报告。这些调研完，相当于转产前的调研任务就结束了，结束之后我们庆祝下，然后进行下个阶段的调研，可好？”我征求大家意见。

“这个很好，我们一边吃饭一边调研才好，我喜欢在饭桌上调研。”生产经理开心地说道，不用说，他昨天晚上肯定度过了美好的一晚，他的夫人肯定把他灌得醉醺醺的。这个地方的家庭主妇就是放得开让男人喝酒，我夫人哪天要是让我喝个尽兴，可能就让我摸不着头脑了。

“你赶紧醒醒酒吧，小心我卡着不检验，让你交不了货。”质量经理白了他一眼。

“先从作业指导书开始吧，作业指导书是工艺部的分内之事吧？”我问工艺经理。工艺经理知道接下来他是主角了，很是紧张。

“作业指导书绝对是工艺部的分内之事，有什么问题尽管问，我一定积极配合。”工艺经理认真地说道，姜还是老的辣，这种方式是应对审核的好办法，问什么就答什么，不问就不答，不多说，多说了会露馅，他肯定也是经历的审核多了，才形成这种套路的。

“这样，你们和我一道去生产线上走一圈吧，看看作业指导书在生产线上的真实执行状况，作业指导书顾名思义就是给作业员的操作规范，那么操作员工一定要能够懂得这份文件，你我在办公室里面纸上谈兵是看不出来的。”我率先走出办公室。

“好，我们正好也看看作业指导书到底能不能指导生产。”质量经理突然发现自己说漏了嘴。

这些经理们真是好的介绍专家，他们把我带入了环境比较好的总装车间，总装车间一直有人在打扫，地面还很干净，生产线上还有一些机械手臂在自动化装配，这一切看起来似乎很“高大上”，客户来参观肯定是一片赞誉的，可是我这种爱深入思考好几层的人，一定要看到事务的本质才放心。

我们停在了榔头敲的工位上，我说道：“就不看这个榔头敲的作业指导书了，这个反映到体系上的各种问题都已经浮现出来，前面已经讲过了。”

“那我们往这边看。”

顺着工艺经理指引的方向，我看到了一面作业指导书墙，注意是墙，墙。我是第一次看到这种展示作业指导书的方式，不可思议。

“为什么你们要把这一整面墙贴满作业指导书？难道这些员工查看作业指

导书还要跑那么远？不浪费工时效率吗？”我好奇地问道。

“我怎么没有意识到生产部的效率又被浪费了呢，领导，我记下了，回头把工时浪费转嫁给工艺部。”生产经理开心地说，有人撑腰就是不一样啊。

“我来解释下，实际上大部分人都是我们的本地员工，这些老员工已经在这里工作十几年了，作业指导书上面的内容已经了然于心，甚至没有作业指导书，他们都能做的。”工艺经理这么解释。

“好，那么你怎么解释‘作业指导书上没有榔头敲，而老师傅实际在榔头敲’？难道这些作业指导书是用来装样子的？应对外行审核员的吗？”我生气地质问他。

工艺经理哑口无言了。

“搞一个作业指导书墙肯定是不对的，从这个作业指导书墙，我们要展开思维，你们要听听吗？”

这些家伙恭恭敬敬地等着我开口。

“好吧，这边没有白板，就不画了，我来口述。从这面作业指导书墙，我们可以推出以下结论。第一，作业指导书是比较粗糙的，因为你们不是按照工位来写作业指导书的，是一整个产品写一份作业指导书，就是根据产品BOM来写，BOM上是个组件，就把图纸上的组装图截个图放在作业指导书上，BOM中是单独的零件，就写个零件成型参数，你们根本没有基于生产线的实际来编制作业指导书。而操作员工是站在一个一个工位前的，他们天然想要看到的是这个工位用的什么物料，这些物料是怎么组装的，而这个不按照工位编写的作业指导书会在操作员工所在的工位上展示其他工位的装配，这样会导致混乱，故干脆不挂在操作员工的工位上，直接搞成一面作业指导书墙，没有工位之分，就不会存在‘作业指导书内容和工位不符合’的抱怨了，你现在就去看看是不是这样。”我看向生产经理。

“沈总，还真是这样，我以前一直是闭着眼睛在作业指导书签字，从来没有发现作业指导书竟然没有和工位挂钩，你真是明察秋毫。”生产经理看来也就这次仔细地看了作业指导书。

“我继续说啊，第二，从没有工位倒推到你们现在所谓的ERP成本中心，在ERP中你们不维护物料所在的工位，没有设定工位编码，故也不能在生产线上把实际的工位编码牌子插在工位上，我知道你想说，‘我们是延续了集团其他公司的非标方式的，我们就是照搬照抄’，可这样是不对的，非标公司连个生产线都没有，员工围绕一个固定的产品基架上下其手把产品装起来，自始至终产品都没有移动，只是操作员工在移动，天然就没有必要分工位，等非标厂也有生产线了，你看他们要不要分工位，你一定会看到这一天的。你们就是抄作业也只抄了个皮毛。”我看向生产经理，“这个还不能怪你，当时在ERP中不分工位，一定是工艺部想要偷懒，因为分了工位，工艺部的工作量就增大了，要按工位编制作业指导书，要按工位维护成本中心，要按工位设置工位物料；不按照工位做，工作量一下子就减少了，这个很隐蔽的问题被我发现了。”

“工艺部给生产部设定方法，你就这样坑我？”生产经理问工艺经理。

“就算我这样设定了，那对你到底造成了什么不好的影响吗？”工艺经理的回怼很有杀伤力，就像一个抢劫犯抢劫未遂，法庭上质问被抢劫者到底损失了多少财物。

生产经理一下子愣住了，不知道如何反驳。

“导致的后果之一就是生产物料的配送都堆积在线头，因为ERP中的成本中心是以产品名称为维度的，仓库只晓得这物料是送到这个生产线的，但是不知道送到生产线的哪个工位，生产线上是不是物料经常堆积如山，生产线上的最后一个操作员工还要跑50米到线头拿物料？生产部要不要把这个工时浪费转嫁给工艺部？”我不是离间他们，而是看不得生产经理长期承受不该承受的异常，该拨乱反正了。

“好好，沈总，我的小本本记着这一票的工时浪费要转嫁给工艺部呢，哈哈。将来上数字化了，我一定要让实施商和工艺部把工位分好。”生产经理一如既往地开心。

“我继续说这面作业指导书墙。第三，它根本就无法指导操作员工，老员工不说，新员工开始工作，对工作内容是很不熟悉的，需要时刻翻看作业指导书，新员工上岗前，你们有没有培训新员工？”我问生产经理。

“唉，一般新员工是直接上岗的，跟着老员工做几次也就会了，现在看来是远远不够的。”

“新员工第一次做的时候都不按照作业指导书来操作，仅仅是老带新，不出问题才怪。作业指导书和操作员工天各一方，这面作业指导书墙竖在那里，新员工走到墙边，从所有工位作业指导书中找到他所在工位的作业指导书，是要花时间的，这个工时还是浪费了的。所以到最后，干脆就再也没有人看作业指导书了，新老员工都不看，集团的审核员看到有一堵作业指导书墙也就相信是没有问题的。长此以往，作业指导书就变成工艺部一个部门的独唱，内循环，想怎么写就怎么写，反正也没有人监督，生产部和质量部都是闭着眼睛签字，完全忘了作业指导书的初衷是指导操作员工的。”我问工艺经理。

这个时候工艺经理面上已经挂不住了，额头上冒出了汗珠，他极力想要维护的几十年的专家名号就这样断送在我手里了吗？我想劝说他不要再装了，装了难受，我是来帮你们的，就不能敞开心扉痛快地聊吗？

“第四，连操作员工都不愿意看的作业指导书，你更别指望质量人员来看了，前面已经明确地讲过，作业指导书的每一个步骤都要进行制程失效模式分析，分析完成后要生成质量部的制程控制计划，制程控制计划再生成巡检计划，这么一步一步来做的，作业指导书这一环断了，后面的所有环节就都断了，工艺是生产技术的万恶之源，源头没有了，质量部就像个无头苍蝇，不知道从何处下手了。”

“老大，你可不能把质量部比喻成无头苍蝇，这几天质量部的头已经长出来了，就是工艺部不给我输入源，我后续也会问他们要的，他们不给我，我就像苍蝇一样天天围着他们转。”质量经理表决心倒是厉害的。

“我敬你是条汉子，只是现在，你确实没有基于这个作业指导书来开展每个工位的巡检，你自身没有意识，像集团其他非标厂一样只管开头和结束，还有工艺部没有分工位也导致质量人员不知道管控点落在哪个工位。指望你们有研发部、工艺部一样的技术能力区分出管控点落在哪个工位是太为难你们了。”

“确实是这样，因为没有按照工位编写作业指导书，工艺部是会偷懒的，他们可能会想‘反正质量部在最后一个工位要检测，正好把工艺部要的管控点放在产品作业指导书的最后一页’，当然这是我的推断。我现在就来翻看下产品的作业指导书，控制点是不是写在最后一页。”质量经理翻起了作业指导书，看着他哆哆嗦嗦地翻看，我相信他也是第一次查看作业指导书。

“领导，你看，他们果然把所有的管控要点写在了最后一页。”质量经理眉飞色舞地指给我看。果然，工业逻辑不会说谎，我心里想，“把工业逻辑和人性的弱点结合起来思考问题，需要管理者永远谨记：普通人永远只会做对自己有益的事情”。能以利他之心做事的人真的是太少了，社会浮躁，就算以利他之心来做事，也会被怀疑有不可告人的目的。

“你怎么看？”我问工艺经理。

“领导，你能在短时间内根据现场情况分析出工艺部内部深刻的不作为，我是佩服的。”

“老兄，工艺是生产技术的源头，你要知道，后面一旦开展数字化项目，你的责任是最重大的，数字化生产的每个参数都要你尽心尽力地确保正确，来不得半点儿差错的，因为数字化设备就是数据的搬运工，工艺部给一个错误的设备或者是不完善的信息，它也接受这个信息，最终输出的产品也是错的，是真正的一步错步步错。”我苦口婆心地和他说，不知他有没有听进去。

“好了，各位，已经没有必要看下去了，要看到的只会比这个更不可思议，关于操作员工到底清不清楚作业指导书的关键要点，不用说肯定是不清楚的，周二我就去现场问过了，你们应该汗颜哦。”我看向大家，“我们回会议室吧，我还是和你们普及一下作业指导书怎样写到位。”

“是是是。”这几个家伙就等着我说回会议室，他们一定知道再怎么掩盖得天衣无缝，都逃不过我细致入微的观察。

回到会议室已经上午十点了，单位十一点吃午饭，上午的时间就是快，单位的小助理贴心地在会议桌上摆好了水果，有桂圆、香蕉、苹果、砂糖橘。

质量经理和工艺经理一屁股坐在宽大的椅子上，随手拿起了好几个砂糖橘，迅速地扒了皮，咽下了肚子，好像一口气才顺了过来，生产经理气定神闲地拿起了一个苹果在削皮，研发经理慢悠悠地吃起了香蕉。这人生百态呀！从这些动作中，可以捕捉到每个人的内心，当触动他们的痛点时，他们一定掩盖不了内心的慌乱，再怎么装也会在肢体语言中透露出不安。我就是这种人，无法掩盖自己，所以一定做一个单纯的人，该怎么说就怎么说。

“上午先到这里吧，我要理下思绪，贵司太乱，我们下午聊吧。”我和大家说道。

午休时，我都在想，这家工厂的作业指导书写成这样，到底是各级管理层迷之自信，还是无知者无畏呢？我再次坚定我的看法，第三方审核机构是绝无可能审核出作业指导书的这么多问题的，他们只会拿个小本本，看到这个地方有作业指导书，就在小本本上打个钩，就是在走过场。国家定的标准具有普适性，覆盖到各行各业，可能导致审核要求宽泛，这种情况下，第三方审核机构来审核，大家都皆大欢喜。这个企业在执行中又采用了非标产品的做事方式，再加上本地人的思维方式，就导致了这个扭曲的结果。

下雨天，淅淅沥沥的雨声真有催眠效果，大家都睡得昏昏沉沉的，但是下午的调研还是按时开始了。“大家打起精神来，我先问几个问题提神去困，然后再向大家介绍作业指导书。”

“在产品开发周期内，你什么时候做第一次的作业指导书？”我问工艺经理。

“我们公司，通常在释放量产的节点检查是否有作业指导书这个交付物，但不会检查得很细。”工艺经理解释道。

“你不要说就是拿个小本本，看到有作业指导书就打个钩吧，都不看里面的细节？”我怀疑地看着他。

“基本就是这样的，不会有人沉入下去仔细看的，愿意打个钩而且还是自己去打钩，都已经不容易了。”研发经理补了一刀，看来研发经理对于这种方式深恶痛绝。只是我认为，事情没有烧到自己身上，总是可以隔岸观火的，当你一个手指头指向别人的时候，其实三个手指头是指向自己的。

工艺经理额头上的“川”字更深了，被人当着集团大佬的面揭了短，总是不好受的。

“按照正确的工业逻辑，研发工程师应该给工艺工程师提供研发阶段的组装关系图，这样工艺工程师才可以获得输入源，再结合研发组装做样机，培训工艺人员制作样机。在这两个条件下，工艺人员才可以做出正确的样机作业指导书，自己熟练后，才有资格培训生产操作员工进行样机制作。”

这回，轮到研发经理皱眉了，工艺经理额头上的“川”字浅了，生产经理仍然咧着嘴乐呵呵的，纯真的质量经理笑看风云。在错综复杂的关系中，每个人都不能独善其身，都被无形的大网裹挟着。

“沈总，研发部可是从来没有给工艺部任何输入啊，别说提供组装关系图了，他们制作样机都是偷偷摸摸的，搞得很神秘，工艺部想要学习样机制作，还要积极主动地联系他们才可以，工艺部不说，研发部是绝对忘了工艺部的存在的，所谓的早期介入，工艺部想介入，他们也拦着呢，更别说同步工程了。”工艺经理貌似又扳回了一局。

我制止了一触即发的撕扯大战，“不要扯远了，我还是说下样机作业指导书到底怎么做。说实话，样机作业指导书就是简化版的量产作业指导书，重点是做出来样机，量产作业指导书的重点是指导员工如何高效、高质量地做出产品，甚至还要作为数字化作业指导书的输入源，这是后话。我就介绍量产作业指导书的要点，这个掌握了，样机作业指导书也就融会贯通了。”

延伸阅读：作业指导书

作业指导书（Work Instruction，WI）是员工操作的规范，为确保正确地做出产品，需要有“人机料法环”（Man、Machine、Material、Method、Environment，4M1E）的信息及执行到最细节的步骤。针对非标定制化产品，任何非标产品均由“标准部件+非标部件”构成，因此非标产品作业指导书必须由“标准作业指导书+定制化产品/项目说明”构成。

非标作业指导书随项目，由项目设计工程师提供给生产主管，生产主管分发到工位上。

1.制作作业指导书的原因

制作作业指导书的目的是确保制程稳健，满足规范，可控。

最好的作业指导书是员工不需要培训师的额外协助就可以根据作业指导书的内容制作出正确的产品。

践行追求细节（Down to Detail）的理念，每个步骤都有据可查，细化到每个步骤都有相应的规范，规范内容是做什么、为什么做、如何做、完成后的效果。

作业指导书的每一个步骤均是后续制程失效模式分析的输入源。

可视化，专业化展示操作步骤，简单明了地让生产线操作员工知晓如何操作。现有许多单位的做法是给生产一个概要性的、纲领性的、技术难度大的工艺规范，但是这完全无法指导一线生产，生产线需要的是可以指导一线员工操作的每一个步骤的操作规范。

对管理人员而言，作业指导书是单位践行“员工承诺”和“先进质量计划”的体现，管理层必须理解制订、执行、改进作业指导书的重要性。

2.作业指导书的构成

通常，离散制造业的操作步骤繁多，若每个步骤均张贴在操作现场，那么现场就会贴满作业指导书，因此，作业指导书需要分两个层级。

第一部分，概要作业指导书，通常不超过8个步骤，介绍该工位的总步骤、每个步骤的装配后效果、关键质量控制点。生产线操作员工及审核专员看到概要作业指导书，立即清楚明白地知晓该工位需要做的工作内容。同时，概要作业指导书还用于MES（Manufacture Execution System，制造执行系统），确认是否已完成所有的装配，MES系统会推送概要作业指导书中的每个步骤，员工点击确认完成，MES即判断此工位已经操作完毕。每个描述框中的文字不得超过15个字，尽量使用图片说明。

第二部分，分解作业指导书，可用于培训新员工，或者指导老员工查找细节内容。分解作业指导书显示概要作业指导书每个步骤的详细操作，新员工要凭此正确地做出产品，为达成此效果，分解作业指导书越详尽越好。分解作业指导书的内容包括：具体操作步骤的描述，重要注意点的描述、操作要点为什么这么做的解释、每个步骤的工时、如有需要列出特殊符号（质量、安全）、图标符号的解释。通常，概要作业指导书章节有几个概要步骤，分解作业指导书章节就有几个对应页面写概要步骤，每个分解作业指导书页面对应一个概要作业指导书步骤。每个描述框中的文字不得超过15个字，尽量使用图片说明。

工艺国家标准关于作业指导书的原话是：工艺规程是直接指导现场生产

操作的重要技术文件，应做到正确、完整、统一、清晰。这个要求过于宽泛，如何做到正确、完整、统一、清晰？需要采用二层级方式来编制作业指导书。采用这种方式的好处如下所述。

• 让操作员工和审核老师一目了然地知晓这个工位的事务有几大块，欲知详情，请移步下一个层级查看分解作业指导书。

• 杜绝作业指导书墙。

• 建立工艺工程师模块化思维的能力，概要说明了模块后需要对模块进行最细节的拆分，保证作业指导书颗粒度是极其细化的，破解了作业指导书“道高一尺，魔高一丈”的魔咒。

• 质量人员一目了然地知晓概要作业指导书的关键要点就是质量部要巡检的方向。

• 极细的颗粒度真正印证了“工艺是生产技术的源头”的观点，数字制造本质上就是工艺的数字化。

还有更多，我就不一一细说了。为何作业指导书“道高一尺，魔高一丈”还是要说一下，因为无论作业指导书的颗粒度多么细化，甚至细化到分子级别，但操作员工做不到位，其所产生的质量问题，仍然可以甩锅给作业指导书不够明确，这也是工艺部长期头疼的事情。说好听点，工艺部就如一个大力士，一手举起了研发，一手举起了生产，它是承上启下的桥梁；说不好听的，工艺部是风箱里的老鼠两头受气，一旦产生质量问题，研发部、生产部甚至质量部都会把锅甩给工艺部，借口就是作业指导书没有编写清楚。以生活中的例子来说明：大部分人进出门都会换鞋以保证家里是干净卫生的，尤其在新冠疫情期间更要注意卫生，但是有些老年人没有进出门换鞋的习惯，年轻一辈就看不下去了，反复念叨老人进出门换鞋。可是有些老人家还是不愿意这么做，有个年轻人就在门的外侧贴上了“进门请换鞋”的标识，这个就是作业指导书在生活中的应用。标识贴上去之后的一段时间，确实有改观，老人记得进门换鞋了，可是出门时又忘记了把家居鞋换成户外鞋，年轻人又在门的内侧贴上了“出门请换鞋”的标识，贴上去后，情况有所好转，可是年轻人又一次发现老人家还是会出门不换鞋，问老人家原因，说是出去几分钟就回来，不会沾上不卫生的泥土的。此时，年轻人崩溃了，难道还要在标识上规定时间吗？所以无论作业指导书如何细化，只要是针对人而不是机器人，永远都会被化解。这也是我们自嘲“作业指导书是生产技术的万恶之源”的原因。

以下选取某世界领先离散制造业的二层级作业指导书的模板。未必要按此模板编制企业的作业指导书，但是要牢记：作业指导书要素的逻辑关系是硬道理，为以后开发数字化平台中的作业指导书奠定逻辑基础。

从图 3.1 和图 3.2 可以看出，该类型的作业指导书典型地把自身定位为生产技术的源头，和普通的作业指导书仅展示操作步骤不同，该作业指导书涉及了生产技术的方方面面：有质量要点，有环境健康安全的防护要点，有精益化生产的分配到工位的物料清单，有每一个步骤的工时数据，有使用到的工具清单，有版本升级的原因说明，有和研发 BOM 匹配的成品物料号（前提是设计 BOM 的组件号就可以用在这个工位上），等等。

这种作业指导书可以直接开发成结构化数据，进入数字化平台。比如，这种结构化的操作步骤可以直接提取出来应用于后面的制程失效模式分析中，步骤工时之和联动到工时管理平台，等等。

图 3.1　概要作业指导书模板

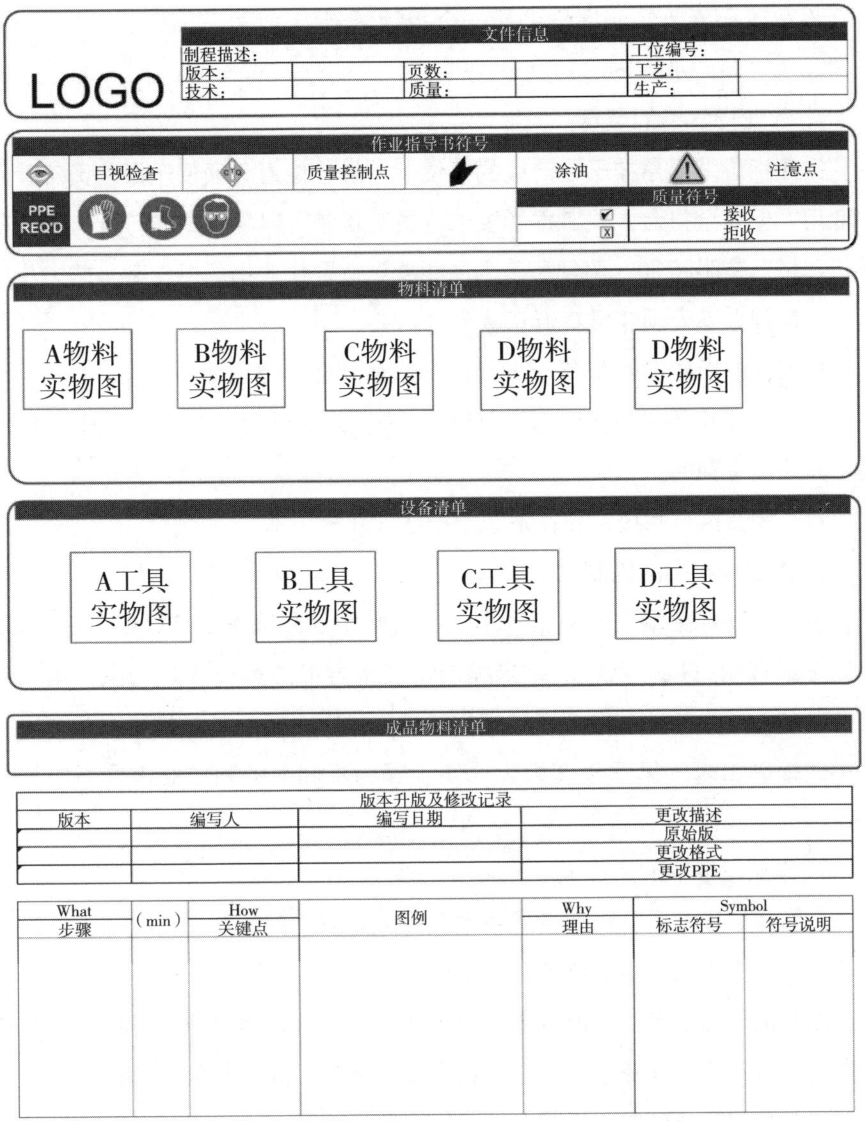

图 3.2　分解作业指导书模板

3．编写作业指导书的阶段

在研发阶段，研发部的制造工程师必须创建初始版本的作业指导书。

产品释放量产后，发生工程变更、客户投诉、制程失效模式分析、制程审核等，作业指导书通常需要更新。

通常情况下，作业指导书是一个持续更新的过程，一般每半个月更新一次。

4. 作业指导书的展示

作业指导书要悬挂于生产线的工位上，悬挂位置必须便于操作员工看到和取用，要完全符合人机工程学要求，员工正常可以平视或者符合人机工程规定，员工在眼睛30°俯仰角范围内能看到概要作业指导书，字号的大小以员工正常视力下无须弯腰凑近查看为准。

概要作业指导书以A3纸横向打印出来悬挂在工位正面。

分解作业指导书以A4纸竖向打印出来放入文件架，文件夹置于工位侧边，方便员工翻阅。

若有制造执行系统，应在系统中推送作业指导书。

5. 作业指导书的编制

按照上述规范编制作业指导书，结合数字视频操作规范是专业级手段，前提是配置制造执行系统。要求编制作业指导书的第一步是录像，第二步是在电脑上打开录像，仔细查看细化的操作步骤，第三步是把每个步骤以文字形式编制出来，第四步在细化操作步骤的基础上编制作业指导书的其他内容。

6. 作业指导书的负责人

产品释放量产前，作业指导书的负责人是研发部的制造工程师；产品释放量产后，作业指导书的负责人是工艺工程师。

作业指导书不是工艺部的专属输出物，质量部也有作业指导书，质量部负责的检验工位的作业指导书必须由质量部编制。除了检验作业指导书，质量部还要编制另一种作业指导书，即质量警示。

质量警示本质上是3N作业指导书（3N即不接受、不制造、不流转不良品）。

质量警示用于某段时间内提示、警告作业人员或者相关部门注意避免一些问题。质量警示包括的内容：关于问题的图片和详细描述，避免发生该类问题的清楚说明。

质量警示是一种处理问题的临时措施，适用于比较紧急的情况，如正式的控制文档未能马上发布，如作业指导书、工序检查表等还没有发布，或者仍在查找问题发生的根本原因，或者正在制定防止问题再发的措施等。因为上述工作的完成需要比较长的时间，但是生产一线需要继续作业，所以需要质量警示这样临时的、清晰的指导文件。质量警示模板如图3.3所示。

图3.3 质量警示模板

7. 作业指导书的审核

按照PDCA的要求，任何一个事务必须要有检查的环节，因此年度审核必不可少。

审核员需要走访现场，观察操作员工在不刻意的引导下能否参考作业指导书做出一个正确产品。

审核发生在现场，被审核对象是工艺经理、主管、工程师、生产线长，随机挑选操作员工。

审核需要关注是否存在作业指导书导致的效率丧失、设备不良率、退货、报废、返工等不良问题。

审核员工参与是否充分，不能仅听操作员工不假思索地说出操作步骤就做出没有问题的判断。需要根据作业指导书，观察操作员工是否正常操作，即听其言观其行。

“大家知晓作业指导书怎么写了吧，记住，颗粒度细化再细化，以后数字化平台中强管控的每个步骤的描述文字不能超过15个字，这样就促使工程师尽量使用图片说明，因为没有办法写更多的字，只能有图有真相地来展示。”我对工艺经理说。

“你看看吧，工艺工程师写的作业指导书都是长篇大论，和沈总说的完全相反，能用文字表达的就不用图片来表达。”质量经理就爱实话实说，真好。

“是呀，你去生产线随便问操作员工，有谁会看全是文字的作业指导书呢？他们只是普通的操作员工，却要求他们有看懂国家标准的能力，有这个能力的还需要做操作员工吗？工艺部写的作业指导书天然就是为操作员工服务的，当然是越简单越好，操作员工最喜欢看图片或者视频。”生产经理火力全开，多年的积郁能释放出来就是好。

“是我不好，我玩内循环，不和大家交流，沉浸在自己的小世界里。”工艺经理晓得不能犯众怒，赶忙放低了姿态，“沈总，我是不怎么明白为什么步骤描述的文字不要超过15个字呢？”

“我还希望步骤描述不超过5个字呢，谁要看文字呀，看图片多简单、直接啊。”生产经理继续补刀。

“呵呵，不要杠精，为什么是15个字？我不敢说有科研团队做过统计，但是离散制造业有做过统计的，15个字的文字描述是达成了文字和图片结合的平衡点，最好确实是没有文字描述，每个人都喜欢看简单直接的图片。你们看看宜家家居的组装作业指导书，真的没有文字描述，全是图片。”我看向工艺经理。

“宜家的我要去看看，能完全用图片来描述确实是有水平的。”工艺经理还不相信。

“不要去现场看的，你直接在网上搜索，都是公开的。我来告诉你，他们为什么能够做得成，因为宜家是服务业，无理由退货的，要是装配作业指导书写得不好，客户不好装配，客户就可以无理由地把买回来的家具再退回去，那宜家就损失了营业收入了，公司都不盈利了，拿什么养活员工呢？拿什么缴税呢？所以呀，你们作业指导书写得这么粗糙，是因为作业指导书没有触到你们的痛点。”我严肃地看向大家，“你们根本就没有把操作员工当作客户来看待。”

“要是把工艺部写作业指导书的人当作我们的供应商就好了，只要操作员工不能照着作业指导书做出正确的产品，我们就可以不付款。”生产经理若有所思地说道。

“老兄，这个搞大了，说大了就如现在企业只做核心的，其他全部外包，把工艺外包还是难的，我们要提高工艺人员编写作业指导书的责任心，要让他们知晓编制作业指导书是一个设计的过程，是为生产制造设计方法论。”我看向生产经理和工艺经理。

生产经理和工艺经理赶忙点点头，生怕我越说越严重。

“好了，我来总结下，研发样机作业指导书其实就是精简版的量产作业指导书，可能工时不是非常准确，因为此阶段还没有生产线；可能工位区分不是非常严谨；可能物料分配也有错误；可能关键质控要求还没有充分识别，但是不管怎样，都必须达成‘工程师和操作员能够按照作业指导书做出样机’的目的。可是，你们在研发阶段没有提供此文件，有各种各样的理由，调研结论就是没有样机作业指导书。”我只能下此结论了，想要放宽要求都找不到理由。

期间，休息了十分钟，下午都已经过去两个小时了，想要真实的调研结论就必须深入地询问，这比较耗时间。不知道今天还能不能准时回去了，我想起夫人做的美味大餐，思绪早飞回了家，我只想坐在饭桌前，招呼一声“小二上菜”，夫人就一个个菜地端上来，再抿上一口小酒，一周的劳累都消融了。想想就开心。

第二节　错误的计件制工时

“现在说说工时，研发期间工时由谁负责？”我问大家。

“当然还是工艺部，”生产经理一本正经地说道，“生产部的工时都是由工艺部核定后输入ERP的。”

“从严格意义上说，工时不是工艺部的事情，工时是有专门的工时鉴定方法论的，不是工艺部兼职就能做好的。工时是专门的一个工业工程的门类，由工业工程专业的人测定，一切的改善都要基于准确的工时，这是最最核心的。我们现在工艺部的工作就是制作模具和编写作业指导书，远远达不到工业工程的高度，故我相信你们的工时是极度不准确的。”我对生产经理和工艺经理说道。

“领导你不能这么说，我们的工时都是基于录像分析确定的，确定的工时，生产部也是签字确认的，你怎么说我们的工时是极度不准确的呢？”工艺经理立即反驳。

“老兄，你可能太忙了，你一定没有好好监督工艺部的工程师进行工艺核定，我来和你说你们的工时核定流程吧。工艺工程师确实去生产线录像了，而且也做了录像分析，区分了增值工时和不增值工时，姑且假设操作员工是诚实可靠的，他们没有故意慢动作，这样确定的时间还真是准确的。”我和工艺经理说，工艺经理不住地点头。

“沈总，你不能怀疑生产线的员工会故意慢动作，他们可是计件制的，做得越快越多，钱拿得越多。”生产经理开心了那么久，这回看我开始怀疑生产部，心里估计不好受。

“你不要把两个时间段混在一起说，没有人录像的时候，员工当然想做得越快越好，可是，当工艺工程师把摄像机架在边上录像的时候，员工在这段时间里宁可少做点，也要把作业时间拉长。如果实际工时少于以前计算的工时，就说明操作员工以前是在故意慢动作，单位时间做的产品多了，员工总工资不变的情况下，单个产品的收益会下调，我是操作员工也会这么干的。说到底，造成这一切的原因是集团实行的计件制，计件制从根子上就是不对的。”生产经理听我说到计件制，不作声了。

“工艺工程师把录像工时给到生产部，因为对生产线操作员工的考核采用的是计件制，导致你们两个部门一定是联合起来造假，我们现在做的一台大型设备，从头流到尾花费了1.5个小时，这是我在生产线上自己记录的时间，而企业资源计划中输入的工时是2.5个小时，整整多出来1个小时，你们肯定有各种解释，配料要加入呀，返工要加入呀，要有社会责任保证员工基本收入呀，但是这些都不是工时多出来1个小时的理由。难道计时制就没有社会责任吗？世界先进企业大都采用计时制，你们就是把所有的异常当作正常加入了产品总工时中，怪不得问题频出，”我说话真是完全不留情面，“你们两个部门联合起来把本来准确的工时加入了各种水分，导致ERP的工时完全不准确，仅能用来计算员工工资，我就称其为计件工时，当计划人员拿着计件工时去排产，排出来的计划肯定是无法按期交货的，后面要上数字化平台，要自动排产，工时都不准，你看前端市场部、计划部会不会把你们两个部门的脖子拧断？先拧工艺部的脖子，再拧生产部的脖子。”

生产经理和工艺经理不由自主地摸了一下自己的脖子，这样说来，还真会掉脑袋呀。工时这个基础不牢，真会地动山摇。

此刻，质量经理和研发经理是真正地笑看风云了，事不关己高高挂起，一脸淡定地吃着桌子上的水果。这个工厂的各个部门就想不到要合力解决问题，只是搭伙过日子，互相看笑话。

“我还是和大家正本清源地讲讲为何计件制还能够在当前社会存在？采用计件制到底会产生哪些危害？计时制为什么能够弥补计件制的各种不足？为以后你们正确开展工时建设奠定基础吧！”

延伸阅读：纠结的计件制和计时制

为什么计件制在现今社会还广泛存在于离散制造业？这种不符合时代发展的现象有其存在的企业土壤，大量调研表明原因如下。

第一，大部分上规模的非标产品生产是没有流水线的（外资企业均采用流水线分工的方式），员工在装配产品时必须到处走动，如走到仓库拿物料，走到其他地方找工具，或者操作行车吊运成品或半成品等，这就导致工时难以计算准确，因为现场状态处于变动中，就算这一刻计算出了工时，下一刻的“人机料法环”的因素变了，下一刻的工时又不一样了。若有流水线和有效管理，每个员工都是定岗定位的，相对准确的工时是可以计算出来的，在此基础上执行计时制是有希望的。

第二，太阳能电池板是适合计件制的公司，太阳能电池板是设备主导型工厂，涉及操作人员的因素足够少，因此计件制和计时制可以随时切换，时间由设备决定，设备工时是非常准确的，计算出来的太阳能电池板的数量同样非常准确，计算公式也简单，即“每日产出＝每日设备运转时数/设备节拍”。

第三，工艺部在兼职工时业务时，必然无心测算准确工时，而且对于如何测算工时并无体系化的知识，就算给出了工时，工时也是不准确的，是难以计算出准确产出数量的，这种没有设置工时专业的情况也是国内离散制造业的普遍状态，而外资企业倒是有设置工时专业，有时间和精力计算出准确的工时。

第四，辅助部门对生产的支持不到位，每个生产主管天然想要每天做得越多越好，理想的状态是生产人员只要负责生产，若有设备异常、物料短缺、产品装配异常等问题，辅助部门要第一时间来处理，这样直接生产价值就最大。而实际状态是，设备异常需要操作人员自己处理，突发物料短缺需要生产人员自己去仓库拿料而不是仓库送到操作人员手边，产品装配异常时操作人员还要进行零件矫正，看能否把零件装进去。当然也有管理到位的企业。精益化管理到位的企业必定是大力提高产生实际价值的直接劳动生产率，辅助部门要鼎力支持生产部。

第五，在此混沌状态下，采用不管过程只看结果的计件制模式，是无奈的，也是最经济合适的，因为生产制造的各个环节时不时地出问题，都是不稳定因素，唯一稳定的是计划要求的交期和数量，因此采用计件制就如“不管白猫黑猫，满足交期就是好猫”，已经没有更有效的办法来监控制程中的不稳定因素，制程中的不稳定因素通常在造成了不良后果后才被发觉。举一个真实例子：某企业切割铜排后毛刺严重，这是质量不良的体现，检查后发现毛刺严重是切割机润滑油流量小导致的，领导在质量会议上就询问设备部是否规定要查看此流量的大小，有没有限度样品，校验流量大小在日、周、月、季保养清单里面吗？这种严重问题有没有防呆和自动化控制措施等，设备部都回答不上来。在此情况下，工时计算绝无准确的可能，也只能不管过程只认每日产出数量了。

如果我们选择一条路走到黑，就要在计件制的道路上行稳致远，做到极致。实现真正的计件制，需要克服以下难题：

• 每月需要稳定的订单。

• 物料无限量供应到工作单元，物料属性必须是精益生产的看板模式而不是配料模式。

• 员工的工作技能一致，工作效率要一样。

• 一人可以完成该模块的所有工序。

• 主管分配的工作量要平衡，比如手工做一根电缆是0.8元，电缆非常耗时间，一天都做不了几根，若一个员工一个月都在做电缆，收入极低，必将离职。

• 工序不多的小产品可以实行计件制，如做衣服、做玩具等。

• 计划安排的生产到底是均衡的呢，还是无限量的呢？需要仔细探讨。

• 不能缺料，员工等料时是不产生价值的。对此，员工会抱怨。

• 员工不能去仓库找物料，否则计件数量少，会抱怨。

• 不排除有员工认为只要上班在就行了，无所谓多少，数量会非常少。

• 每个项目的设计错误，对方要求更改，生产花费的工时如何计算？谁承担？是管理层承担？还是设计错误的承担？

以上难题，实际在企业里面都是无法解决或者无法有效解决的，因此在追求达成真正计件制的探索之路上，这必然是一个死循环，起点和尽头永远纠缠在一起，是一个无解的企业管理难题。

操作员工在计件制的导向下，可能会出现以下问题。

• 员工不在乎自身做出的产品质量，在乎的是数量，反正质量的好坏有质量部去检查。

• 员工反对提高效率的做法，每个产品的费用已知，假设在投入新设备且不增加额外工作量的情况下，员工做出了更多的产品，理论上员工的计件收入将更高，但是站在企业立场，产量增加是因为企业投资了新设备，员工计件收入增加是不应该的，于是企业管理层必然会调低员工制造每个产品的收入定额，直接后果是员工抗拒新生产方式，生产一线的工人天然阻碍技术进步。

• 员工计件定额的计算方式不严谨，走访各企业发现，每个部件的加工费用是根据企业历史数据得出（企业以前一直按10元/工时核算，那么10元/工时是如何计算出来的呢？），不是根据每个加工步骤花费的工时得出。

当跳出计件制的框框，站得更高地审视这个问题，就会发现弥补这些缺点的对策就是采用计时制。

计时制的优点如下但不仅限于此，有效克服了计件制的各种弊端。

• 每个操作步骤以数据来衡量而不是预估。

• 可以量化改善前后的效果。

• 因为以数据来衡量，改善可以用财务费用的节约来显示。

• 员工不会排斥新生产方式。

• 计划员安排生产计划时，基本可以知道生产完成日期，不需要经常询问生产进度，担心生产无法按时完成。

• 反馈给客户的交期是真实可靠的，可以提高客户满意度。

• 必将推动定制化离散制造行业物料的及时供给，真正实现缺料不上线原则。

• 可以计算出准确的生产效率，有利于推动生产效率的持续提升。效率提升是每家公司提升内功的方法，进而提升外部竞争力。工时基础都是虚妄的情况下，基于工时的改善均不稳固。

“讲工时之前，先让你们知道计件制的危害，在粗放式增长阶段，计件制是符合时代要求的，但是进入精益化时代，还在抱残守缺地用这个计件制来管理员工的企业，是一定会被时代淘汰的。好多人说时代抛弃你，连招呼都不打一声，采用计件制的企业，就是要被时代抛弃的典型。醒醒吧，再过几天就要进入2020年了，还这么落后，对得起这个时代吗？”我对大家说道，“知道了计件制的坏处，再和你们讲计时制，就通顺多了。”

“关于工时，我们确实还停留在计件制的原始阶段，长期以来，我们都不懂得如何进行真正的工时管理，如何进行系统层面的工时梳理，包括研发部，研发不好计件我懂，但是研发部也要进行计时工时的管理呀！”研发李总很诚恳地说道。

“李总，你说得很对，计时工时不仅可用于做实打实生产产品的操作员工，也可用于设计产品的工程师，两种方式是不一样的，实打实地做产品，以产品为牵引，操作员工的操作时间是附属在产品上的，而研发人员的工时计算的是脑力劳动的时间，是要用工程师的红绿时间来界定的，这个同样很复杂，当你们单位实施数字化项目的时候，我们再详细谈，现在我们着重分析产品工时。”

“对产品工时我本来也是一知半解的。”研发经理这时候很诚恳。

“这里其实真有你的事情的，参考世界先进企业的做法，初期工时其实是由研发工程师提供，有些分得更细的企业，研发部还设置了研发制造工程师的岗位，相当于工艺工程师，就是负责工时的，只是我们单位把这个职位精减掉了。”

“说起来，多年前，那个德国研发老大在的时候，还真的有这个职位，不提了。”这又勾起了研发经理不堪回首的伤心往事。

延伸阅读：工时体系

制造工时是把产品从无到有做出来所花费的时间。实际工作中，根据生产状况，工时必须被分解为以下几项，否则无法精确计算。

1. 增值时间（Useful Time，UT）

增值时间就是员工在生产时，真正产生价值所花费的时间，该时间客户愿意为之付费。例如，当员工在拧一颗螺丝的时候，纯粹用手把螺丝拧入螺纹孔中所花费的时间，任何一个客户本质上只愿意为该时间付费。

2. 设计时间（Design Time，DT）

设计时间是所有增值操作需要的时间，以及生产线设计时清晰定义的非增值时间（如取料、自检等）。设计时间＝增值时间＋不得不浪费的非增值时间。例如，员工拧螺丝必然产生取用螺丝和螺母的时间，该时间本质上不增值，但是又不得不花费。设计时间即为该两种时间之和。在我国实行智能制造战略的大背景下，使用专门的取料机械手是减少不得不浪费的非增值时间的有效办法。因此引申出一个专业术语“设计效率（KD）”，设计效率＝增值时间/设计时间，该效率体现了生产线设计水平的高低，增值时间无限接近设计时间，代表生产线的最高设计水平。

3.运行时间（Operation Time，OT）

运行时间是生产线操作人员实际操作时间（包括生产中的浪费，如换系列、画报表、清洁、调整、在线培训、生产会议、返工等）。例如，员工拧了一半螺丝，停下来到休息区喝水花费了5分钟，然后走回工位拧完螺丝，这个拧螺丝的动作从开始到结束所花费的时间为运行时间，运行时间＝设计时间＋无效浪费的时间。在生产管理中，无效浪费的时间越短越好，因此引申出一个专业术语“生产效率（KE）”，生产效率＝设计时间/运行时间，该效率体现了生产线管理水平的高低，一个优秀的线长，必然想方设法减少无效浪费的时间，如某员工在喝水，线长可以安排其他人员顶替该员工工作。生产效率是生产部门必需考核的绩效指标（KPI）。

4.实际时间（Time Spent，TS）

实际时间是生产线操作人员和辅助一线生产的人员所花费的时间，比如检验物料花费时间、调机员的花费时间等。例如，员工在拧一个螺丝，发现扭力扳手扭矩太小，通知设备人员调节扭力到正常范围，调节花费的时间与运行时间之和为实际时间，因此引申出一个专业术语“运营效率（KS）”，运营效率＝运行时间/实际时间，该效率体现了辅助部门对生产一线的支持水平，当运行效率无限接近1时，代表单位的辅助部门完全协助了生产一线，在国家践行智能制造战略的大背景下，安灯（Andon）系统的建设是提高辅助部门效率的最好途径。

5. 工业效率（Industrial Efficiency，IE）

该效率在宏观上显示了整个工厂的运作效率，公式为“工业效率＝增值时间/实际时间”。通常带手动装配的标杆单位的工业效率仅为40%～50%。能够达成增值时间接近于实际时间，只有非标定制化的制造行业实现了完全无人化操作：无人化供料、无人化组装、无人化调机、无人化检验等，现有状态几乎无法实现。然而装备主导型单位，如纺织厂、印刷电路版厂、太阳能电池板厂等，有希望实现无人化操作，因为人的因素足够少。

各类时间关系如图3.4所示，只有清楚知晓对应关系，企业才能了解背后的运作逻辑。从图3.4可以看出，工艺部鉴定工时是产品的增值时间和设计时间，工艺部的工时专员使用MTM（Measurement Time Method）时间分析手段来进行鉴定，MTM范畴之外的工时，需要生产线自行记录，如有数字化设备，那么设备自行记录是好办法，毕竟要求生产线操作员工记录时间，是损失直接生产效率的行为。

工时记录是生产部和工艺部两个部门的事情，生产部不能一股脑儿地把工时全部推给工艺部，难道生产线操作员工去洗手间的工时损失，工时专员也要跟在操作员工后面拿个小本本记录？

图3.4印证了为什么国内大部分离散制造厂喜欢用计件制，因为不需要生产部花费额外的精力去做自己的工时损失统计，还可以把工时不准确的责任全部甩锅到工艺部，这恰恰是不负责任的表现。

离散制造业计算工时最实用的方法就是采用录像分析，最终形成的工时表格必须是二维的，横轴是产品方案，纵轴是产品模块，产品的每个模块测算了工时，每个模块在产品上的用量是已知的，每个模块的工时乘以用量，再求和就是一台产品的整个工时，如表3.1所示。

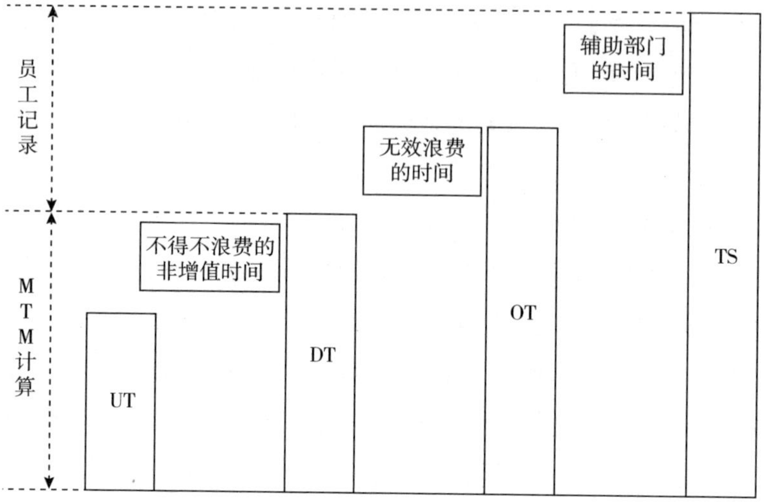

图 3.4　工时瀑布图

表 3.1　二维工时表

模块类型	工时（分钟）	方案用量							
		方案1	方案2	方案3	方案4	方案5	方案6	方案7	方案8
模块1	11			6					
模块2	4	3							
模块3	30								
模块4	26					1			
模块5	6		5						
模块6	8					3			4
模块7	9								
模块8	15						1		
模块9	17								
总计工时									

能够做出这种表格，代表前端研发部已经提供了产品的选择表，如果没有，将产生穷举方案，所以连工时体系都会联动要前端研发设计的交付物。

6. 制造工时的审核

• 询问MTM人员如何进行制造工时的测定，要有相应的证据：有效的录像分析、步骤拆分、二维工时表单、查询MTM工程师是否及时更新工时数据并给到工艺工程师。

• 工时是否有逐年降低的趋势，有无把计件制改为计时制的推进项目。

• 财务人员对于工时降低是否出具了公司认可的财务节约。

• 工艺工程师是否把最新的工时给到计划员，计划是否收到工时表。

• 询问生产线操作员工是否了解工时，核对作业指导书上的步骤工时，审核员查看操作员工的花费时间是否和作业指导书的工时一致。

• 工艺工程师执行了哪些改善措施而缩短了工时，审核员需要到生产现场实际查看，并询问操作员工该改善措施是否真实有效，员工是否满意。

• 是否有相应的流程显示了工时及时更新。

任何改善最终都要体现出工时降低，产能提升。计件制是计划经济下的产物，体现了管理层的惰性，把本来需要管理层做的事务转嫁到员工身上，问题出现了，管理层只做传话筒、二道贩子，不关心过程，只关注操作员工最终输出的工件数量；很少体现精益化要求，较少关注过程细化的每一个步骤；缺乏科学的工时统计，交期凭经验预估，面对销售部的不合理交期要求，生产部只能使用人海战术达成紧急的客户交期等。笔者在离散制造行业的多家外资企业从事管理工作十几年，发现外企无一例外地均采用计时制，计划员根据销售的初步交期，基于准确工时计算出可以承诺的交期，开销售和运营计划会议告知销售部工厂交期。实际生产中，若生产部的每日产出没有达到计划产出，需要向计划员说明原因，计划员需要及时召开销售和运营计划会议更新交期。国内的普遍做法是，销售部接到订单，规定交期，生产部需要在交期截止前拼命做出来，在超过现有产能负荷的情况下，采用倒班、增加人力、外包等常用手段。强势的客户公司定了交期给到销售部，销售部不可以反驳，一旦反驳，订单可能就流到其他公司。

“各位，到此，你们应该知晓工时测定了。”我对大家说。

“工时确实是一个系统性的工程，之前，我部门对此是忽视的，没有意识到研发阶段的产品工时是这么的重要，还有研发的选择表对后面的工时体系还产生了积极的影响，从这个层面上来说，研发还真的是万恶之源了。”研发经理第一次听到这么详尽的解释，心有余悸地说道，“我们真的是做得太少了，也没有人告诉我应该怎么做，这些都不懂的话，后面开展数字化项目我们怎么提需求都不知道。”

“你说得对，研发期间的产品初期工时不能一股脑儿地推给工艺部，研发部需要负责到相对准确的工时出来，然后工艺部拿着这个工时进行初步生产线设计，生产线建设在后面详细说。这里我先说下，知晓产品的市场需求量后，根据年度固定的生产时间，可以计算出产品的节拍，研发提供的整台产品从头至尾的工时除以节拍时间，可以初步估算出这条生产线到底需要几个工位，工位的多少决定了投资额，你现在知道工时的重要性了吧。”

研发经理点头如捣蒜一样。

“还有，研发部的产品选择表一定要常态化地发布并归档，选择表的模块号要一一呼应二维工时表中的模块号（见图3.5），也可以说是工位表中的模块是来自产品选择表的模块，注意这个选择表不是市场部的初级选择方案表，而是真正的技术选择表。”我再次向研发经理解释。

A模块的选择方式 1.选择注意点1 2.选择注意点2			
模块号	描述	物料清单	装配号

B模块的选择方式 1.选择注意点1 2.选择注意点2 3.A、B模块的注意点只能1配1，2配2			
模块号	描述	物料清单	装配号

图3.5　按模块分类的选择表呼应二维工时表

“我见到的工时就是一维的，为什么要做成二维的呢？好处在哪里？”研发经理好像还是不怎么懂。

“说实话，我们也不是非常理解，在ERP中输入产品的第一层级的装配物料号，我就可以拉出来总计的工时之和，尽管计件工时是不准的，起码我可以一下子就知道整个工时的。”生产经理和工艺经理的脸上都写满了茫然。

“这是为先进高效管理制订的，我们做数字化项目是为了提质降本增效。第一，如果你们在一张表格中就知晓了所有工时，就会时时刻刻地关注哪些是花费最多工时的工位，进而持续改进，从一维表中是无法找到产线平衡率信息的，而且一维工时表必然导致业务上的偷懒如不区分工位，前面已经说过不区分工位的危害性很大；第二，从前端的模块化一路打通到作业指导书里面模块号、工时表中的模块号，不是很香吗？后面要上的数字化平台的核心价值就是打通数据链，如果这个信息都没有，怎么打通数据链呢？第三，你们若用纵轴数量乘以横轴数量，按一维工时表来看的话，我们的产品会有几十万种方案，按这种方式将信息键入系统平台中，当升级工时时，要改几十万个地方，这是不符合常理的。模块化后，只需要改一个模块，只需要一步操作，以后市场部选择这个模块，就带出来什么工时，任它们千变万化的组合，我们只要管好这个模块就好，这样，你们的工作效率、管理成本是不是得到了极大的优化？”

“我已经知道了模块化的好处，工时用得着，作业指导书也用得着，分配到每个工位的成品物料号也用得着。”工艺经理好像已经端到端地融会贯通了，“可是，现实中，研发部还真没有选择表，那工艺部要怎么办呢？”

“工艺部只能根据工位的分布，基于工时平衡的原则，自我创造一个装配模块，这个就是工艺申请的装配号，工艺部可以把装配号告诉研发人员，看他们是不是要把装配号作为小组件号挂入产品BOM中，这是典型的同步工程的表现。”

“你只是告诉我需要在产品BOM中增加新的装配号，我肯定愿意的，就是一个行政性的号，是个虚拟件，不耽误研发部任何事情。”研发经理很大方地说道，“我们也想要有‘设计为制造服务’的能力，可是研发部的工程师还真不一定知晓某个物料要放到哪个工位，因为他们不知道大概的工时，也就不知道这个时间段内装配哪些零件。”

“后续你们两个部门需要好好地沟通，多沟通，不要有部门墙。”我鼓励大家。

第三节　没有量产验证的研发工装夹具

我看了一下时间，已经下午四点了，虽然今天我的心思早就飘回了苏州，可是在调研中，我还是不知不觉地讲解了好多工业逻辑，反反复复地念叨，不知道他们是否听进去了。很多人表面上积极响应，看起来对我的讲解很感兴趣，实际上当我一撤离，估计所有的唠叨都像耳旁风，该怎么样还是怎么样，这家单位的人，几十年来都是如此，不大可能听我说了这么多，就立马洗心革面立地成佛的。培训能让人脱胎换骨的概率太低了，经过多年实践，我知道培训能够使受训者达成20%的改变，效果就已经非常不错了。我很清楚知易行难，这个单位不经历一次彻底的变革，难以治愈顽疾，达到知行合一，等着瞧吧。

“时间不早了，也周末了，大家都要下班休息的，我们精简点说。关于研发期间的工装、夹具、设备和设计验证报告，你们是怎么做的呢？”我问研发经理，“按计划本周是要把转产前的调研做完的，我们聊得太深入、太细，有好也有坏，好处是你们知道了正确的做事套路，坏处是我要被大领导责怪进度慢了。”

“沈总，我们还是希望有干货输入到我们这边的，古语说‘朝闻道夕可死’，有的事情我们确实做得不到位，现在你花费了大量的精力给我们讲解，后面我们就可以按照正确的做法来做，我想每一个大领导都会认为这点时间的拖延是值得的。”研发经理诚恳地说道，“关于工装、夹具、设备，研发部提申请，然后工艺部制作，就是这种简单的方式。”

“你们没有自己的研发制造工程师吗？”我问道。

“没有的，我们这个单位本来就没有工艺部的，多年前，工艺部是研发部的一个分支，是研发部内循环的一部分，工艺工程师就是研发制造工程师，既然分出来了，这部分的事务自然而然地划归工艺部。”研发经理畅想回忆倒是思路清晰的。

“工艺经理你来说，研发工装和量产工装有哪些不同点？当年分家的时候，你是如何接下研发工装制作的呢？”我问向工艺经理。

“当年分家，是因为德国人高管被开除，不是正常的业务划分，出发点是人员分流，不是让产品开发更高效。在这种情况下，研发工装组就划归到制造端，人头费用算入制造运营费用中，”工艺经理不无感慨地说道，“其实我也不愿意被划归到制造端的。”

“开场白少点。”质量经理提醒他。

“好，关于研发工装和量产工装的差别，我是这么认为的，研发工装着重于敲敲打打地把样机生产出来，而量产工装着眼于辅助量产产品高效高质量地生产出来。”工艺经理说道。

“你说的是对的，我们的问题是，大量研发工装直接就用于了量产，导致各种各样的产品问题，模具是归于工装一类的，模具组的模具工程师就没有这个意识，导致大量用于量产的模具还是研发阶段的模具，研发阶段的样品模具是软模，寿命周期不长，材质也是比较便宜的45号钢，这个材质用来打一些样品是可以的，最多也就20000模次，用这个模具来大批量生产，寿命周期一过，会导致大量的产品异常，产品异常后，自然是各种修模具，这边补，那边补，整天修修补补，看似很忙，实则是在救火。”我严肃地看着工艺经理，工艺经理此刻是绝对不说话的，“你们就不会想到这个模具是软模吗？是完全不适合量产的吗？”

“我们是根据生产部提交的修模申请进行修模的，生产部不提出重新开模具，我们也只好修。”工艺经理还是辩驳了下。

“生产部哪知道当时开模具是用了45号钢的？生产部是做了验收，可是验收的模具寿命也没有到20000模次，还是正常的，要是知道用了45号钢的软模，生产部才不验收。”生产经理立即反驳，“再说，生产部是管能不能正常生产的，材质是45号钢也管不着呀。生产部不懂技术，45号钢的模具，没有做多少模次，外观看起来亮堂堂的，生产部也没有理由不验收呀，生产部真的是被坑了。”

“你们一有事情就互相撕扯，大家都没有问题，那就是公司有问题，客户就不应该选择我们的产品。”我看向大家，“我们不细谈此事了，你们要记住，不管后续的数字化项目要不要上，必须区分出研发工装和量产工装，研发工装在研发阶段要按照基本要求验收通过，想要把研发工装转为量产工装，要有详细的流程来评估是否可以转化，不能没有评估，签个字就结束了，这是基本常识。就以研发模具转量产模具来说吧，你们集体评估时，除了要注意刚才说的材质，还要注意模具曾经的修模次数，如修模次数太多那是不能接收的，因为这意味着模具没有开好；是否有正式归档的模具图纸，如果没有模具图纸，后续修模会不知道从哪里改；当然更要有PPAP报告，PPAP是可以量产的证明，只有基于PPAP报告才能办理模具入库，我知道你们现在没有PPAP报告的。还有更多，我就不一一细数了。”

“我们对工装夹具的制造管理方式采用的还是小作坊的管理方式，我们也是全国性的大公司，怎么搞成这样。”质量经理念叨了下。

“本次调研，我认为你们研发阶段的工装夹具的管理是基本没有的，大家没有意见吧？”我说。

“没有意见，这么多年来我们都在内循环，并没有把工装夹具放入整个产品管理体系中进行系统性的管理，后续数字化平台中，我要怎么有效地管理起来呢？”工艺经理陷入了沉思。

第四节　缺失的研发设计验证报告

“好，各位，还有最后一个问题，在研发阶段，你们的设计验证报告是怎么完成的呢？”我问研发经理。

研发经理没有想到压轴大戏在他这里，很紧张，担心回答不好周末都过不好，影响与家人出去逛公园的心情，于是赶紧表决心：“领导，我们的产品在释放量产前，100%都要通过国家型式试验的，这你要放心。”

“这是最底层的要求，李总，我也做过型式试验，为了通过国家的验证试验，在做试验前，那是做足了功课，你敢打包票你拿去做型式试验的产品和现在量产的产品是一模一样的，没有做过手脚？”老实说，我是真的怀疑他们的，因为连PPAP都没有做，产品只是能够装起来，就去做型式试验，能通过是运气好，不能通过，才是正常的。

“领导，你要这么说，我也只能认了，只是这是行业内通行的做法，哪怕是世界先进企业的产品，也是要刻意做一些额外的加固的。”

“人家额外加固的前提是零件一致性是好的，是适合于量产的，我们的零件是能装上就适合量产，完全不在一个量级的，不能对比的。”我纠正他的辩驳。

“其实除了外部的型式试验，你要真正关注产品在生产过程中各个性能验证的工位上的通过率，现在新产品的性能验证通过率是多少呢？”我问质量经理。

“嗯，大概是20%，我知道肯定是不高的，要是算整条产品线的一次直通率，各个站别相乘的话，1%都不到的。”质量还是要用数据来说话，数据就是有杀伤力。

“在20%好的产品里面抽取一台，再刻意加固好去做试验，是已经筛选过一遍的了，你倒是把80%的不好的产品拿去做型式试验？”我看着研发经理。

久经沙场的研发经理此刻进入了沉默模式。

“所以呀，我们要评审产品在厂内的真实性能，国家的型式试验不能代表后续量产的产品都满足型式试验，以后在数字化平台中，你们要区分出产品的设计验证报告和型式试验报告，两者不要混为一谈。设计验证报告的内容通常含有零件级别的验证报告，也就是PPAP，产品级别的验证报告是各个站别的性能验证报告，性能验证的通过率不能太低，否则影响产品出货节拍；设计如果做得颗粒度更细，设计验证报告又可以分为样机验证报告、工程验证报告、准小批验证报告。各个阶段的报告对应不同的KPI，比如样机验证报告对应装配合理性，工程验证报告对应总体性能的达成，准小批验证报告对应可以考虑小批试跑，最终指向是可以正常量产。”我又说了些，“当然还要有各个阶段的成本分析报告，不要这个项目做了一年，最后释放量产时由于原材料价格暴涨，产品推到市场就是亏本销售，那做项目就没有意义了，QCD（质量、成本、交期）意识要有，这也印证了同步工程的重要性。”

“我们就这么点人，真的做到这么细，黄花菜都凉了。”研发经理无奈地说道。

“这要看你抓住的是哪个重点，有的放矢，不是全面铺开，你若是把一件简单的事情分了无数个步骤，是做不好的，要把重点的事情一级级分解，集中优势兵力干成重要的大事。”我指出研发要有侧重点。

“你倒是深得伟大领袖的精髓呀，我知道了，不能粗犷地采用国家的型式试验报告，内部的真实报告才是硬道理，才是真正为产品量产服务的。”研发经理看来也理解了。

“你不要捧杀，今天就到此为止吧，本周的调研报告我会自己写的，和大家聊了一周了，你们回去好好休息吧，下周继续，基于本周已经做好充分的宣贯，下周基本上是这些事项的后端如何管控，我打算抓紧进度，下周把后面的转产期、交付节点、维护期、优化期、退市一并调研了，可好？”

“谨遵领导旨意。”我看到大家脸上充满了期待，毕竟坐在办公室互相撕扯，扒开异常事件的层层迷雾，看到本质，还不能撕破脸，委实是一件极其烧脑的事情。周末回家，喝个小酒，钓钓鱼，看着婆娘一边吼一边教小孩作业，那才惬意！

至此，转产前的调研基本结束，我花了大量时间来调研前期的核心事务，因为前端是输入源，后端事务都是围绕着这个输入源，一点一点地加料，加到可以量产的地步。哪怕是未来要上的数字化项目也不例外。

CHAPTER
04

第四章

聚调研之沙，成因果之塔

第一节　回家的路，思绪万千

讲业务真是没有时间感，都已经晚上6点了，今天回去又要晚了，唉，就怕夫人的脸又拉到了地上。

我急忙打电话给约好的出租车司机，出租车司机已经在门口等了一个小时了，接个生意也是不容易的。

“师傅，实在不好意思啊，会议结束的晚了。”我抱歉地说道。

“这倒没什么的，你是我的VIP客户，老客户是有优待的，我也是有长期服务意识的。”出租车司机是个饱经风霜的汉子，知道生活都不容易。

“你还是慢慢开，安全到达高铁站就好。”虽然我归心似箭，但是安全第一。

“好，说起来，你今天怎么会拖班了呢？”

“还不是我调研的那家工厂管理混乱，出了事情各种理由忽悠，大领导已经长期对他们不满了，这回叫我这个外来专家去调研他们了，他们现在麻烦了。”

“我们这边本地人的处事方式是大事化小小事化了，叫你这个外地人去调研，事情没那么简单了。”出租车司机是本地人，果然了解深刻。

“你说的是，我是个没有历史包袱的人，没有人会和我搞关系，讲交情，纯粹是就事论事，叫我去调研，领导是真的聪明的。”

“你调研得怎样？”

“这个单位还是比较乱，这个样子是无法在数字化项目开展时存活下来的。”想到他们一脸茫然的样子，我就忧心忡忡，一群不知变革的人，数字化时代就要到来，首先淘汰的就是他们这种几十年如一日的顽固分子，大刀第一个向他们头上砍去。

“数字化？我好像也听到了这家单位找了外面的国际先进数字化平台实施商，我接到个坐车的生意，他们在车上说到这家单位就是个乡巴佬，自己都搞不清为什么要数字化，这种钱最好赚。”司机很平静地说，“我是不懂你们这个数字化是什么意思，你和我说说？”

“一句话概括就是把现在好的管理方式用软件的方式固化下来，以后让软件平台来驱动员工干活，现在调研就是为将来的数字化扫平障碍。”

“我懂了，就如我手机上装的打车软件嘛，我现在就是一个困在系统里面的人，哈哈。”

“我很惊讶，他们怎么说我单位是个乡巴佬呢？不过话说回来也对。”

“你倒是和我说说，这个倒是蛮有意思的。”司机就是好奇。

我想了想，说：“我们这个企业几十年前就是乡镇企业，做法几十年如一日，在这个时代已经跟不上步伐了，但是又没有办法从根子上彻底解决问题，眼看着别人大踏步地往前走，自己停留在原地，时间长了，就丧失了管理自信、制度自信、文化自信。于是，他们就想傍上外国先进数字化平台，有了数字化平台，感觉自己就是名媛了，就像暴发户买个LV，就以为自己是老牌欧洲高端人士了，说白了还是自己不够自信，买奢侈品的不一定是高端人士，高端人士不一定买奢侈品，人家有这个自信，流露出的气质不一样。企业也一样，自信不在于工厂用多么大牌的设备，即使是国产设备，管理好、使用好、维护好，做出来的产品不比人家的差。某些企业会膨胀，搞浮夸的装修，上大牌的设备，但是管理没跟上，流露出来的企业气息就是不自信。所以，企业的文化、愿景、价值观很重要，当口号真正落地了，要知行合一、言行合一，这个企业就一定会好的。”

“你这话说得深奥了，我只听懂了‘暴发户想要傍一个国际大牌，就以为自己也是大牌了’，这是不可能的。我每周载你这位总工，我也没有变成总工嘛，这个朴素的道理我还是懂的。”出租车司机也是话糙理不糙。

“表面上再怎么装扮粉饰，可是根子上是不稳的，再怎么样都是绣花枕头一包草，底层逻辑关系都是混乱的，不知道从哪里来要到哪里去，现在还不改革，等数字化的大刀砍下来，都回去喝西北风吧，唉！”

我陷入了深深的沉思中，迷迷糊糊间，仿佛已经回到了家，看到美丽的夫人笑脸相迎。

“沈总，到高铁站了。”我被人猛地叫醒了，美梦就如撕碎的画卷，露出了人来人往，喧闹不已的本来面目，只是我喜欢安静。

“师傅，下周一见，我还是7点30分到高铁站，你来接我。”

“好。”出租车司机也是很愉快的，他现在返程还可以搭载其他乘客，不至于走空车。现在是下班高峰期，他接我这个VIP客户，更多的营业利润其实出在其他乘客身上，羊毛出在猪身上狗买单，多么浅显的互联网思维呀，连出租车司机都与时俱进，什么时候这家工厂才能醒悟过来。

这飞驰的高铁，印证着中国科技快速发展。中国崛起过程中，必然伴随着制造方式的输出、游戏规则的制订。孙中山先生说“天下大势，浩浩荡荡，顺之者昌，逆之者亡”，说得非常好，可是我们怎么才能顺上这个天下大势呢？我要说基础不牢地动山摇，就如高铁穿越江河湖海，可是你怎么就不在意打在海床上的支撑高铁的路墩呢？

到家已经晚上8点30分了，从苏州高铁站出来转两趟地铁，出了地铁骑公共自行车到小区门口，然后步行300米到家，虽然一路劳顿，可是只要我到家门口，劳顿就消失于无形，因为老婆孩子在家等着我呢，看到她们笑靥如花，好心情就涌上心头，我如打了鸡血一般兴奋。

“宝贝，我回来啦。”一回到温暖的家，我就像一个听话的小孩，夫人叫我怎样就怎样，白天在单位的各种烧脑子调研，和经理们斗智斗勇，如何控场，这些都是消耗精力的活儿，在家里，我就彻底地放开了。

“沈老师讲经布道，脑子够用的吧，我来给你揉下太阳穴吧。”夫人笑眯眯地说道，随手夹了一只剥好的黑虎虾送到我嘴里。

“哼，我每天上课也是很烧脑子的，妈妈偏心，我也要揉太阳穴。”女儿在边上吃醋了。

今天的晚餐有黑虎虾、清蒸鲈鱼、腌笃鲜、蛋花汤，都是我喜爱的，而且还是放在了加热板上，保持温度合适且味道鲜美，凉了的菜不能用微波炉转，否则一定会蔫蔫的，失去了菜的精气神，就如我调研工厂的员工，失去了开创未来的精气神，只想抱残守缺，上班下班月底拿钱。

“女儿你这个小心眼，小孩子都是精力爆棚的，要揉什么太阳穴呢？你一个女娃子要留长头发吧，你看你每次洗完头，那么长的头发都能竖起来，就知道是肾气充足，肾气充足的外在表现就是精力爆棚。”

女儿摸了下头发，果然有长头发还能竖起来的，这个中医的观察方法还是我姐姐教我的，用中医的理论来辩驳真管用。可是真理遇到小孩、女人，那肯定是不管用的，这个瓜娃子强行把头伸到妈妈手边要按摩，脸皮厚得连菜刀都砍不下去。

“你又在跟我抢女人。”这个家伙推都推不开。

“都一把年纪的人了，你还和小孩争，我给她揉几下不就得了嘛。”夫人象征性地糊弄了几下，“妈妈这手艺绝对是大师级的，这几下保你头脑清醒，去做作业吧。”

“好的，爸爸妈妈，我做作业去了，妈妈这仙手一搭，我就能考100分了。”女儿屁颠屁颠地进书房去了。

“我看你最近都是心事重重，每次和我打电话都很焦虑，好像都静不下心来。”夫人关切地问道。

“等下，让我先吃几口你做的美味佳肴，否则我缓不过神来。”每道菜都充满着家人的关爱，都太好吃了，我已经不知道从哪个先下嘴了。

“你也注意点吃相，都是你的，没人和你抢。”夫人一脸嫌弃地说，“你也是一个做总工的人，这点饭菜的诱惑就让你饿虎扑食了。”

“我吃的不是菜，是你的关爱。”

一口小酒下肚，我风卷残云地吃掉几盘菜肴，娓娓道来：“这几天确实繁忙，调研的事情烧死了大量脑细胞，你知道的，我本质上和你一样就是个单细胞动物，想太多，伤元气。”

“那你就不要调研了。”夫人就是一个什么都放得下的但唯独放不下家人的人。

“你说得倒是轻巧，人在江湖，身不由已的，食君之禄，担君之忧，大领导要你去做的事能不做？”我看着杯里还有一口酒，晃着酒杯，杯里的酒水也旋转了起来，“你看这旋转的样子，就如一个八卦，八八六十四卦，后面的事情多着呢！”

“你迟早要去摆地摊算命的。”夫人的表情显得我就是一个神棍，说起来我以前追求她的时候，总是故弄玄虚地给她看手相、面相，测生辰八字，搞星座预测。那时候她就是个小女生，就喜欢搞各种观察测试，遇上我这种高手正对她的爱好，简直是绝了。通过这种方式把她追到手和我过日子，也是比较奇特的吧。

“我和你说，我就是预言帝，你看好了，从我开头，好戏才刚刚开始，后面的精彩大剧会一部连着一部，革命的大幕已经拉开了。”

“老实说，你的预见能力还真是可以的，老公，你是个能够看到全局的人，这种人是不多的，可是就因为你能看到全局，你不觉得人生无聊好多吗？都是安排好的，还有什么意义呢？”

“那你说怎么办，我们都不要安排？凡事预则立，不预则废呀。”

“安排将来24小时的就好了，让我想想，我们明天带女儿去参观华为吧，苏州华为2万人的研发中心，中国的骄傲，教育小孩肯定很管用的，女儿现在处于叛逆期，不受点刺激她不会好好学习的。”

第二节　苏州华为见闻，数字化转型的感慨

之所以要带女儿去参观苏州华为，是因为自2019年，美国设置种种限制，制裁华为。作为民族工业的皇冠，华为怎么可能屈服呢？华为是典型的数字中国优秀践行者，是令人尊敬的企业，从一家普通的民营企业成长到如今的世界500强，足以令其欧美国家产生技术畏惧，其发展道路值得莘莘学子学习与研究。华为就如茫茫大海上的灯塔，为黑夜在大海航行的旅者指明方向，华为就在苏州，灯塔就在眼前，心动不如行动，赶紧带女儿感受苏州华为这种智力密集型企业的魅力。

第二天一早，我们一家子就出发了，开车上中环，一路好风景，苏州华为就坐落在苏州工业园区的桑田岛上，据公开信息，苏州华为这个建筑群还没有完全交付，我们只好在外围一睹芳容。这个小岛四面环水，虽然在冬季，但还是绿树掩映，刚植上去的草坪还没有发黄，青草茵茵，天气其实不怎么冷，这个时节颇有些早春的感觉，这是一个幽静的小岛，真的是脑力劳动者的天堂。当年我大学毕业的时候，曾经向华为投过简历，可是华为要的是电

子专业的人员，我是机械专业，不对口，没有去成。

女儿第一次看到中国最厉害的企业原来就在苏州，不由得豪气万丈，“爸爸，我们这个华为，真的大呀，门都有好几个，而且这些门真的是大气磅礴，一看就是‘大户人家’。”

“你知道就好，华为是中国顶级的企业，在全球开展业务，是全世界知名品牌，华为手机在外国不仅卖得贵，还特受欢迎呢！”

“爸爸你一直教育我要多想想，我就是想问为什么大品牌的东西确实好呢？”

“大品牌的产品注重品质，先要产品质量做好了，大家就会相信你，来买你的产品，买你的产品多了，你的利润就好，就有足够的资金把质量做得更好，质量更好，更多的人买，这是一个相辅相成的良性循环。”

“这个就如我现在的良性循环，我考试考好了，获得了荣誉，就更有自信心了，学习也更有热情了，这样学习成绩就更好了，是这个道理吧。你带我参观华为就是想要告诉我，自己要先努力，提升自己，才能踏上良性循环的门槛。”

我们一边围绕着这个小岛参观，一边谈着，其乐融融，突然，女儿说：“爸爸，反正来都来了，我们看看能不能进里面参观？”

“好的，宝贝，我们开车到门口，问问能不能进去？”这个公司太大了，几个门都要开车才能迅速到达。

到第一个门口，我下了车，走到门厅处：“您好，请问能不能让我们进去参观呢？”

“不行不行，你们走吧！”

“我们就看一下，你看，我女儿那么崇拜华为，让她长长见识也好。”

“不行不行，公司规定不让进入的，你们要看就在外面看好了。”

“我知道企业是不让外人进入的，我就进入你这个大门，在你视野内，我女儿看下就好了，能不能通融下？”我还想争取下，赔着笑脸和门卫说道。

“不行！”门卫再次坚定地拒绝了我们。

这时，女儿冲了过来，一把把我拉回去，“我不看了，回去吧。”她好像很生气。

其实这是我的苦肉计，哈哈。

“女儿，你说要不要好好学习，考个好学校，然后进入华为，一雪今日的‘耻辱’？”

“今日的梁子就此结下了，本姑娘真是气不过，我就是想要进去看一下。”女儿的脸都涨红了，“爸爸，我和你说，我就考个好学校，到时我要到华为工作，爸爸也可以进去参观了。”

好像我充分利用了小孩的叛逆期，达成了我的目的，我趁机再加点码，“女儿呀，我当年没有进入华为，现在还在懊恼呢，当时我认为我的未来就要在华为度过的，现在老了，人家早就不要我了。”

“爸爸，你的未来，我来。”女儿咬牙切齿地说道，看来她受了很大的刺激呀。

“哦哟，宝宝，你这个雄心壮志，妈妈记下了。”夫人在那边掩着嘴憋住不笑，她看了下四周，“我们来都来了，要不在华为门口拍个照吧，我们的女儿也在此立下了宏伟誓言，有纪念意义。”

我们找到了一个欧式拱形大门，从大门外面望去，里面有着长长的台阶，很有“步步高升”的意味。

“女儿，我和妈妈都希望你在学业路上步步高升，考上理想的高中，上心仪的大学，然后实现你的宏愿，现在你站在这个门口，我来给你拍个照片吧。”

女儿愉快地拍了照片，我惊呼：“女儿，我们真的要到华为门口来拍照的，你看，你的头顶上都罩了一个智慧的光环了，有没有感觉到智商充值了呢？”

这张照片（见图4.1）的背景是真的好，大门是拱形的，拱形大门到上升台阶之间有一段长廊，长廊的截面和拱形大门是一样的，阳光从长廊的尽头射入长廊顶上，长廊顶上又是光滑亮丽面，导致这一束阳光在长廊顶上散开，形成了一个光环，光环自然被拍进了照片，在女儿头顶上形成了智慧的光环。

“喔唷，这个蛮厉害的，华为是智力密集型企业，女儿一来就沐浴了智慧的光芒，要成为学霸了。”夫人很开心地恭维女儿。

“老娘，你和爸爸真是天生的一对，一唱一和地‘套路’你女儿，我感觉在这里受到了一万点的暴击，不好好学习都对不起这张充满智慧的照片了。”女儿气呼呼地说。

我和夫人交换了一下眼神，目的达到了。

图4.1　来自华为公司给女儿头顶的智慧光辉

第三节　生产线设计调研专题

繁忙的一周又开始了。每到周一，每个人的表情都不是愉悦的，一周之计在于周一，周一便是分派当周的任务，回顾上周的各种问题，尽管有些问题没有真正地解决，还是要说下一步的行动计划，这是运营企业的基本套路吧。早上9点钟我直接到了工厂的会议室，工厂的管理层正襟危坐。

“各位早，不好意思我来晚了，早上从苏州出发到这里，就要9点钟才到的，你们久等了。”我先向大家表达歉意，希望接下来的调研能够气氛融洽。

“没事没事，老大，我们还希望你晚点呢，哈哈，你这样跑来跑去，幸福感比我这个本地人少好多。”生产经理今早的心情还不错，不会早上就喝了酒吧？

“生活就是这样，来到这里，认识了大家，这是缘分，缘分是命中注定的。”我打开电脑，“那么我们开始吧，上周说了，接下来我们计划用一周的时间把调研都结案了，希望大家积极配合。上周已经调研了转产前的核心事务，那么接下来一步是转产期调研。”

“转产期的核心事务一般有哪些呢？”我问技术经理。

“我们通常按照制订的交付物清单来做事，一般来说我们要安排试生产、工时统计、量产工装、量产作业指导书、生产线建设、操作员工培训等。”技术经理是精通产品运作流程的老员工，前面研发阶段基本没有技术部的事情，但是新产品经过研发认证后，要真正地导入生产线，技术部员工要清楚知道，虽然新产品导入生产线的第一责任人是研发部，但是导入后就要由技术部主导，这些交付物对他来说必须烂熟于心。

“你说的这些事务确实是核心事情，每个核心事务又都可以分解成具体事务，比如操作员工的培训就需要分解，如何促使生产阶段操作员工真的有能力做量产产品，这是不同于样机阶段的。”我问生产经理。

“这种培训是真刀真枪地要上战场了的，还要培训操作员工注重效率，不是样机阶段能做出来可比的。在这期间，工艺部一定要全程陪护生产部，生产部有什么效率上的异常，需要工艺部给出相应的对策。”生产经理看向工艺经理。

工艺经理无奈地说：“我就是你的保姆，好了吧？”

“关于生产线的建设，这是一个重点，你怎么设计生产线的呢？”我问工艺经理。

“生产线的设计，我们通常找供应商进行商谈，要把我们需要的节拍告知供应商，供应商会根据要求设计出来生产线的样式，甚至还有三维动画。”工艺经理信心满满地说道。

“你们只是把一个产品给到供应商，然后再给个节拍，这样就结束了，然后坐等接收生产线？”我极度怀疑他们的做事方式。

“那要怎么办呢？”工艺经理反问我。

“哥哥，我们生产部都觉得这种方式不对，你看看只要是工艺部负责的生产线，就是一条运输线，把原来手推的方式改为自动运输线自动跑，外行人一看，自动运输多高级，可是懂点门道的人一看，就知道工艺部肯定没有进行工位划分、物料分配、精益配料啊。你们搞的生产线，哪一条达成了效率的？生产部都不敢验收的。”生产部是执行单位，生产线由工艺部负责设计，故生产经理天然不愿意验收，因为一旦验收通过，后续所有设备维护都要由生产部常态化地负责了。

“生产部负责设计生产线才好，我的这块职责划给你们，按照你已经签字的编制的技术协议，其实早就达到了设计标准，在生产线实施期间，你加了一个又一个要求，都不在协议范围内，然后还要工艺部一个个地解决，导致验收遥遥无期，这又是哪门子的道理呢？”工艺经理一下子嗓门大起来了，看来在生产线设计上，工艺经理的怨气是冲天的，因为生产线不验收，产品就不能释放量产，不释放量产，试跑就不算完成，这巨大的锅是砸向工艺经理的。

“这是信息不对称啊，难道我当时签了字，就不能后续纠正错误了吗？生产线涉及方方面面，我不可能签字确认到螺丝级别吧？”生产经理气得牙痒痒，“说起来，还真有螺丝级别的问题导致生产线不好用的，原来是手动装配螺丝，就算螺丝有点歪，手动偏下位置，也能矫正过来装下去，现在机器人装配螺丝，螺丝歪了难道要机器人矫正螺丝？我再怎么细致也不会考虑到这一层呀。”

这一对欢喜冤家又进入了相爱相杀的模式了。

“注意团结。”技术经理提醒他们。

“沈总，我们对生产线设计是又爱又恨的，高级的生产线确实会大幅度地提高效率，可是几百万元的资金投下去，我从头至尾都像在吃苍蝇，生产线没有一次是顺畅的，工艺部不断地被各级大佬批评，有没有一个体系化的方法论，工艺部可以按此设计生产线，确保一次性成功呢？”工艺经理期待地看着我。

“确实有生产线设计的方法论，在世界先进企业中，生产线设计绝不是全权交给供应商完成的，而是有专门的研究团队进行体系化的研究，进而得出整体方案。基于整体方案，供应商设计硬件，我们现在没有整体方案只有技术协议书，凭此叫供应商设计生产线，是远远不够的。”

“老大，你就别卖关子了，赶紧说吧！”

延伸阅读：生产线设计方法论

生产线设计方法论是一个系统性、综合性工程，生产线的设计需要从宏观层面的整个厂区来考量，基于整个工厂的原始布局，设计到生产线的每个细节。生产线设计通常由八大步骤构成：初始规范→产能和需求→产品架构→产品流程→物料供给→产线布局→管理→投资回报。

厂房建设前，需要考虑生产线精益摆放的位置，需要有全局观的生产线布局，充分考虑未来参观流、物料流、产品流、信息流的顺畅和最经济距离。在此情况下，考虑厂房布局的立柱位置，体现了整体决定局部的要求。

工厂布置图是整个工厂的布置图，规划了生产线、仓库、入料检、出货检、包装、办公区、维修区、研发工坊等显著的功能区，布置图清晰、直观、可控，有工业美感。

根据实际市场产能的波动或内部效率的提升，工厂布局一直处于动态变动中。

通常在制造行业，布局每年一小变，三年一大变，单位面积的产出可以作为KPI指标，为单位精益生产改善、节约产线面积提供动力，而不是摊大饼式地铺满产品。

员工休息区和生产线长办公区是生产线的一部分，休息区必须离员工近，因此不能设置集中休息区，50米是推荐的最长距离。

生产线的改善或生产线的建设必须遵循以下原则。

- 仓库必须垂直于生产线，与生产线的间距是3米，满足最小移动原则和消防通道3米的要求。

• 仓库外面有备料区，备料区用于储备一定生产时间内的物料，避免突发缺料状况导致的无效等待。备料区的大小通常以深度方向放置两台1200mm×800mm的配料车为宜。

• 从“仓库→生产线→发货区”是一条龙，不走回头路。

• 生产线间隔3米，小火车送料时不走回头路。

• 每条生产线都备有线长办公区和小型员工休息区。

• 生产区域不得用围栏围起来，要开放式生产线，便于补料和可视化。

• 收货检验区必须紧挨仓库。

• 仓库要建有进有出的双门，不要共用仓库门。

• 厂房立柱顺生产线流向，不能垂直于生产线流向。

• 参观通道同样不走回头路，不能布局为十字架形，会导致参观走回头路，小火车送料无法调头。

• 布局是越可视化越好，确保进入工厂即可看到全局。

• 生产所用的水电气必须走架空线，禁止走地面。

图4.2和图4.3较好地遵循了上述原则。

图4.2 某离散制造企业的工厂布局

确定了生产线在厂区的位置后，便进入生产区域设计环节，要强调的是，只有工厂产能利用率达到100%，才适合投资自动化生产线，否则投资手动线或低成本自动化线即可。低成本自动化线是使用传动链条、简单齿轮传动、气缸等实现的半自动化。

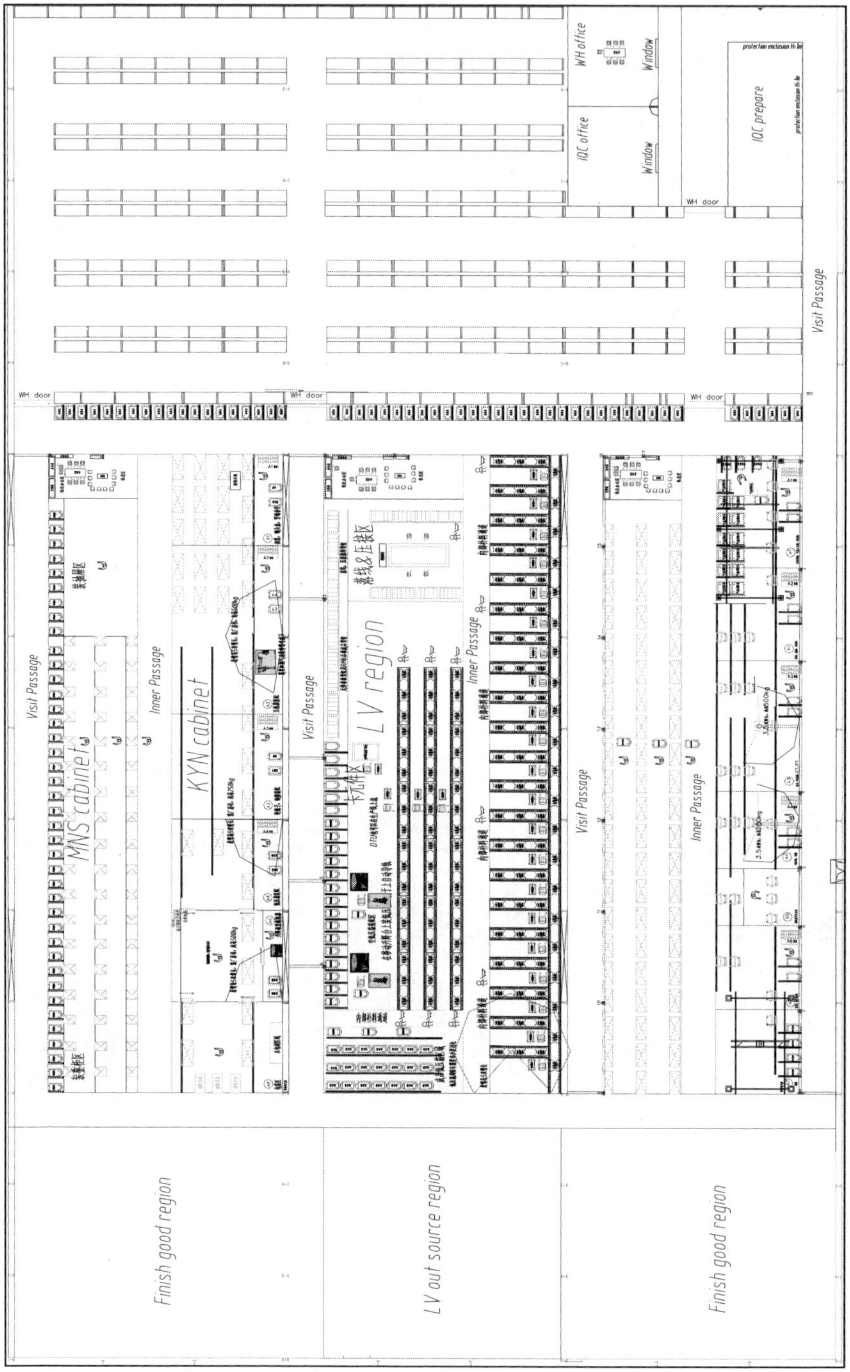

图 4.3 总体规整的布局图

现实情况是，大量的制造单位投资建立的自动生产线利用率偏低，存在无效的设备折旧，浪费了资源和金钱，这是建设新生产线需要注意的。

生产线的设计是大型产品的设计，要遵守八大准则。

一、八大准则

1. 初始规范

知晓该产品长、宽、高的最大尺寸，可初步估算出生产线占用场地大小。

知晓产品的最大重量，可预估出生产线的承重水平。

从零开始建设生产线时，企业需要知晓市场对产品的需求，若没有相对准确的需求，生产线所产生的各种数据均是错误的，因此企业高层有责任推动前端市场部做出相对准确的预测，预测未来三年的产品需求量。

现有产品线会随市场波动导致生产线的扩大或缩小，同样需要市场部的预测。可结合历史数据确定典型机型，对于混线生产的定制化产品，定义典型机型的原则是查找过去三年历史数据中型号数量占比达到80%的产品，据此设计出以该款产品为典型型号的生产线。但是要注意，生产区域的大小最终还是由最大机型决定，若没有哪款产品数量达到80%，则需计算加权平均后的型号。

针对相对单一且标准无定制产品，确定方式比较简单，混线生产的类型比较少，确定典型机型比较方便。可采用柏拉图的形式统计机型占比（见图4.4）。

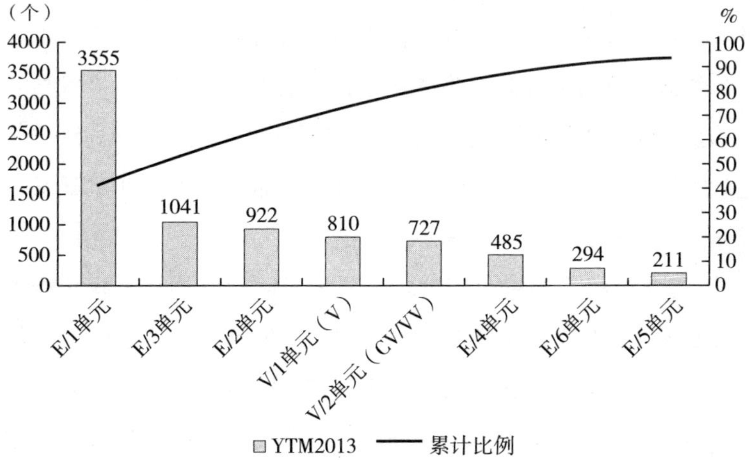

图4.4 柏拉图定框型占比

制造基础时间必须提供，这是后续一系列数据的基础（见表4.1）。

表4.1　用于后端输入的初始参数表

制造基础时间	
每班工作时间	7.5小时
班数	1班
每天工作小时	7.5小时
每周工作天数	6天
年度周数	52周
年度工作时数	2340小时
工业效率IE	0.43
生产效率KE	0.87

2. 需求及产能

从无到有建设生产线时，得知市场年度需求Cmax后，需要知晓生产节拍（Takt Time，TT）=年度工作时数×60/Cmax，每个工位的节拍时间就等于生产节拍，需要订购设备的生产节拍必须小于等于该节拍，才能确保设备不是瓶颈，该参数要向设备供应商提出。

当现有生产线因为产能增加而需要重新设计生产线时，企业需要在历史数据中找到该生产线的瓶颈工位的产出，然后判断现有市场需求是否可以达到，若本身设备在建造时即留有余量或有升级的机会，则无须投资新设备。需要注意的是，设计生产线时，设备永远是瓶颈，人员是机动调配，不能把人说成瓶颈，这样的说法是非常不专业的。

表4.2是各种机型混线生产的加权平均工时表，注意加权平均的计算方式，需要在表4.2中找出设备对应的时间，尽管其他人工装配的工时大于设备的时间。例如，C0工位的加权平均时间是25.93分钟，是设备工时，D0工位是人工装配工位，时间27.36分钟，但是我们要的时间是该生产线中含大型设备工位的最长时间C0。

表4.2 每个工位的工时统计表

柜型	数量	A-1/分钟	B0/分钟	D0/分钟	C0/分钟
柜型1	471.96	104.62	148.67	113.27	148.67
柜型2	407.60	190.22	155.91	432.06	152.85
柜型3	42.91	18.59	16.41	14.59	16.09
柜型4	202.61	67.54	77.50	44.57	75.98
柜型5	97.73	37.46	37.38	27.36	36.65
柜型6	73.89	28.33	28.26	23.65	27.71
柜型7	476.73	238.37	210.95	190.69	207.38
柜型8	1873.55	843.10	829.05	749.42	815.00
柜型9	121.57	60.78	53.79	64.43	52.88
柜型10	693.64	369.94	358.96	374.57	395.38
加权平均时间/分钟		26.34	25.78	27.36	25.93

客户需求和产能之间的差异需要算出，以此得出设备的最大产能是否可以满足客户的需求，需要计算未来三年的需求，一般来讲，未来三年必须有20%的复合增长率，表4.3显示的是与未来三年一样的产能，无论有没有增长，生产线设计的工程师均以市场部给出的数据为准，也显示了现有设备的产能本身就有富余，无须投资新设备。因此，数据的加权平均值计算可为是否需要投资提供准确的判断依据，若以极端机型的极端工时来计算，可能需要投资新的设备。精益生产线的建设需要每个步骤的数据均是推算出来的，而非估算。

表4.3 厂内产能和客户需求的对比表

客户需求和厂内节拍的对比

注意该产线节拍和客户所需节拍不一样

	2019年	2020年	目标年度 2021年
客户需求（件/月）	4462	4462	4462
年度工作时数（小时/月）	2340	2340	2340
生产年度最大产能（件/月）	5414	5414	5414
需求和产能差异	21%	21%	21%
产线节拍	25.9	25.9	25.9
每小时产出（件/小时）	3	3	3

3. 产品架构

差异树（Different Tree）（见图4.5）是体现生产线设计的标准化程度的指标，生产线必定是由多个流水线工位构成，当把同一个零件放入不同的工位，即产生装配的先后顺序，混乱的安排会从第一个工位开始分叉，各种工装夹具费用增加，若合理安排工位顺序，把需要变化的零件安排到最后一个工位，那么可变的工装夹具只要一套，前端工位均为标准化。

图4.5 差异树形象图

生产线设计上同样需要使用差异后置，基于产品结构，需要得到产品的差异树，知晓该产品的差异比例，非标定制行业内的标准是0～80%的差异属于合理，80%～95%的差异需要改善，90%～100%的差异急需改善。

为满足要求，必须鼓励企业通过各种手段如统一零部件、统一材质、统一测试顺序等来达成减小差异的目标。若设计出来的生产线差异指数不达标，必将导致生产线设计的成本巨大。

差异树适用于生产线的主线和部装线。

4. 制程设计

工位数量设计的第一步是根据最前端的市场需求和研发交付的工时数据来初步定义。举例说明：假设一款产品的市场部年度需求是4680台，年度工作小时数是2340小时，每生产一台产品的时间是2340×60/4680=30分钟/台，即节拍时间是30分钟，研发部新设计的产品从头至尾做出来需要的工时是300分钟，生产效率是90%（生产效率硬性参数在第一步即作为设计参数给出），那么人员的数量为11.11（300/0.9/30=11.11），考量到人员的能力及数量的波动率，通常手动装配线的波动率设定为30%，全自动化线的波动率为0。

根据精益生产原则，流水线是一个工位安排一个员工，而且定制化及员工技能的难以统一，必将导致工位之间的不平衡波动，于是操作员工在工作期间需要互助本身工位的前后两个工位，注意是前后相邻工位而不是距离很远的工位。在此原则下，工位数量需要大于等于员工数量，因此例子中的推荐工位数量是15.87，即11.11/（1−30%）。该数值是推荐数值而非强制值。

基于推荐数值，工程师需要调节数值以匹配实际需求，通常建设一条生产线，不会一下子建多条线，因此第一个参数生产线的数量是1，员工数量一般等于工位数量，因此工位数量和员工数量可以在11.11～15.87之间选择，若假定人员和工位都为12，则可以计算出波动率为0（1−12/12=0），各种人员和工位的配比必须保证该产线的年度产能大于4680。表4.4呈现了各种方案的匹配度，工程师需要找到最优化的方案。从表4.4中可以看出，方案1是最优化的匹配，方案2达不到年度产能需求。

表4.4　某离散制造企业的方案表

波动参考率：	30%		颜色显示：
单元最多员工数：	15		信息输入
时间单位：	分钟		自动计算
人机工程最小周期：	0.25		
架构定义			
产能需求和节拍参考 目标年度：2019、2020、2021	产能需求 4680 p/y	年度工作时数 2340 小时	参考节拍 30.00 分钟
制造时间 单位：min	DT 300分钟	KE 0.90	OTR 333.33分钟
员工数量	（=OTR/参考节拍）		11.1
工位数量	（=员工数量/（1−波动率））		15.9

	最终方案 方案 1		方案 2		理论计算
生产线数量：	1		1		1.0
工位数量：	12	15.9	15	15.9	15.9
员工数量：	12	11.1	10	11.1	11.1
生产线数量：			33%		30%
工位数量：	2		2		2
员工数量：	5054		4212		4680
生产线数量：	30		30		30
工位数量：	27		27		27
员工数量：	25		20		18

计算出初步匹配性后，需要计算生产线的不平衡率，不平衡率基于工时的准确性，不平衡率的计算公式是（最大值－平均值）/最大值。不平衡率是衡量生产线波动的指标。世界先进制造业单位有选择20%、10%的不平衡率，根据实践，10%的不平衡率是不现实的。

计算不平衡率时，要求企业一定要有全局观，不能仅聚焦局部点。局部点改动是重要的，但是改动效果必须要放在整个体系中来看。

理想状态是0%的不平衡率。实际上，无论企业如何努力，不平衡率永远存在，因此需要规范。

设计新线，改善前后需要计算线体的不平衡率。

针对新线，设计初期得到研发部释放量产后的初步工时数据，工艺工程师计算出初步工位数量和人员数量，根据工位不平衡率的要求及产品结构，拆分每个工位的操作内容，力求从这两个维度把操作内容的工时不平衡率控制在20%以内。

基于工艺工程师的不平衡性数据、工位数量、人员数据、产品结构，得出产品的工艺流程图，工艺流程图有一条主线贯穿，部装线垂直于主线特定工位以实现最小化移动距离，有返工区规定了不良品的流向。

5. 物料主数据、工装夹具周转车工作台的设计、供料小火车的周期计算、价值流程

根据第四步骤的不平衡率要求定义的工位时间进而定义出每个工位需要的物料，工艺工程师需要给出工位的基础的物料数据，该物料数据展示了工位物料的消耗周期、物料的属性，使用看板料盒还是周转车补料，超市看板和顺序拉动先进先出的组合使用等，若定制化产品较多，大部分单位仅使用先进先出送料方式，少量单位使用超市看板送料方式，而我们追求的目标是大量使用超市看板送料，超市看板的物料和专门订单不挂钩。

只有在物料主数据充分且准确的前提下，才可以进行生产线硬件的设计，比如一体化工作台的大小由微小单元看板物料盒的大小和数量决定，工作台不仅能容纳看板物料，还要符合人机工程学的要求，操作台面离地80厘米，台面深度41.5厘米，最大宽度不要超过180厘米等硬性要求。一体化

工作台的样式如图4.6所示，包括进料通道、空料盒回收通道和为操作员工服务的信息展示看板。

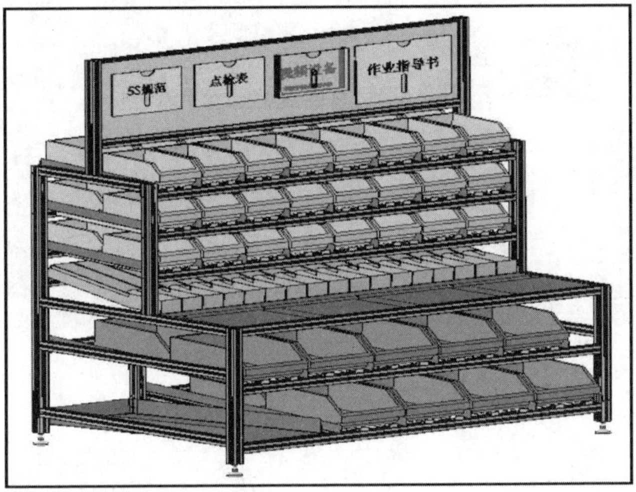

图4.6　一体化工作台

配料制的物料需要设计专门的物料周转车，周转车等工装夹具上物料原则上不要超过三个步骤，步骤太多将降低直接生产效率，生产线设计工程师要基于该原则设计生产装备，多采用快速夹钳进行物料装夹。根据生产线的消耗周期，计算出需要制作的数量，在精益生产做的优秀的情况下，需要的数量是最少三台，一台在生产线，一台在仓库，一台在备料区（备料区是重要的，若企业没有备料区，需要做出改善）。周转车的设计同样需要符合人机工程学的要求，同时考虑用小火车拉动。典型的周转车如图4.7所示。

根据设计的周转车，定义小火车的补料周期，小火车在外资企业里又称作水蜘蛛（Water Spider）。精益生产的要求是使用小火车补料而非叉车补料，好处是不需要人拉货，开着小火车按照路线在厂区走一圈，各个生产线的物料补完再进入下一个循环，送料的同时带走现场垃圾，效率非常高。更高效率的是使用无人小火车AGV，并配合地面磁钉或红外感应进行补料。无论如何高端的装备，都是基于工程师给出的数据来实现。表4.5为补料周期表，最经济的补料路线需要精确规划。

图 4.7　某离散制造企业的周转车

表4.5　补料周期表

序号	物料	配料方式	图片	每次配料数量	生产线1每班配料频率	生产线2每班配料频率	长（mm）×宽（mm）×高（mm）
1	套管	单独推动配料小车		160	7	4	1200×800×800
2	开关	单独推动配料小车		9	3	2	1200×800×1000
3	机构	单独推动配料小车		12	18	14	1200×800×1000
4	门板	小火车拉动配料车		50	3	2	1200×800×1200
5	气箱侧板	小火车拉动配料车		50	1	1	1200×800×900

需要重点说明的是，在生产线设计初期，生产线设计工程师根据ABC、FMR分类法和产品结构定义的初步看板和配料清单是针对厂内而非厂外供应商的，故生产线建好后，外部因素如供应商的交期、价格等会随着生产运行而变化，此时需要结合外部供应商的信息，及时更新配料或看板清单改进工装夹具，如看板制的物料供应商交期突然延长，物料就要设定为配料制，进行囤货防止缺料。因此，资深的生产线设计工程师要预见未来的看板和配料的变动，在设计工装夹具的时候要考虑裕度，裕度通常为20%，还可以在设计阶段就把计划拉进生产线设计项目以获得计划的反馈，这也是同步工程的体现。

针对新建设的生产线，需要运行一段时间后绘制价值流程图（Value Stream Map，VSM）；针对改制生产线，需要绘制现状图和将来图。绘制价值流程图的目的是使价值流动起来，减少各个环节的拥堵，通常由制程周期效率参数来衡量，比较好的制造企业的制程周期效率是40%。

6. 生产布局

基于前述步骤的演算，每个工位的看板物料主数据决定了工作台的大小，配料物料主数据决定了配料车的大小和数量，人员操作经济半径（走动3米以内是合理）等因素决定了该工位的大小，前后两个工位间的理论在制品数量和大小决定了两个工位的占地面积，不良品的转移决定了测试工位的大小，以上因素的集合最终决定了生产线的大小和结构。一个典型的定制化或非定制化产品生产线必须满足如下基本要求。

- 单件流，一个工位配置一个操作员工。
- 弹性和柔性，工位数量和员工数量可随产能的增减而变化。
- 物料供给靠边，补料不能影响操作员工。
- 生产线是开放式、可视化的，绝不使用围栏，避免影响送料。
- 定制化生产线的主线采用直线形式，部装线采用单工位或U形线。
- 每个工位配置看板工作台和配料区（若有）。
- 先进先出不走回头路。
- 有滑轮必有相配合的地轨，轮式周转车在线内必在地轨里面。
- 禁止使用叉车补料，设计带轮周转车补料。

• 大型行吊只在包装区使用，线内使用悬臂吊或助力机器人专人专用。

特定生产线总体布局图如图4.8所示。

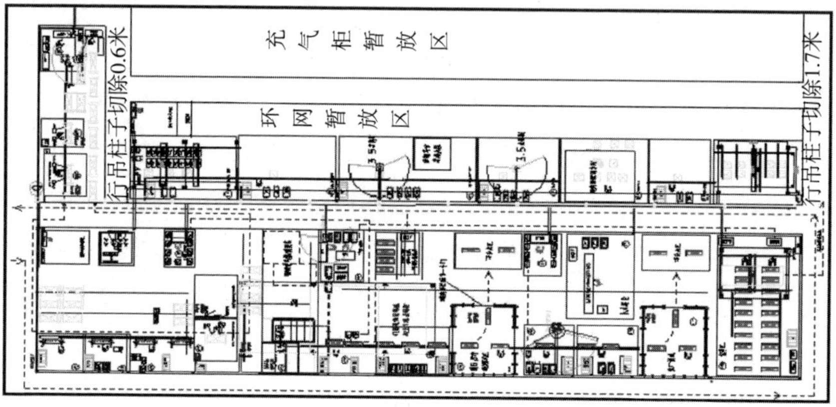

图4.8　特定生产线总体布局图

7. 线体的管理

线体建设报价需要的事项清单需要工程师列出，按工位分，把线体建设按照操作先后顺序列出细节工程，尽量细化每个环节，避免施工期间因前期商讨不完善而导致各种费用增加，要求后续建设新线或改造现有线体除了项目书外，一定要提交工程量清单为正式的报价用。

新生产线设计完成后，需要告知计划部门如何向前端销售部准确提供交期，现状是销售部接到紧急订单，告知生产线紧急交货，生产线通常加班加点生产，导致围绕生产的各个部门都高度紧张。若有准确且简单的交期计算表提供到销售部，销售员只要在表格中输入数量，即可知道该订单的基本准确交期，那么整个生产系统将不会那么紧张，工厂的运转会比较流畅。典型的简单交期表如表4.6所示。在不缺料的情况下，生产线的每日产能是由瓶颈工位的产能决定的，某柜子生产线的瓶颈工位是充气设备，柜型有1～6单元，不同的单元有不同的充气时间，每日的生产时间有8小时和11小时两种规格，计划人员需要合理分配柜型，确保总时间不超过8小时或者11小时，这是一个限制条件，根据产线设计原始参数，折算出每日需要32个间隔，计划人员安排计划时需要增加一个限制条件32个间隔，努力调剂柜型及数量达成不超工时和32个间隔的要求。根据计划确定好柜型和数量后，会得到相应的项目花费的总时间，考虑生产过程中各种问题导致的延误，该时间乘以1.3倍，即可得到基本准确的交期。交期表要给到前端销售，便于查询订单交期。

表4.6　最朴素的高级排程表（APS的基础）

充气柜每日排程推荐表												每日目标32个间隔	
序号	日期	柜型	柜型单元数（个）	8小时制柜型数量（个）	11小时制柜型数量（个）	充气工时（分钟）	充气辅助时间（分钟）	8小时制480分钟	11小时制660分钟	8小时间隔数（个）	11小时间隔数（个）	项目天数计算（8小时制）	项目天数计算（11小时制）
1	2019.10.30		1	8	5	23	5	224	140	8	5	0.47	0.21
2	2019.10.30		2	0	2	47	5	0	104	0	4	0.00	0.16
3	2019.10.30		3	1	2	53	5	58	116	3	6	0.12	0.18
4	2019.10.30		4	1	1	73	5	78	78	4	4	0.16	0.12
5	2019.10.30		5	1	1	99	5	104	104	5	5	0.22	0.16
6	2019.10.30		6	1	1	107	5	112	112	6	6	0.23	0.17
总计								576	654	26	30	1.56	1.29
不缺料状态下的真实生产周期												2.03	1.67

每日除了提交产能文件，还要提交每月的产能分析和制造管理报表，输入每月的需求和实际的产出，预判未来是增加投资还是缩减产能。每月的产能分析和制造管理报表由精益工程师在每个月底或者下个月初提交给计划人员，计划人员可据此安排生产或者检视产能是否满负荷。当一班的产能超过120%的负荷时，生产开启两班，如果仍然超过120%的负荷，必须要投资新设备来满足市场需求。精益生产把人的效能发挥到最大。

8. 投资回报（Return Of Investment，ROI）

生产线的投资正常需要三年回本，因为精益生产线的变动是一年小变革，三年大变革，三年是下一个循环的起点，若三年还未收回成本，那么该投资失败。人力、工时、场地面积的节约是投资考量的主要因素。

要澄清的是，人力的节约不是以解雇员工为达成手段的，若是粗暴开除员工，就违背了精益生产“尊重员工、以人为本”的宗旨，员工将天然抗拒持续改进，因为员工知道改善的最终结果会导致自己失业，是绝无动力支持改善工作的。现今市场上，许多大型外资企业自身衰落，就开启了裁员模式。中资企业会把因改善减少的人员调剂到新的岗位，或者单位开辟新的业务吸收员工。

工时降低、产能增加是通过各种优化达成的。一般来讲，年度工时降低的考核指标是5%的工时降低，有些制造单位操作工的计薪模式是计件制，工时节约促使计件工资增长是好事。但是站在企业立场，企业是投资了新设备才达成了工时降低，企业天然不想增加工资发放金额，因此倾向于降低工时定额，这对员工来说，是不利的，员工必然抗拒持续改进，这就进入了死循环。解决方式是推行计时制，根据准确的工时，计算出当日的产出，若在各方面因素都完备的情况下，生产仍然没有达成当日产出，是绩效不达标。大型的世界先进企业均使用计时制安排生产计划。

任何一家单位的财务有义务计算出厂房每日每平方米的费用，通常是每平方米每日1元，有的指标是考核单位面积的产出，推荐制造单位增加单位面积产出的考核要求，以推动有效生产面积的持续减少而产值持续增长或持平，若产值降低，必须减少有效生产面积。通常，比较好的单位达到了定制化成品两周之内必出货的目标，有效减少了厂内库存的空间。推行准时制送料方式同样是减少零部件存放空间的有效手段，即工厂只在需要的时候，才把需要数量的零件送到需要的工位上，不多不少刚好，这是工艺团队需要竭力推行的事务。

新时代下，一线劳动者综合素质普遍提高，新一代劳动者在国家大力提升基础教育的国情下，个人素质得到了极大的提高，有充分的自我思考能力与主观能动性。

有远见的单位会结合员工能力，开发单元式生产系统，以此作为流水线生产系统的有效补充。单元式生产系统有利于员工充分发挥主观能动性，因为一个人需要完成所有步骤，员工必须具有多项技能，必须想方设法提升自身的业务能力，这从另一方面践行了工匠精神。

有些业务是适合单元式生产系统的，如图4.9所示，原先生产线非常凌乱，所谓的分工位生产也是极其凌乱的，就算是计件制生产也只是班组计件，然后再简单地分配到个人，极其粗放，新的半自动一人制单元完全解决了这个问题，精准计件、环境整洁、人机工程优秀、步骤工时互锁、匹配国家智能制造战略等。

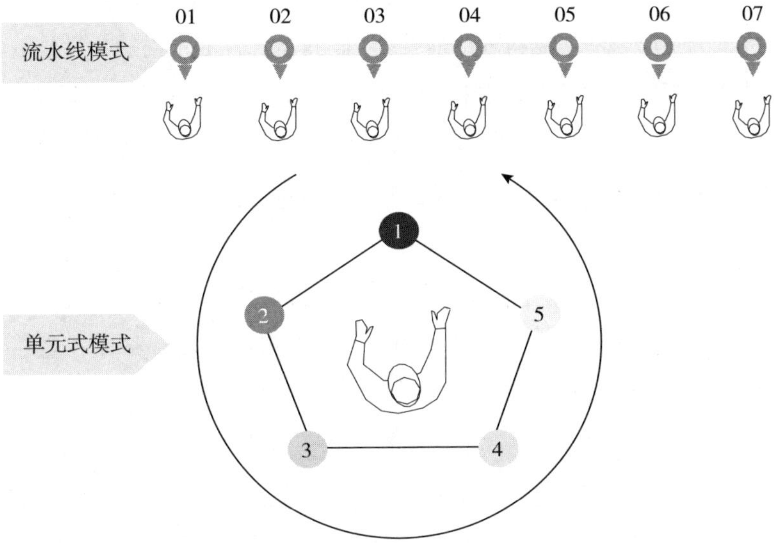

图 4.9　流水线模式和单元式模式

因此，生产线设计方法论，遇到单元式生产线设计时，和前述八个步骤有些许区别，可以这样解读：在单元式生产区域排布的单元工位外，观察到的生产节拍和流水线是一致的，所以工程师设计生产线需要活学活用，不拘泥于条条框框。

二、生产线设计年度审核

原则：根据精益生产的原则设计制程；物料供给到工位和空盒回收不影响员工；产品从投入到产出的生产周期时间接近每个工位的操作时间之和。

制程设计基于生产线设计方法论的原则，允许员工互助和消除制程间的非增值或周期性动作，如补料不影响员工，不同的人员配备下要达到工位的平衡。

1．标准产品的关键点，从以下三个维度分析精益架构

• 单件流：每个工位的时间匹配客户节拍时间，产品单件移动（小批的数量可能为 1）。最小化工位间的在制品。高级状态：产品流动是拉动式。

• 弹性/柔性：员工可以移动（员工位于 U 形线、直线形生产线的同一

侧），工位数量大于员工数量。优化：减小移动的距离/空间，良好的可视化，在U形线中没有多余的物料。

• 物料供给方式：所有物料的进出在工作台的外侧或员工的前面。补料不能影响员工的生产节奏。物料补给需要2个物料盒。标准水平的补料数量=2倍的水蜘蛛送料频率所送的料，送料频率≤2小时。高级水平的补料数量必须是送料频率≤1小时。FMR的分析，料盒尺寸的优化，员工取料距离不超过1米。

2. 定制化产品的关键点，从以下维度分析精益架构

• 单件流：每个工位的时间匹配节拍时间，产品单件移动。工位之间不能有在制品（最多一个）。高级状态：接线工艺也实现了单件流。

• 弹性/柔性：员工可以移动（员工位于U形线、直线形生产线的同一侧）。优化：减小移动的距离/空间，无蹲姿或站立在梯子上。

• 物料供给方式：所有物料的进出在工作台的外侧或员工的前面。补料不能影响员工的生产节奏。物料补给需要2个物料盒。标准水平的补料数量=2倍的水蜘蛛送料频率所送的料，送料频率≤2小时。高级水平的补料数量必须是送料频率≤1小时。FMR的分析，料盒尺寸的优化，员工取料距离不超过1米。

在专业级别，线体的柔性设计是关键点。布局是否可以做出调整以适应需求的改变或产品的混合生产？布局是否一直处于调整状态？空间利用需要衡量，如单位面积的产出或出货金额可能是指标。

节拍时间=每天工作时数/客户每天需求量。

周期时间（CT）=通过正常计时的流程，生产一个零件或产品花费的时间（在手工组装方面：此时间是员工在下一个周期之前做完所有的工作而花费的时间）。

产品交付时间=此时间是产品根据生产流程或价值流程图从开始工位到结束工位所花费的时间。包括原材料库存、在制品库存、出货区的成品。正常需要每天统计。

生产面积的节省。

消除浪费：不必要的移动、运输、等待的消除可以大幅降低直接劳动生产率或者减少生产区域。

“各位，通过以上的叙述，你们现在知道离散制造生产线设计的思路了吧？按照这种体系化的设计思路，不仅一定不会走偏，也保护了大家。只有基于自行成章的设计思路，传导给供应商的要求才是明确的，提供给供应商的产品样机仅是极少的一部分，一款产品的生产线是一个系统性工程，故这种系统性工程是由工业工程专业的人来做的，纯粹开模具的工艺部是干不来的，就是做了也做不好。”我看向工艺经理，“你们后续要执行数字化平台，工艺部是选择只上传生产线设计的文档，是做成项目管理追踪，还是结构化这些设计思路，你现在就要重点考虑，如果结构化入平台，会涉及各种数据的联通，如节拍所需要的工时来自工时平台，设计出来的工位数联通到ERP、维护到工位等，太多了。”

“怪不得这么多年来，搞个单机还好，只要搞到系统化的生产线，工艺部就一直被抱怨，我们是没有工业工程的专业能力啊！”工艺经理恍然大悟。

“也不能完全这么说，丰田TPS、施耐德SPS、丹纳赫DPS、美的MBS、博世BPS都是精益化体系，精益化就是来源于现场，现场精细化了，体系自然形成了。我们的现场是极其混乱、粗放的，想要变革，阻力又极大。”我顿了顿，“未来实施的数字化项目，就是来变革的，所以现在大家就要开始转变思维，不要数字化来临了，你们还没有转变思维，那么你们就要被革命了。”

“看来改变已经刻不容缓，我们是要行动起来，停留在嘴皮子上，真的要被‘革命’了。”大家若有所思。

我真的是见不得这帮家伙缺乏制造逻辑知识，不知不觉中科普了一次又一次。在这种调研氛围下，计划本周全部完成的调研，硬生生拖了两周，故花了整整三周才把调研报告整理出来。基于调研报告详情，我们会制订下一步的对策。

第四节　输出公正的调研报告[①]

××单位产品研发、工艺、生产及质量管控架构调研及改进建议

为保证研发的产品能够顺利转产和推向市场，针对××单位产品研发、转产及销售的整个过程，与××单位研发、技术、生产、工艺和质量等部门进行了多次交流，根据××单位数字化管理流程、产品研发、集成产品开发流程以及工业能力手册，结合本次交流的情况，对各部门在产品生命周期各阶段需要做的核心工作提出从顶层架构到可执行层面的如下建议。

调研目录

一、转产前（设计基本定型到试生产前）

二、转产期（大小批试生产）

三、交付节点（可批量生产节点）

四、维护期（常态化产品维护阶段）

五、优化期（持续改善阶段）

六、退市（产品生命周期结束工作）

七、总结

以下为各部分的核心工作叙述。

一、转产前

转产前：属于研发设计基本定型但还没有生产线小批试生产。

---

① 此调研报告纯属虚构，仅为本书连贯性叙事服务。读者可参考，本书作者不对任何损益承担责任。

1. 同步工程

研发输出文件给工艺、质量：设计失效模式分析（即预先评估设计会产生的不良后果分析）；组装关系图（即产品设计的装配顺序图）；关键质控清单；重要问题解决清单。研发需常态化邀请工艺、质量参与研发会议。

工艺接受研发文件：设计失效模式分析；组装关系图；参加常态化研发会议。

工艺输出文件给质量：制程失效模式分析（即预先评估生产会产生的不良后果分析）。

质量接受工艺，研发信息：制程失效模式分析；关键质控清单；重要问题解决清单，参加常态化研发会议。

质量输出文件：制程控制计划；关键质控要求；问题数据库。

现状：研发、工艺、质量均未执行。

改进：以 ×× 产品试行，编制工作计划书，其他产品后续开展编制。

2. 样机作业指导书

研发输出文件给工艺：样机作业指导书。

工艺接受研发样机作业指导书，输出可装配确认书及工时表。

现状：没有交付样机作业指导书，没有样机工时统计。

改进：以 ×× 产品试行，编制工作计划书，其他产品后续开展编制。

3. 零部件确认

研发输出文件给工艺：零部件确认书；零部件已确认清单。

工艺接受研发上述文件，输出给质量零部件确认书验收通过文件及零部件确认书归档。

质量接受工艺上述文件，输出零部件确认书管理清单。

现状：未进行零部件确认工作。

改进：以 ×× 产品试行，编制工作计划书，其他产品后续开展编制。

4. 封样（即研发在样品上签字并保存）

研发输出文件给工艺：样品清单。交付已经签字的实物样品。

工艺接受研发上述事项，生产现场确认后，输出给质量样品转交确认完好清单和已经签字的样品。

质量接受工艺上述事项，输出样品管理清单和样品库。

现状：没有样品管理流程。

改进：以 ×× 产品试行，编制工作计划书，其他产品后续开展编制。

5. 研发工装和设备

研发输出文件给工艺：研发工装和设备技术要求。

工艺接受研发上述文件，输出制作完成的研发工装和设备；研发工装和设备清单；研发工装和设备确认计划。

质量接受工艺研发工装和设备技术要求，输出研发工装和设备验证通过确认书。

现状：没有对研发工装和设备进行系统化确认并提供确认书。

改进：以 ×× 产品试行，编制工作计划书，其他产品后续开展编制。

6. 设计验证报告

研发输出文件给技术：型式试验报告；设计验证报告；成本分析报告。

技术接受研发设计验证报告，输出生产小批试生产申请。

现状：已执行。

二、转产期

转产期：负责产品大小批转量产试生产。

1. 负责小批转量产试生产

技术输出文件给采购、生产、工艺、质量：小批试生产申请；每周召开试生产会议；试生产问题清单收集及推动解决。

采购接受技术部小批试生产申请，输出外购物料采购单。

生产接受技术部小批试生产申请，输出试生产单排程。

工艺接受技术部小批试生产申请，输出过程确认计划。

质量接受技术部试生产问题清单，输出试生产问题数据库。

仓库接受技术部小批试生产申请，输出试生产物料隔离单，标记贴。

现状：无问题数据库的建立，未召开试生产会议。

改进：以 ×× 产品试行，编制工作计划书，其他产品后续开展编制。

2. 工时统计（即生产一件产品花费的时间）

工艺输出文件给生产：试生产工时。

生产接受工艺试生产工时，输出计件制定额。

现状：不完善。

改进：以××产品试行，编制工作计划书，其他产品后续开展编制。

3. 量产工装

研发输出文件给工艺：产品功能控制技术要求。

工艺接受研发产品功能控制技术要求，输出量产工装含测试工装；工装认证文件。

质量接收工艺工装认证文件，输出工装确认合格文件。

生产接收工艺、质量关于量产工装，工装确认合格文件，输出工装可应用确认文件。

现状：现正在对现有工装进行补认证。

改进：以××产品试行，编制工作计划书，其他产品后续开展编制。

4. 量产作业指导书

研发输出文件给工艺：样品作业指导书。

工艺接受研发样品作业指导书，输出量产作业指导书。

生产接受工艺上述文件，输出量产作业指导书可应用确认书。

质量接受工艺量产作业指导书，输出质量控制计划。

现状：研发未提供样品作业指导书；从2019年10月开始推行新版本的作业指导书，质量和生产对于量产作业指导书的确认工作比较慢。

改进：以××产品试行，编制工作计划书，其他产品后续开展编制。

5. 生产线设计

市场输出文件给工艺：未来三年每年的产量。

工艺接受市场上述文件，输出生产线设计方法论。

生产：质量接受工艺上述文件，输出生产线设计方法论评审通过。

现状：暂时没有能力进行更高层次的方法论研究。

改进：需要培训和学习，预计2020年年底达成初级能力。

6. 操作员工培训

工艺输出文件给生产：量产作业指导书，为生产设置培训专员。

生产接受工艺上述文件，输出待培训人员清单及培训后有资质人员清单。

人事部接受生产有资质人员清单，输出员工资质卡。

现状：研发部直接对操作员工培训，不是工艺部培训，不合理；资质卡仅国家认可的工种有，需要所有员工均持证上岗。

改进：和MES同步进行，2020年8月完成。

三、交付节点

交付节点：量产交付物的给出及验收。

1. 交付会议

技术输出文件给工艺、生产、质量、采购：交付会议纪要含官宣交付周期；交付后微小问题清单。技术设置未来1.5年的支持人员。

工艺，生产，质量，采购接受技术部交付会议纪要。

工艺输出工艺支持人员；生产输出同意生产确认书；质量输出监督通过确认书；采购输出物料正常采购确认书。

现状：无正式的交付节点会议，但是有简单的转产会议。

改进：以××产品试行，编制工作计划书，其他产品后续开展编制。

2. 技术文件集中交付工厂

技术输出文件给标准化小组：技术文件及清单，清单参考程序文件。

标准化小组接受技术部上述文件，输出确认书及发放各部门记录。

现状：已经执行。

3. 量产质量控制

工艺输出文件给质量：含关键质控点的作业指导书。

质量接受工艺上述文件，输出制程控制计划及关键质控点稳态性管制图。

现状：无制程控制计划；无关键质控点稳态性管制。

改进：试行项目在2020年1月20日交付，后续再大规模推广。

4. 量产生产线

生产输出文件给工艺：生产线硬件验收通过报告。

工艺接受生产线上述文件，输出基于生产线设计方法论的生产线体系化验证通过报告。

现状：仅单一设备调试软硬件完成，整条生产无体系化验证。

改进：需要培训和学习，2020年年底达成能力。

5. 新物料属性管理

工艺输出文件给采购、仓库：含物料属性（即价格、使用频率、按订单生产制、通用物料制等信息）的物料清单；培训仓库识别新物料课程。

采购接受工艺含物料属性的物料清单，完善采购物料信息。

仓库接受工艺含物料属性的物料清单，输出含产线库位和生产库位的物料清单。

现状：没有推动物料属性管理以便采购；没有教育仓库识别并供给物料方式。

改进：需要 ×× 单位相关部门编制实施计划。

四、维护期

维护期：产品常态化维护。

1. 更新作业指导书

技术输出文件给工艺：重大问题解决方案的作业手段更新；工程变更中作业手段更新。

质量输出文件给工艺：制程审核改进措施的作业手段更新。

生产输出文件给工艺：生产问题解决方案、合理化建议中的作业手段更新。

工艺接受技术、质量、生产文件：以上质量、生产、技术输出的工艺变更中作业手段更新需求，输出常态化更新作业指导书。

标准化小组接受工艺上述文件，输出作业指导书发放清单。

内审员接受标准化小组上述文件，输出确认常态化更新确认书。

现状：工程变更、制程审核（即检查生产过程控制是否稳定）常态化体现到作业指导书更新，极少量客户投诉的问题解决方案会体现到作业指导书更新；内审员并无审核。

改进：以 ×× 产品试行，2020年2月15日提交。后续需要编制推广计划。

2. 工时研究

工艺输出文件给生产：每年一个版本的降低5%工时的量产工时统计表。

生产接受工艺上述文件，输出新版工时表确认书。

现状：无专门人员负责工时统计。

改进：需要在2020年立即开展，工作量比较大，2020年7月提交第一版本的工时统计表。

3. 重大质量问题处理

质量输出文件给技术：重大质量问题描述单。

技术接受质量上述文件，输出8D报告（即专业分析报告）。

现状：缺乏专业分析能力。

改进：因无法预计到重大问题什么时候会发生，故商定技术从2020年年初开展专业分析。

4. 问题数据库维护

质量接受技术部文件：专业分析报告；结合自身收集的待处理问题清单；输出问题数据库常态化维护表。

现状：未建立问题数据库。

改进：立即执行，2020年1月有初版，后续常态化维护。

5. 封样维护

技术输出文件给工艺：样品确认书；技术转交工程变更后的签字样品给工艺。

工艺接受技术部样品，验证确认书合理，输出给质量交付样品及确认书。

质量接受工艺样品及确认书，输出新旧样品切换完成。质量需日常主动样品更新循环。

现状：没有常态化更新样品。

改进：以××产品试行，2020年2月底提交，后续大规模推广。

6. 技能培训

生产输出文件给工艺：年度操作员工培训计划表。

工艺接受生产年度操作员工培训计划表，输出给人事培训专员对操作员工的课程计划表及技能矩阵。工艺实际培训操作员工。

人事接受工艺技能矩阵，输出资质卡。

现状：不是工艺部培训操作员工；资质卡未覆盖到所有员工。

改进：2020年4月提交。

7. 变更管理

工艺、技术输出文件给标准化小组：填写的工程变更单。

标准化小组接受工艺、技术的工程变更单，输出工程变更流转单。

工厂各部门接受工程变更流转单，输出各自事务完成确认。

标准化小组输出工程变更流转结束清单。

现状：工程变更数量比较多，没有专门人员追踪工程变更关闭。

改进：设定工程变更窗口职能，需要××单位编制变更管理改进的计划表。

8. 制程失效模式分析

工艺输出文件给质量：每半年一次的制程失效模式分析文档。

质量接受上述文件，输出更新的制程控制计划。

现状：无执行。

改进：2020年6月有第一份，后续推广。

9. 工艺路线

技术输出文件给工艺：新物料创建及旧物料更新单。

工艺接受技部术上述事项，输出操作事项在ERP中维护工艺路线、仓库位置、产线位置。

仓库接受工艺已经在ERP中维护完成属性的物料，输出更新的仓库物料单。实际识别该物料。

现状：仅仅维护采购或自制属性，自制件的加工路线，没有维护物料位置。

改进：结合MES实行，编制改进计划表。

10. 产能与排产

工艺输出文件给生产计划：本月底或下月初给出的产能信息表。

生产计划接受工艺产能信息表，输出实际生产排程。

生产接受工艺产能信息表，输出未来投资预算计划。

现状：未执行。

改进：××单位需要根据工时核定的进度编制改进计划表。

五、优化期

优化：持续改善。

1. 持续改善（即研究如何减少生产及管理过程中的各种浪费）

工艺部输出事项给生产、财务：每个工艺人员每周一个接地气的改善。

生产部接受工艺部每周持续改善，输出改善确认单。

财务部接受生产改善确认单，输出改善收益表。

现状：没有体系化常态化执行改善。

改进：从2020年1月开始执行。

2. 物料供给（即零件从仓库供应到生产线的精益优化）

工艺部输出文件给仓库：物料主数据、补料频率、周转车改进计划。

仓库接受工艺物料主数据清单，补料频率，周转车确认书，输出更新后的物料供给线路和频率。

现状：无执行。

改进：与新生产线MES结合，同时开展，预计2020年年底实现。

3. 人机工程（即研究员工如何舒适地工作防止过早产生疲劳）

工艺部输出文件给生产部：人机工程评审表；人机工程改进方案清单。

生产部接受工艺部上述文件，输出确认人机工程改进的有效确认书。

现状：无执行。

改进：需要培训和学习，后续再考虑。

4. 快速换模（即研究如何适应小批量多品种生产方式）

工艺部输出文件给生产部：快速换模研究方案。

生产部接受工艺部上述文件，输出确认快速换模实际上有效确认书。

现状：无执行。

改进：需要培训和学习，后续再考虑。

5. 价值流程（即研究整个生产环节产品拥堵程度）

工艺部输出事项给各部门：每半年一次的价值流程绘制。

工厂各部门接受工艺价值流程，输出事务执行有效性确认书。

现状：无执行，属于高端精益技能。

改进：需要培训和学习，后续再考虑。

6. 智能制造

工艺部输出文件给质量部、生产部：智能制造装备技术需求表；MES需求表。

质量部、生产部接受工艺部的上述信息，输出质量，生产方面的需求填写。

现状：因为基础数据的缺失导致技术需求不是非常完备。

改进：2022年年底形成能力。

六、退市

市场部输出文件给技术、质量、生产、采购：产品退市申请。

技术、质量、生产、采购接受市场上述文件。

质量部输出技术部关于产品历史问题重要度排行榜。

技术部接受质量部的上述文件，输出给采购部和市场部重要问题清单针对的物料清单，确定退市后产品支持人员。

采购部接受技术部的物料清单，输出退市配件的购买清单。

仓库接受采购部的购买清单，输出退市配件的存放管理。

现状：未执行。

改进：无法预计正式退市的时间，本次建立模板，2020年1月完成。

七、总结

第一，鉴于提升产品质量的迫切需要，本报告重点突出了质量在整个产品生命周期的贯穿不脱节的原则，比如建立样品库、问题库、零部件确认、制程稳态性管控等，该文件在以前的开发、改进流程中缺失。

第二，参考世界先进企业的做法，结合了××单位现有部门技术部和工艺部划分，规定重大问题分析和试生产由技术部负责。

第三，改进要求和现状相比，均属于跳一跳够得着的目标，需要循序渐进的提升。

第四，结合公司智能制造战略，MES的推进方法论需要在下一层级的程序文件中体现。

第五，现有产品开发文件已经根据该纲要更新进去。

第六，需要新增的模板将在下阶程序文件中编制。

颗粒度细化到模板级别的表格如表4.7至表4.12所示，需要完成模板的设定，用于后续数字化平台中把模板结构化，结构化的信息在系统中可以传递。

表 4.7 转产前核心事务清单

产品导入阶段性核心事务清单		输出表单	是否已执行	研发输出	工艺接受	工艺输出	质量接受	质量输出	技术输出	技术接受	生产接受	生产输出	采购接受	采购输出	人事接受	人事输出	标准化接受	标准化输出	内审员接受	内审员输出	财务接受	财务输出	市场输出	专业表单模板	通用表单模板	第一阶段	第二阶段	第三阶段	负责人
转产前																													
1	**同步工程**																												
1.1	设计失效模式分析	设计失效模式表单	未执行	Y	Y																			参考行业书籍		2020年6月			研发
1.2	产品组装关系	组装关系图	未执行	Y	Y																			需新增		2020年6月			研发
1.3	关键质控收集	关键质控清单	未执行	Y			Y																	需新增		2020年6月			研发
1.4	开展重要问题解决	重要问题解决清单	未执行	Y			Y																	参考工艺管理规范		2020年6月			研发
1.5	常态化研发会议邀请工艺、质量		未执行	Y	Y		Y																						研发
1.6	制程失效模式分析	制程失效模式表单	未执行			Y	Y																	参考工艺管理规范		2020年6月			工艺
1.7	制程控制制定	制程控制计划表	未执行					Y																参考工艺管理规范		2020年6月			质量
1.8	关键质控要求制定	关键质控表	未执行					Y																需新增		2020年6月			质量
1.9	问题库建设	问题库模板	未执行					Y																参考工艺管理规范		2020年6月			质量
2	**样机作业指导书**																												
2.1	研发制作样机组装规范	样机作业指导书	未执行	Y	Y																			需新增		2020年6月			研发
2.2	实践样机装配	可装配确认书	未执行			Y																			需新增	2020年6月			工艺
2.3	测定样机工时	样机工时表	未执行			Y																		参考工艺管理规范		2020年6月			工艺
3	**零部件确认**																												
3.1	开展每个零部件确认工作	零部件确认书	未执行	Y	Y																			参考行业书籍		2020年9月			研发
3.2	管理零部件确认进度	零部件已确认清单	未执行	Y	Y																				需新增	2020年9月			研发
3.3	零部件确认书验收	零部件确认书验收通过文件	未执行			Y	Y																		需新增	2020年9月			工艺
3.4	零部件确认书归档	零部件确认书归档单	未执行			Y	Y																		需新增	2020年9月			工艺
3.5	零部件确认书管理	零部件确认书管理清单	未执行				Y																		需新增	2020年9月			质量
4	**封样**																												
4.1	实物样品提供		未执行	Y	Y	Y	Y																			2020年9月			研发
4.2	实物样品签样	样品清单	未执行	Y	Y																				需新增	2020年9月			研发
4.3	实物样品确认	样品转交确认完好清单	未执行			Y																			需新增	2020年9月			工艺
4.4	最终部门接受样品	样品管理清单	未执行				Y																		需新增	2020年9月			质量
4.5	建立样品库	样品库	未执行				Y																	参考工艺管理规范		2020年9月			质量
5	**研发工装&设备**																												
5.1	研发工装&设备需求	研发工装&设备技术要求	未执行	Y	Y																			需新增		2020年9月			研发
5.2	制作研发工装&设备	制作完成的清单	未执行			Y	Y																		需新增	2020年9月			工艺
5.3	研发工装&设备确认	确认计划	未执行			Y	Y																		需新增	2020年9月			工艺
5.4	验证研发工装&设备	验证通过文件	未执行					Y																	需新增	2020年9月			质量
6	**设计验证报告**																												
6.1	国家认可功能验证	型式试验报告	已执行	Y																				已有					研发
6.2	内部功能验证	设计验证报告	已执行	Y					Y																已有				研发
6.3	成本验证	成本分析报告	已执行	Y																					已有				研发
6.4	开启小批试生产	生产小批试生产申请	已执行						Y																已有				技术

表4.8 转产期核心事务清单

产品导入阶段性核心事务清单		输出表单	是否已执行	研发输出	工艺接受	工艺输出	质量接受	质量输出	技术输出	技术接受	生产接受	生产输出	采购接受	采购输出	人事接受	人事输出	标准化接受	标准化输出	内审员接受	内审员输出	财务接受	财务输出	市场输出	专业表单模板	通用表单模板	第一阶段	第二阶段	第三阶段	负责人
转产期																													
1	**试生产**																												
1.1	开启小批试生产	生产小批试生产申请	已执行		Y		Y		Y		Y		Y												已有	2020年10月			技术
1.2	每周试生产会议召开		未执行		Y		Y		Y		Y		Y													2020年10月			技术
1.3	试生产问题收集及推动解决	试生产问题清单	未执行		Y		Y		Y		Y		Y												需新增	2020年10月			技术
1.4	对外采购物料	外购物料采购清单	已执行											Y											已有	2020年10月			采购
1.5	安排试生产执行	试生产单排程	已执行									Y													已有	2020年10月			生产
1.6	验证生产过程	过程确认计划	未执行			Y																			需新增	2020年10月			工艺
1.7	试生产问题归档	试生产问题库	未执行					Y																参考工艺管理规范		2020年10月			质量
1.8	试生产物料的管理	试生产物料隔离单，标签	未执行									Y													需新增	2020年10月			生产
2	**工时统计**																												
2.1	试生产工时记录	工时统计表	部分执行			Y																		参考工艺管理规范		2020年9月			工艺
2.2	计件制计算	计件制定额表	部分执行																						已有	2020年9月			生产
3	**量产工装**																												
3.1	量产工装技术要求收集	产品功能控制技术要求	未执行	Y	Y																			需新增		2020年9月			研发
3.2	量产工装实物制作	工装清单	已执行			Y					Y														需新增	2020年9月			工艺
3.3	量产工装确认	工装认证文件	未执行			Y	Y																		需新增	2020年9月			工艺
3.4	量产工装验证	工装合格确认书	未执行				Y				Y														需新增	2020年9月			质量
3.5	量产工装实践	工装可应用确认书	部分执行									Y													需新增	2020年9月			工艺
4	**量产作业指导书**																												
4.1	样品作业指导书编制	样品作业指导书	未执行	Y	Y																			需新增		2020年1月20日			研发
4.2	量产作业指导书编制	量产作业指导书	已执行			Y	Y				Y													参考工艺管理规范		2020年1月20日			工艺
4.3	生产实践量产作业指导书	量产作业指导书确认书	未执行									Y													需新增	2020年1月20日			生产
4.4	编制控制计划	质量控制计划表	未执行					Y																参考工艺管理规范					质量
5	**生产线设计**																												
5.1	市场产能需求	未来三年每年的产量	未执行		Y																		Y		需新增		2020年12月		市场
5.2	设计生产线	生产线设计方法论	未执行			Y	Y				Y													参考工艺管理规范			2020年12月		工艺
5.3	评审生产线设计	生产线设计方法论评审通过	未执行					Y				Y													需新增		2020年12月		生产&质量
6	**操作员工培训**																												
6.1	培训文件准备	量产作业指导书	未执行			Y					Y																2020年8月		工艺
6.2	培训专员		未执行			Y																					2020年8月		工艺
6.3	培训人员确认	待培训人员清单	部分执行									Y													需新增		2020年8月		生产
6.4	培训效果确认	培训后有资质人员清单	部分执行									Y			Y										需新增		2020年8月		生产
6.5	持证上岗	员工资质卡	部分执行													Y									需新增		2020年8月		人事

表4.9　交付节点核心事务清单

产品导入阶段性核心事务清单		输出表单	是否已执行	研发输出	工艺接受	工艺输出	质量接受	质量输出	技术输出	技术接受	生产接受	生产输出	采购接受	采购输出	人事接受	人事输出	标准化接受	标准化输出	内审员接受	内审员输出	财务接受	财务输出	市场输出	专业表单模板	通用表单模板	第一阶段	第二阶段	第三阶段	负责人
交付节点																													
1	**交付会议**																												
1.1	召开交付会议	交付会议纪要	部分执行		Y		Y		Y		Y		Y												已有	2020年7月			技术
1.2	交付遗留问题	交付后微小问题清单	部分执行						Y																需新增	2020年7月			技术
1.3	工艺，技术支持人员确认		未执行			Y			Y																	2020年7月			工艺&技术
1.4	生产评审	同意生产确认书	部分执行									Y													需新增	2020年7月			生产
1.5	质量评审	质量监督通过确认书	部分执行					Y																	需新增	2020年7月			质量
1.6	采购评审	物料正常采购确认书	部分执行											Y											需新增	2020年7月			采购
2	**技术文件集中交付工厂**																												
2.1	技术转交	技术文件及清单	已执行						Y								Y								已有				技术
2.2	文件确认	标准化确认书	已执行															Y							已有				标准化
2.3	文件发放	文件发放各部门记录	已执行															Y							已有				标准化
3	**量产质量控制**																												
3.1	量产作业指导书编制	含关键质控点的作业指导书	部分执行			Y	Y																			2020年1月20日			工艺
3.2	编制控制计划	制程控制计划表	未执行					Y																参考工艺管理规范		2020年1月20日			质量
3.3	制程稳健研究	关键质控点稳态性管制图	未执行					Y																需新增		2020年1月20日			质量
4	**量产生产线**																												
4.1	生产线制作	生产线硬件验收通过报告	已执行		Y							Y													已有				生产
4.2	系统性生产线验证	基于生产线设计方法论的生产线体系化验证通过报告	未执行			Y																			需新增		2020年12月		工艺
5	**新物料属性管理**																												
5.1	物料属性创建	含物料属性的物料清单	未执行			Y					Y		Y											参考工艺管理规范			2020年12月		工艺
5.2	仓库培训	培训仓库识别新物料课程	未执行			Y																		参考工艺管理规范			2020年12月		工艺
5.3	在ERP里已经建立完成物料		已执行											Y															采购
5.4	仓库物料确认	含产线库位和生产库位的物料清单	未执行									Y													需新增		2020年12月		生产

表 4.10　维护期核心事务清单

产品导入阶段性核心事务清单		输出表单	是否已执行	研发输出	工艺接受	工艺输出	质量接受	质量输出	技术输出	技术接受	生产接受	生产输出	采购接受	采购输出	人事接受	人事输出	标准化接受	标准化输出	内审员接受	内审员输出	财务接受	财务输出	市场输出	专业表单模板	通用表单模板	第一阶段	第二阶段	第三阶段	负责人
维护期																													
1	**更新作业指导书**																												
1.1	重大问题分析	重大问题解决方案的作业手段更新要求	部分执行		Y				Y																需新增	2020年2月15日			技术
1.2	工程变更执行	工程变更中作业手段更新要求	部分执行		Y				Y																需新增	2020年2月15日			技术
1.3	质量部制程审核	制程审核改进措施的作业手段更新要求	部分执行		Y			Y																	需新增	2020年2月15日			质量
1.4	生产执行	生产问题解决方案、合理化建议中的作业手段更新要求	部分执行		Y							Y													需新增	2020年2月15日			生产
1.5	更新作业指导书	常态化更新的作业指导书	部分执行			Y											Y								需新增	2020年2月15日			工艺
1.6	标准化归档	作业指导书发放清单	部分执行															Y	Y						需新增	2020年2月15日			标准化
1.7	内审员审查	常态化更新确认书	未执行																	Y					需新增	2020年2月15日			内审员
2	**工时研究**																												
2.1	工时常态化改善	每年一版本的降低5%工时的量产工时统计表	未执行		Y						Y													参考工艺管理规范			2020年7月		工艺
2.2	生产确认工时	新版工时表确认书	未执行									Y													需新增		2020年7月		生产
3	**重大质量问题处理**																												
3.1	重大质量问题收集	重大质量问题描述单	未执行					Y		Y															需新增	2020年开始			质量
3.2	分析重大质量问题	专业分析报告，即8D报告	未执行						Y															参考工艺管理规范		2020年开始			技术
4	**问题数据库维护**																												
4.1	分析重大质量问题	专业分析报告	未执行				Y																	参考工艺管理规范		2020年1月			质量
4.2	质量常态化收集问题	质量部自身收集的待处理问题清单	未执行				Y																		需新增	2020年1月			质量
4.3	维护问题库	问题数据库常态化维护表	未执行			Y																			需新增	2020年1月			质量
5	**封样维护**																												
5.1	工程变更样品更新	工程变更后的签字样品及样品确认书	未执行		Y				Y																需新增		2020年2月		技术
5.2	确认工程样品正确	样品确认书	未执行			Y																			需新增		2020年2月		工艺
5.3	接收工程样品及确认书		未执行				Y																				2020年2月		质量
5.4	工程样品管理	样品管理更新表	未执行					Y																	需新增		2020年2月		质量
5.5	常态化样品新旧交替	样品新旧交替年度更新表	未执行					Y																	需新增		2020年2月		质量
6	**技能培训**																												
6.1	生产培训安排	年度操作员工培训计划表	部分执行		Y							Y													需新增				生产
6.2	培训专员设定	培训专员对操作员工的课程计划表	未执行			Y																			需新增				工艺
6.3	培训能力鉴定	技能矩阵	未执行			Y									Y										需新增				工艺
6.4	资质认定	资质卡	部分执行													Y								参考工艺管理规范					人事
7	**变更管理**																												
7.1	执行产品变更需求	工程变更单	部分执行			Y			Y								Y							参考工艺管理规范			2020年6月		工艺&技术
7.2	标准化追踪工程变更	工程变更流转单	部分执行		Y		Y		Y		Y		Y					Y						参考工艺管理规范			2020年6月		标准化
7.3	被流转部门事务确认		部分执行			Y		Y		Y		Y		Y													2020年6月		各部门
7.4	变更管理闭环	工程变更流转结束清单	部分执行															Y							需新增		2020年6月		标准化
8	**制程失效模式分析**																												
8.1	常态化改进以改善制程失效模式	每半年一次的制程失效模式分析更新文档	未执行			Y	Y																	参考工艺管理规范			2020年6月		工艺
8.2	制程控制计划更新	新版制程控制计划表	未执行					Y																参考工艺管理规范			2020年6月		质量
9	**工艺路线**																												
9.1	物料更新	新物料创建及旧物料更新单	部分执行		Y				Y																需新增		2020年12月		技术
9.2	在ERP中维护工艺路线		部分执行			Y																					2020年12月		工艺
9.3	仓库位置、产线位置维护		未执行			Y					Y																2020年12月		工艺
9.4	实际识别该物料		部分执行									Y															2020年12月		生产
9.5	更新仓库物料单	仓库带属性物料单	部分执行									Y													需新增		2020年12月		生产
10	**产能与排产**																												
10.1	产能信息常态化研究	本月底或下月初给出的产能信息表	未执行			Y					Y													参考工艺管理规范			2020年12月		工艺
10.2	生产安排	实际生产排程	已执行									Y													已有		2020年12月		生产
10.3	生产投资研究	未来投资预计划	未执行									Y													需新增		2020年12月		生产

表 4.11　优化期核心事务清单

产品导入阶段性核心事务清单		输出表单	是否已执行	研发输出	工艺接受	工艺输出	质量接受	质量输出	技术输出	技术接受	生产接受	生产输出	采购接受	采购输出	人事接受	人事输出	标准化接受	标准化输出	内审员接受	内审员输出	财务接受	财务输出	市场输出	专业表单模板	通用表单模板	第一阶段	第二阶段	第三阶段	负责人
优化期																													
1	**持续改善**																												
1.1	常态化改善	工艺工程师每周一个接地气的改善	未执行			Y					Y													参考卓越工业平台		2020年1月			工艺
1.2	确认改善有效性	改善确认单	未执行									Y									Y				需新增	2020年1月			生产
1.3	改善收益评估	改善收益表	未执行																			Y			需新增	2020年1月			财务
2	**物料供给**																												
2.1	物料精益研究	物料主数据	未执行			Y					Y													参考工艺管理规范				2020年12月	工艺
2.2	供料频率研究	补料频率	未执行			Y					Y													参考工艺管理规范				2020年12月	工艺
2.3	供料车研究	周转车改进计划	未执行			Y					Y													参考工艺管理规范				2020年12月	工艺
2.4	生产仓库优化	更新后的物料供给线路和频率	未执行									Y												参考工艺管理规范				2020年12月	生产
3	**人机工程**																												
3.1	人机工程评估	人机工程评审表	未执行			Y																		参考工艺管理规范				2020年12月	工艺
3.2	人机工程改善方案研究	人机工程改进方案清单	未执行			Y					Y													参考工艺管理规范				2020年12月	工艺
3.3	确认人机工程改善的有效	人机工程改善有效确认书	未执行									Y													需新增			2020年12月	生产
4	**快速换模**																												
4.1	快速换模评估	快速换模研究方案	未执行			Y					Y													参考工艺管理规范				2020年12月	工艺
4.2	确认快速换模实际上有效	快速换模有效确认书	未执行									Y													需新增			2020年12月	生产
5	**价值流程**																												
5.1	每半年一次的价值流程评估	价值流程图	未执行			Y	Y			Y	Y		Y		Y		Y		Y		Y			参考工艺管理规范				2020年12月	工艺
5.2	责任部门事务执行的有效性验证	验证有效确认书	未执行					Y	Y			Y		Y		Y		Y		Y		Y			需新增			2020年12月	各部门
6	**智能制造**																												
6.1	硬件需求	智能制造装备技术需求表	未执行			Y	Y				Y														需新增			2020年12月	工艺
6.2	软件需求	MES需求表	未执行			Y	Y				Y														需新增			2020年12月	工艺
6.3	质量，生产方面的需求填写	需求确认表	未执行					Y				Y													需新增			2020年12月	生产&质量

表4.12 退市核心事务清单

产品导入阶段性核心事务清单		输出表单	是否已执行	研发输出	工艺接受	工艺输出	质量接受	质量输出	技术输出	技术接受	生产接受	生产输出	采购接受	采购输出	人事接受	人事输出	标准化接受	标准化输出	内审员接受	内审员输出	财务接受	财务输出	市场输出	专业表单模板	通用表单模板	第一阶段	第二阶段	第三阶段	负责人
退市																													
1	退市																												
1.1	市场决定退市	产品退市申请					Y			Y	Y		Y										Y		需新增			2020年1月有模板	市场
1.2	质量收集历史问题	产品历史问题重要度排行榜	未执行					Y		Y															需新增			2020年1月有模板	质量
1.3	技术提交问题对应物料	重要问题清单针对的物料清单	未执行						Y				Y												需新增			2020年1月有模板	技术
1.4	确定退市后产品支持人员		未执行						Y																			2020年1月有模板	技术
1.5	采购备退市物料	退市配件的购买清单	未执行								Y			Y											需新增			2020年1月有模板	采购
1.6	退市配件的存放管理	退市物料管理清单	未执行									Y													需新增			2020年1月有模板	生产

CHAPTER 05

第五章

波澜不惊之预，风起云涌之立

“沈总，你辛苦了，烧了好多脑细胞，给我们指出了好多不合理之处，还告诉我们如何正确地做。这么多年来，没有人这么贴心地帮助我们辨明真相，我们在酒店略备薄酒，吃个饭放松一下。”生产经理此时代表大家热情地说，这个家伙周一一早就来到我办公室。

“本来是我先提出来调研后庆祝下的，调研耽误大家时间。现在你们邀请我，我反而过意不去。”

“我们一致认为单位应该和沈总这样的大师多交流，企业才能获得成长。”我相信生产经理说的是真心话，在调研中我是真心公正地为生产部打抱不平的。这么多年来，没有人会连贯地、深刻地说出这其中从哪里来要到哪里去的逻辑关系。好多人就是在一个点上吼，这个点就如一个肿瘤，吼一下，就把这个肿瘤割了，过一阵其他地方又冒一个肿瘤，继续吼继续割肿瘤，其实要用中医疗法的，从整个系统运作上梳理到底哪里是根源，根子不除，在同一个地方开刀一遍又一遍，迟早要出人命的。

“先喝口茶，”我泡上一杯大红袍，递给生产经理，“这个时间段要喝红茶啦。”

“我春夏秋冬都喝红茶。”

“怪不得你牙齿上全是牙结石，你夫人不嫌弃你脏？”我调侃他，“你这种牙结石在牙科医院都要被打发掉的，没有医生愿意给你洗牙的。”

“就是我夫人让我天天喝红茶的，她也不好嫌弃我”，生产经理一副被迫接受享受的样子，“哪像你苏州小男人，进门除了换鞋还要洗手漱口一整套流程，天天抱着夫人的大腿，唯夫人马首是瞻。”

“你说对了，所以我在家被压迫，只能到单位来调研，和兄弟们畅谈人生、工作，在这里我看到你们还是有变革的勇气的，不是铁板一块。”

“要是铁板，我们就做一道铁板烧，把这些不正确的、荒谬的规则全部烧了嘛。”生产经理的情商就是高，“说好了，今天晚上酒店见啊，我先回去了，都在死命地催我交货。”

望着生产经理远去的背影，我在想，从面上看，他们还是知晓自己有好多问题的，知易行难，说总是比做容易，如何才能真正地知行合一，对这个几十年来一成不变的工厂来讲，真的是一件难上加难的事情，不知道用数字化手段固化游戏规则对他们管不管用，我也是有怀疑的。

第一节　庆祝调研完成

晚上，酒店门口豪车遍地，酒店内部也是金碧辉煌。说实在的，这不是我喜欢的场合，这么多年来，夫人曾经一度以为我是一个没有朋友的人，因为我从来不出去聚餐，很少喝酒，不抽烟，我就是一个孤僻的人。在这些人多的地方，我真是浑身不自在，就想躲起来，也曾自我怀疑我是不是就是和社会格格不入。后来，在一起生活的时间久了，夫人慢慢地理解我了，知道我是一个专注于深度思考的人，深度思考，就不喜嘈杂，爱独处，讲文化。物以类聚人以群分，能和我说到一起的人，自然也是这种类型的，话不多，但是思考得多。生活中表现得连电影院都不愿意进，因为电影院里总是有人嗑瓜子、说话、上厕所，有各种各样的干扰，极其难受，但是自己又喜欢看电影，故在家里设计了电影厅，一个人沉浸在自己的小世界里，或者和志同道合的人一起沉浸。我记得夫人每次带我出去都会说："放心，要是去人多的地方，我会提前清场的。"你们一定不会想到我每次去苏州著名的山塘街，都是躲在茶馆里的。

晚上去酒店吃饭，还是要提前汇报的，"喂，宝贝，今天晚上我有个饭局，晚点和你打电话。"

"少吃点，油腻腻的脂肪肝都写脸上了，"夫人也知道我不喜欢这些场合，"你要是不喜欢聚餐，就早点回，不要勉强。"

"就是那个调研，阶段性地结束，他们一定要庆祝下，你知道我的，我要的庆祝是喝杯好茶。"

"吃饭喝酒并不能稳固你们的交情，你要找到和你三观合一的人才有意思吧？"夫人这样问我。

"这倒是，我喝的不是酒，我喝的是三观，哈哈，我挂了啊。"挂完电话，我进入酒店大堂，中老年服务员把我引导到包厢。为何提一下这个服务员不是年轻的小姑娘而是大妈级的，说起来是这家高级酒店的特色，酒店老板是个有社会责任感的人，想为社会稳定贡献自己的微薄之力，希望有情怀的老板越来越多。

“沈总，请上座。”工艺经理赶忙跑过来打招呼。

“你们太客气了，这次调研耽误了你们很多时间，还时不时挑起你们之间的对战，你们可不要生我的气，这都是工作，对事不对人的。”我乐呵呵地对大家说，虽然我知道这句对事不对人是瞎扯的，哪件事不是人做的呢?

“领导，你放心，我们之间的对战仅是内部矛盾，一杯酒就解决了，实在不行，那就两杯。”生产经理端起酒杯，“我们真诚地感谢领导帮助我们梳理了从哪里来到哪里去的制造思路，大家喝一杯表达我们的敬意。”

一杯酒下肚，胃里烧得慌，这个地方的人总是一上来就喝酒，肚子还是空的，我这个苏州人真心吃不消。

“领导这次来调研，质量部感觉找到了方向，以前都是搅和在一起很乱，现在QC和QA要区分开，我还是第一次听到，以前真是孤陋寡闻。”质量经理一脸的诚恳，“领导，我敬你。”

“你太客气啦，大家互相探讨，我说得也不一定对，为什么呢?这些世界先进企业的做法已经存在了几十年，有些甚至一百年了，它们都是按部就班地做，不会出错。但是它们的做法不见得就适合我们国家的企业，依葫芦画瓢不见得对，搞成东施效颦就不好了，后面我们还要探讨具体的落地方案。”我也诚恳地对质量经理说道，毕竟质量部是要看到全局的部门，他们管得好，质量才能更稳定。

“先把这杯酒落肚了再讲落地方案，酒不落肚，不实在。”研发经理和技术经理开口催了，这两个家伙别看是搞技术的，其实酒量贼好。

“吃菜吃菜，一直喝酒伤胃，领导是苏州人，讲文化的，哪像你们五岁就开始喝酒。”工艺经理这损人的水平不一般，他一边损人一边赶紧给我夹菜。

“我们五岁开始喝酒，你五岁就定了媳妇嘛，我们一起庆祝呀。”他们果然从办公桌上怼到酒桌上了。

“工艺老哥哥才四十几岁，都要做爷爷了，你们哪有那么好命哦!”质量经理说，“从沈总教我的质量保证的道理来看，一切都要提前想好，做好预案，这样才能临危不乱，一切尽在掌控，工艺大哥早就践行了这个道理。你看你们两个，一头白发还要为小孩还房贷，好好学学吧。”

这个质量经理融会贯通能力还是可以的，喝酒还能喝出质量保证的道理。

“要创造一个新酒品牌，就叫QA酒，寓意就是‘一口QA酒，运筹天下事’。”生产经理经常喝酒，酒桌功力果然不一般。

“说起来，我们这个企业呀，很少有外地人加入，尤其是大城市的外地人，领导你怎么就加入我们单位了呢？”生产经理好奇地问道。

“这一切都是缘分，500年前都已经定好了，我们就如生活在《黑客帝国》电影中的矩阵中，在某个时间、某个地点，就设定好我要来单位。”我和生产经理碰了下酒杯，“就如佛祖说，人世间500次的回眸才能换来今生的擦肩而过，我们由于调研紧紧地抱在一起，肯定要5万次的回眸才能换来的。”

“文化人，还是研究佛学的文化人。”技术经理拍了下大腿，“我以前怎么就没有认识你呢，以后我们一起出家吧。”

“出家之前，先把酒喝饱了。”研发经理白了他一眼，“就算你出家，也一定是个酒肉和尚，都要被开除的。”

“你这是不讲逻辑，又要我把酒喝饱再出家，又说我出家了还是酒肉和尚，你安的什么心？喝酒喝成酒精肝你就满意了？”技术经理喝酒都不忘体系化思维。

“酒肉穿肠过，佛祖心中留，你懂不懂的？”工艺经理也来打趣。

“哈哈，你们真是相爱相杀的一群人，和你们打交道的这三周，我发现你们其实是内心柔软的人。只是这么多年来，被集团那帮做表面文章的审核团队整怕了，他们玩表面，你们更玩表面，时间一长面具都和脸长一起了，只有在酒桌上，你们才回归了本性：酒精真是个好东西，刺激大家做真正的自己，在酒精的刺激下，都装不了，是吧。”

“来来来，我们都是四十好几的人了，都到了要遵循自己内心真实想法做事的年纪啦！”工艺经理举起了酒杯，“现在我的想法就是喝了这杯酒，然后脑子里一片空白就好。”

“干！”这第三杯下肚，大家都进入微醺的状态，注意这杯子不是10毫升一口的酒杯哦，这是100毫升的分酒器哦。

在这灯红酒绿的包厢里，我睁开眯缝的眼睛，看着中年服务员穿梭添酒、加菜。这人世百态，自有其运作的规律，酒店有酒店的运营方法论，制造业有制造业的运营方法论：酒店运营得好，就可以评为五星级酒店，和有没有年轻的服务员无关；同样工厂运营得好，就可以成为灯塔工厂，和有没有“高大上”的数字化平台无关，和有没有“高大上”的进口设备更无关。

人在社会就要产生价值，说得残酷点，就是每个人都要有被利用的价值，当你的技能促进了别人的成长，你是有价值的。我想“他们请我吃饭，肯定不至于让我违心地修改这个调研报告的”，我选择相信这个团队。

第二节　无力回天的宿命轮回

第二天早上上班，我还是昏昏沉沉的。大领导要我去他办公室。

“沈总，我看了你的调研报告，他们没有明里暗里地叫你粉饰报告吧？”大领导向我了解情况。

“这是绝无可能的，就算和我吃饭聊天，他们也没有提起修改报告的事情，我也不会因为所谓的交情做假报告的。”

“你这定力还是可以的，我们之前多少次调研，呈上来的报告都是一片祥和。”大领导一脸无奈，“这回你呈上来的报告，和以前的完全不一样，指明了事务的来龙去脉，哪些没有做，哪些部分执行了，规定了执行部门，规定了分阶段执行，颗粒度非常细，我还没有上报，主要担心报告交上去，平地一声雷了。”

“这绝对是一手的实打实的资料，就算他们要我改叙述，我也不会改的，我没有什么背景，就事论事反而是好事，估计他们也明白上头叫我这个没有任何历史包袱的人来调研，事情已经不简单了。”

“这个蛮好，你让他们实话实说了。说老实话，我之前还担心你镇不住场子呢。”大领导说，“不过现在看来，你这方法对他们真是管用，一边调研一边科普，恩威并施，要是之前的审核团队有你这个方法，也不至于被忽悠多年，忽悠到最后，上头也不相信他们了。”

“从这次调研看，他们还是想要实实在在地做些改进的，起码我在调研期间，他们开始各种辩驳，当我厘清思路后，他们也就接受了，暂不管他们内心是否接受，至少面上是接受了的，给他们定了完成改进的日期，虽然有各种拉锯，但是最后还是定了下来。”

“但愿如此吧，我们和他们打交道多年，知道好多要求他们做的事务到最后都是政令不出总裁办。我们就纳闷了，到底有什么神秘的力量能够阻挡他们执行上头的要求呢？”

“说复杂也复杂，说简单也是简单，我和他们沟通下来，发现了这个问题的根源，根源在于我们整个集团。”

“这有意思了，你说说看。”大领导很感兴趣。

“第一，我们整个集团没有懂工业逻辑的大师，导致每次调研都是走走过场，就是对着工厂条款检查工厂是否做了这些内容，具体做成什么样，并不关心，这是最低级的调研方式，而且很容易被忽悠。我们集团要有这种人才，知道条款从哪里来，要到哪里去，能够发现条款是不是合理的。比如，这家工厂有一个模具异常处理流程，这就很诡异了，如果大家按照前面设定的流程做，就不会出现模具异常；专门列一个模具异常处理流程，就证明前面大家都没有好好地执行流程，他们竟然还要把这个模具异常处理流程开发进数字化平台，这就是把不合理的流程固化下来。模具异常处理流程可以直接包含在质量部的不合格品处理流程中，我一直和他们说，不要讨论错误存在的合理性，这是诡辩主义。”

“那第二点呢？”大领导更感兴趣了。

“基础还是第一点，没有专门的体系人员去监督，我们整个集团下几十家公司，质量部的体系人员都是可有可无的。在我们这种离散制造业，任何一个问题的本质都是流程和体系的缺失，流程和体系没有厘清，即使上了数字化项目，也一定会把不合理的流程体系固化在系统平台中，把线下的做法搬到线上，这个危害性更大。”

“你说得很到位，可是这两个问题不是一时半会儿就能解决的，可以找外部专家，可是他们不了解业务，也难以促进我们提升。”

“所以，在短期内，这个问题肯定是无解的。”我无奈地耸了耸肩膀。

“从你话中，我知道后面上数字化平台，一定要先梳理制度流程。”大领导思考着，“在梳理流程的过程中，有外部实施商嘛，他们有世界先进平台，肯定有一套方法论。”

我这时还没有意识到世界先进平台其实未必懂工业逻辑的，“到时候他们一进场，梳理好流程并把流程固化在平台中，我们就轻松了。”只是，我此刻有些疑虑，实施商不懂我们的产品运作模式，把现成工具用在我们的产品上合适吗？我和大领导抱定的信念是，世界先进数字化平台来了，我们就有救了。

“我们明天上午一起去这家工厂，和总经理聊聊，一起看看这个报告，然后我们再向上头汇报。”大领导说，“沈总，这个报告真是不容易呀，写真报告，精神可嘉。”

“老大，这个容易的，我这么多年都写真报告，叫我写假报告，我反而写不出来。”我看了看他桌上的绿茶，“这事忙完，你可以喝红茶了，苏州产一种茶，叫碧螺红茶，不是碧螺春，是绿茶发酵成的红茶，这个味道好，我带给你喝喝啊。”

“懂我的贴心人如你就好了。”大领导很开心。

☆ ☆ ☆

第二天，我和大领导来到总经理的办公室，坐在办公室的会议桌边，会议桌上都是灰尘，胳膊一搁上去，白衬衫的袖口就黑了，看来很久没有人擦拭了。我赶忙去洗手间找了块湿抹布擦了擦，大领导皱了下眉头。

“两位领导，早上好啊，什么风把你们吹来了？”总经理声音传来，我转身看见总经理站在门口。

总经理两眼红红的，估计昨晚谈生意喝多了，酒精还没有退去。这位辛苦的总经理是外聘的职业经理人。职业经理人一方面被集团领导寄予厚望，一方面自己又急于求成，他们知道一年看不到显著成效，可能岗位就不保了，我心里真为他捏把汗。要知道任何一件事都是由开端、发展、高潮、结局构成的，只是时间长短而已，添置一台自动化装备是容易的，可是改变人的思维是艰难的，恰恰这家工厂最大的问题是由人来执行的各类体系制度形同虚设，要改变这种状态，不是一时半会儿就能见效的。所以多年来这家工厂职业经理人的离职率是极高的，平均两年换一个总经理，有的几个月就离职了。

待总经理坐下，大领导先开场了。“王总，这个报告你怎么看？”

“这个报告我看过了，确实是真实情况的描述，我作为总经理，有愧呀！”王总低下头翻看这个报告，“沈总，感谢你发现了这么多问题，真是当局者迷，旁观者清啊！”

“言过了，经理们非常高兴我能和他们聊聊这些制造层面的逻辑关系的，大家在您领导下，是希望公司越来越好的。”

“嗯，这里能否帮忙把这句话去除了呢？就是在同一时间物料能够既自制又外购，这个问题严重了，领导能否帮帮忙？我压力也是很大的。”

“沈总，这个问题是什么意思，有什么后果，原因是什么？”大领导肯定要叫我解释的。

“这是典型的精益生产的问题，精益生产虽然我懂得不多，但是要达成，需多年的积累才可以呀，沈总，你也给我扫扫盲。”

“我简单说下，你可以一个物料在一段时间内是自制，在另一段时间内是外购，但是绝对不能出现同一段时间内既自制又外购，如果这么做了，场内流转就会混乱，在生产线上要放置两个料槽，操作员工不知道用哪个料槽里的物料，于是就瞎用，出了质量问题，根本无法追踪是由自制物料引起的还是由外购物料导致的。外购和自制的零件总归有所不同，和被装配件的适配性肯定不一样，如果被装配件需要装上外购零件才能发挥正常性能，但是不巧的是装了自制零件，性能就会打折，就算强行通过了最终测试，可是一次通过率是非常低的，可能还会有其他后果，但是这两个后果已经极其严重了。为什么会存在这种现象？是因为你们ERP没有上好，你们完全可以在ERP中设定时间段，比如每个月的月初到月中，使用自制零件，月中到月末自动切换到外购零件，ERP中设定这个功能是极其简单的，只是没有采用。更诡异的是，你们作为标准元器件厂，几乎不可能存在既自制又外购的现象，只会选其一。非标定制化工厂才会有既自制又外购的现象，比如订单需要100块非标定制化的钣金，要求1天交货，厂内设备一天只能生产50块，那么另外50块从外部购买。从这一点看出，当年你们上ERP的时候完全复制了定制化工厂的做法。”我一口气说完。

“上ERP的时候我还没有加入公司，但是这个问题我认了，我马上安排人员修改ERP的规则。”总经理很尴尬，他肯定不能推卸问题。

“既然这样，沈总，你还是把这条删除吧，我们拿前朝的不作为来责罚现任者，也是不合理的，只是王总要马上改啊。”大领导看着我俩说道。

“是是，我马上联系信息部门修改规则。”王总看到我们删除了这一项，很开心。

“这些清单中的问题，虽然定下了完成日期，可是沈总毕竟不是你们单位的人，你要推进大家整改。”大领导对王总说，“我们回去了，公司弄好，就靠你了啊。”

“我送送你们。”

“不用了，你忙吧。”

我们俩人走在路上，都低头不语，大领导突然停下来问我：“沈总，你觉得王总怎样？”

这可是送命题呀。“王总能够看出我说的同一时间段内既有外购又有自制，他还是知道精益生产的一些道理的，只是这些东西推行起来很难的，会触动各方利益。”我四平八稳地回答。

“我知道了。”大领导又陷入了沉思，“我先回办公室了，沈总，这回调研辛苦你了。”

“领导若需要我提供更多资料，尽管说。”我也回了办公室。

我一个不会察言观色的人，都觉得这里面已经极其诡异了，隐约地感觉这个总经理的日子也要到头了。我看向窗外，心情沉重，不会我的报告就是压倒骆驼的最后一根稻草吧？我应该粉饰太平呢，还是实话实说呢？有的时候没有绝对对错之分的，小孩才讲对错，大人只讲利弊。算了，报告都已经提交了，就这样吧。

我向楼下看去，一片喧闹，单位又在分发鸡鸭鱼肉了，每年这个时候都发，就像几十年前的生产队一样，有意思。去年我把鸡鸭鱼肉拉回去，夫人看着这些东西，一边抱怨“这么多，怎么腌制呀”，一边乐呵呵地收拾起来，今年肯定又是这样，想起她的表情我的心情好了起来。

☆　☆　☆

日子就这么过着，我还是每周来回家和单位，夫人依依不舍的眼神时刻闪现在我心头。工作按部就班地推进，年底了，都在写总结，写上过去一年的成败得失，写上未来一年的宏伟计划。不知不觉就进入了2020年，此时新冠确诊病例零星出现，武汉还没有到封城的地步，仿佛一切岁月静好。

“沈总，我告诉你一件事，”总裁办的一个助理悄悄地告诉我，“你调研的那家工厂的总经理离职了。”

“还有这事？”我预测得还是挺准的。

“你晓得是什么原因离职的吗？”我逮住他问，“吊我胃口不厚道，我们总要引以为鉴呀。”

“我跟你说，两大原因促使上头下决心做出调整，第一，市场端的销售老是在上头拱火，说客户反馈产品质量不好。你知道的，销售部卖不出去东西，总归可以推到产品质量上不好的，这是我们单位几十年来的传统。”

“那第二点呢？”心里感慨那个总经理果然逃脱不了职业经理人的宿命。

“第二点就是上头去看了生产线，那全是用线棒架搭出来的，真是小家子器，我们集团财大气粗，怎么可以搞这么小家子器的东西呢？精益生产再好，也不能搞得像个没钱的公司哇，连生意都不好接。”

“还有没有第三点？”

“这倒没有听说，我也是道听途说，我和你说的都是不作数的，我走了啊，下次再聊。”

我坐在椅子上，仔细想了想，难道总经理离职不是因为我的调研报告，估计大领导不想让我作恶人吧，也要保护愿意写真实调研报告的人吧？唉，不要知道太多，知道越多烦恼越多，做一个简单纯粹的人多好。

第三节　破旧立新

转眼间到了2020年的春节，夫人说苏州的冬天太冷，我们去东南亚旅游吧，正好趁春节假期出去，于是报名去泰国的旅游团，东南亚国家气候暖和，适合怕冷的苏州人冬季出游，而且去东南亚国家旅游比国内游还便宜。

可惜天不遂人愿，新冠疫情来袭，全国航班都停飞国外，春节期间的泰国游泡汤了，于是开始了退款的拉锯战，最后1.5万元的参团费只退了5000元。

那段时间，我家小区都有确诊病例，离我家直线距离也就150米，春节后，只能待在家里，无法上班，时间一长，从来没有这么渴望上班过，只是我作为共产党党员，是不能给国家添乱的，待在家里就能为国家做贡献，这么想想也对。

不可思议的是，还没有上班，大领导给我打来电话了。

“沈总，和你商量个事情。”领导很客气也很诚恳，一般来说集团都是直接下命令的，这么客气，必有蹊跷。

“领导，你那边疫情还好吧？”

“我这边基本没有疫情，只是你不能从苏州出来，本来想当面和你商量的，上头问了几次你都无法来，所以我就电话和你说啊。”

“领导，什么事情？”领导欲言又止，感觉好像有大事要发生。

“上头想把你调到你调研的那家工厂做总工，他们看了你的调研报告，认为你逻辑很清楚，有产品开发全生命周期的系统性的经验和思路，上头决定在这家单位推行数字化项目，你有这么好的工业逻辑，管理数字化项目肯定最合适了。”

“可是，你知道的，我是不想去的，不能因为我调研了，我就要去那家工厂吧？这不就是谁提谁负责了吗？”

“这个不强迫的，你不去，也没有关系，”大领导赶紧宽慰我，“你考虑下再回复我吧。”

“好的，这个要好好想想的。”我是真的不想去，挂了电话，心里极度不是滋味。这剧情真是跌宕起伏，心脏有点儿受不了。

“宝贝，我和你说，上头要把我调到这家工厂做管理层，你说我要不要去呢？”我赶忙和夫人商量。

“我心明镜似地知道你一万个不愿意去。”夫人陷入沉思，“如果医院领导和我这样说，我估计会去的。”

“愿闻其详，你是我军师。”

“第一，高层领导给你打电话，而不是人事部通知你，可以推测出把你调过去是上头的想法了；第二，领导还留了余地让你思考，是你领导还没有完全同意上头的主意，你真要不同意，他也可以向上说，‘我已经尽力了，但是没达成’；第三，你要是真不去，我认为你没有好果子吃，你们单位是强管控单位，最高领导层直接下达的命令，再怎么化骨绵掌也是化不了的。鉴于你和大领导关系还不错，他也信任你，你其实可以去的，毕竟上头还是有人的，你要是真的拨乱反正了，你们都好过。”

“你还蛮灵光嘛，不仅烧得一手好菜，而且秀外慧中。可是我内心深处是不想去的，我想遵循我内心真实的想法。”

“你不是想要懂得全链条吗？研发、技术、工程、工艺、质量、生产，你已经都经历了，还有更多的突破吗？”

“好像是没有了，单位又不是我的，我再怎么样都不能成为一把手，最好也就是做到事业部总经理吧。”

“集团把工厂的总经理辞退了，你去那里，不就有机会做总经理了嘛？虽然制造公司上面还有人管着，可是至少有机会做到总经理了。”

“这个难的，我又不会做销售，而且还是外地人，难以融入的，不过你提醒了我，我去那边负责数字化项目梳理，有扎实的工业逻辑，把这些工业逻辑固化在平台中，我就成为数字化转型专家了，而且我知道，后续是世界知名数字化平台专家来实施的，我可以吸取他们的做法并融合我多年的经验，形成自己独特的方法论。”我想通了，只要调动对我有促进作用，我还真会考虑，只是我们要克服人永远只会做对自己有利事情的弱点，更多地要以利他之心来做事，其实利他就是利己。

“你这搞得好似在吸天地之灵气，集日月之精华，你到底是哪路妖精？”夫人一拳揍过来，“看我不降了你这妖精。”

“吸天地之灵气、集日月之精华的不一定是妖精的，也可能是孙悟空，我就像孙悟空在折腾吧。”

“你是悟空，那我就是如来佛祖了，专治你，呵呵。”夫人一脸得意相，“那你到底还去不去？”

“要不还是去吧。”虽然我心里极度不愿意，可是生活就是这样，谁知道下一步会怎样呢？就是因为无法预见，人生才会如此多姿多彩。

有道是不入虎穴焉得虎子？福兮祸所伏，祸兮福所倚。我竟然真的从集团大佬去做总工了。

☆　☆　☆

没有一把手在，厂里所有项目都停歇了，唯有生产部还在生产交货，毕竟生产部是产生直接价值的部门，生产订单不仅有工厂销售部下的单，还有集团销售部下的单，这也是生产还在运转的原因。所有项目暂停从侧面证明了这个单位是一个人的单位，没有现代企业制度，各级管理层都不清楚自己的职责和权限，芝麻绿豆大的事情都要总经理定夺，总经理不在，全部乱套，总经理是最忙的。好的现代企业制度需要总经理是最清闲的人，只要掌握大局，定好规则，企业就可照此运行，即使总经理十天半个月不上班，各级人员都能够各司其职，采购可以正常购买物料，异常采购可以按照规则特事特办，入料检验可以操作，发现不良品，可以按照不良品处理流程处理，设备已经正常保养可以运作，出现异常会有相应的对应措施。

国不能一日无君，厂不能一日无主。新的总经理在集团的物色、考察下终于确定了。知道新的总经理人选，我是很坦然的，因为绝无可能如夫人说的，让我这个外来人士去担任总经理的，就算任职了，也会走上职业经理人的老路。新的总经理是在集团工作了十几年的老员工，原来是集团职能部门的负责人，我挺奇怪集团为何会有这种任命，因为职能部门负责人的工作职责是执行集团的决议，自己根本没有整套工业逻辑，思维都是断裂的，能力也是单一的，只了解自己部门的内容而不知道全局。

选用真正的自己人，表明集团已经知道聘用职业经理人是短视的行为，无法从根本上解决问题，平均每两年离职一位总经理就是证明。换成真正的自己人，有坏处也有好处，坏处是走回老路的风险极大，最终还是换汤不换药，还不能把自己人辞退；好处是自己人是同集团一起成长的，骨子里就了解熟悉集团的做事方式，而且和集团的交情好，上层容忍度比较高，愿意给一个较长的改革期，只要总经理愿意破除自身的局限，真正参考行业先进经验开展工作，是有可能成事的，也可能打破两年总经理一轮换的魔咒。

据我所知，这位从名牌大学毕业的总经理人称和蔼可亲的老奶奶，极其聪明，开会可以连续开4个小时，只是通常没有彻底解决问题的魄力。

CHAPTER 06

第六章

私享会

——数字化梦想启航

第一节　研发私聊：数字化转型对研发的孤岛效应

加入新团队，我的职位是负责数字化转型的总工。开始数字化转型前，还是要按照PDCA的原则来做，毕竟没有调查就没有发言权，而且要深入一线调查，于是我分别找了研发、技术、工艺、质量、生产的负责人调研，方式是一边喝茶一边聊天。

调研是从最前端的研发开始的，毕竟研发部是一家公司的大脑，大脑灵光了，后面将一路通畅。

某天早上，我来到办公室，约上了饱经沧桑的研发经理。

“李总，请坐。”我约他到我的办公室，泡上一杯大红袍递过去，“今天约你来，就是聊聊天，不做记录的，我刚开始新工作，不知道如何下手。”

“沈总，您客气了，调研期间的沟通让我获益匪浅，我已经要求研发工程师们按照正规的路线开始做了，刚开始，一步步来，你也晓得不能一口吃成一个胖子的。”

“那是，除了人的思想，什么都好改变的，尤其你们研发部是智力密集型部门，想要改变固有的做法是有难度的。我理解你的苦衷，欲速则不达。”我喝了一口茶，“你知道的，我调过来是负责数字化项目的总体监督、梳理的。”

“沈总，其实在调研期间，我就隐约感觉这个调研只是前奏，是开胃前菜，只是不敢挑明，现在果然走到了这一步。”研发经理感慨地说道，喝了一大口大红袍。

“在调研期间，我早就暗示过啦，哈哈，果然逃不过李总的慧眼。”

“我挺好奇的，数字制造项目为什么要先在我们单位实行呢？集团几十家非标定制类的企业不先做，反而要从标准定制工厂开始，领导，您从集团来的，可否告知呢？”研发经理的困惑是正常的。

“我也很困惑，我们做事情肯定要分矛盾的主要方面和次要方面，整个集团的突出问题就是非标定制产品的QCD（质量、成本、交期）有大问题，这是主要的，而标准化产品反而不是主要的，一来才几个亿的体量，二来我们的产品类型在集团里面是完全的非主流，不从矛盾的主要方面着手，我也无法理解，所以我还真无法解答你的问题，唉！”我叹了一口气，都在这个单位了，没有必要站在集团层面上冠冕堂皇地讲大道理了。

“难道集团想把我们作为试验田，做好了复制到其他工厂；做不好，损失也不大，毕竟这么小的体量。”李总的表情挺奇怪的，他一边抠着指甲边缘的毛刺，一边皱着眉头说道。

“如果真如你说的，那集团真的是错出天际，南辕北辙了。”

“为什么啊，沈总明示。”研发经理抬了下手，又抿了一口茶。

“正因为我们是标准产品，他们是非标定制产品，标准产品对于数字化的要求是产品工程占主导地位，工业工程占辅助地位，产品工程指的就是我们大规模开几十万模的模具，大型生产线建设，要极度稳定的零件制造方法论研究并实践等；工业工程是持续地优化改进，更着重于管理方面的提升，最终产品的联调性能稳定即可，并不要太多的过程稳定，两者虽然可以互相渗透，但终究不是一个维度的。而非标定制产品是工业工程占主导，产品工程是辅助，如果把我们单位的产品工程为主导的方式嫁接到以工业工程为主导的工厂，就是‘橘生淮南则为橘，生于淮北则为枳’的道理，要出大事情的。”说到这里，我一阵后怕，惊出一身冷汗，赶紧喝口茶压压惊。

“领导，复制是他们的事情，我们才管不着呢，你想得太远了，我们过好当下的日子就行。”研发经理赶紧把我拉回现实。

“这倒是的，已经管不了那么多啦，还是说我们当下的事情。”我看了看研发经理沧桑的脸，“关于研发部的数字化，你有什么看法？”

“不好说。”

“你顾虑什么呀，你不说看法，人家就给你上全套的，你更招架不住的。”我还是想要知道大家真实的想法。

“好吧，数字化项目在我看来都是瞎扯淡的事情，你前面调研过，也知道咱们单位连个项目经理都没有，就算上数字化也是线下搬线上，不会有任何改变的，”研发经理看来知道这里的道理，“而且，还会把现在不良习惯固化在系统平台中，让大家按照错误的方式一直走下去。”

“你说得对，这也是我一直担心的，但是上头就要上这个项目，你说说现在研发部的痛点，我们看看能不能用数字化解决这些痛点。要做就要解决真正的问题，不要在边缘上打转。”

“研发部的真实痛点其实和数字化没有关系，比如人员能力不够，连PPAP都不知道，数字化并不能提升个人能力，顶多让流程通畅些，原来不好意思撕破脸的事情，交给电脑去做，你总不能砸电脑吧？以前大家都是你好我好大家好，都不愿意催促配合部门加快进度。有了数字化，可以设定线上提交资料的日期，到日期不提交，电脑报警，发邮件告状给他领导，打破了原来的平静。”

“说得是，还有呢？”

“长期以来的粗放式项目需求，也是困扰研发部产出绩效的大绊脚石，经常是项目做到一半，市场部说这个项目已经没有市场盈利空间了，研发部只好停止产品开发，这多浪费人力、物力、财力呀，所以我希望前期市场部的需求能够颗粒度细化一点，不要拍脑袋。”研发经理的这个痛点我能感同身受。

研发经理接着说：“我现在还需要一个好的文档管理平台，这么多年来，所有的研发资料都存在工程师各自的电脑中，各种版本不一致，例如，A工程师调用某个零件，但是这个零件结构B工程师改过，但是没有升级版本，所以生产线经常抱怨零件有两种不同的样子，而且版本是一致的，我们真是头大。”

“我总结下，研发部的核心诉求是项目管理、文件管理和工程师能力的提升，那么我问你，没有数字化项目，你怎么解决这些痛点呢？”

“一言难尽，项目管理形同虚设，一款产品从设计到投产，都能拖上五年，我也很无语，但是我能开除他们吗？又不行。至于文件管理，我们现在建了公共文件夹，专人管理这个文件夹的完整性、一致性，事情比较烦琐，数字化平台的应用可以解决这个烦琐的事情。如果不用数字化平台，一个文控员也可以完成此事，成本也不会有多少，一年工资没有多少，上个系统几百万，都不知道什么时候才能收回成本，当然电脑系统足够的傻，说怎么样就怎么样，出错的概率肯定比人低。至于工程师能力提升，上一百个系统都没有用，研发就是智力密集型工作，系统就是管理平台，不能代替工程师去思考的。总之，地基不牢固，没有梳理好、改进好现有的流程，即使上了数字化系统，人也只会被系统绑架，会失去提质降本增效的初衷的。”研发经理对数字化项目极度质疑。

“这也是我们的改进机会，在数字化实施商加入前，我们要赶紧思考清楚我们的底层运作逻辑是怎样的，如何摈弃之前的不合理流程，比如你们仿真报告的产生，这个是研发部内部的事情，你非要画个流程，流程展示又不和其他部门发生关联，都没有必要固化到系统平台中。流程必定是跨部门的，说直白点，自己部门内部的事情，你要求手下干，吼一下就行了，把这种流程固化在系统中，反而导致部门内部都不要说话了，这肯定是不合理的。”

“沈总，你提醒了我，研发部还真有好多这种流程，都不跨部门，玩内循环，后续数字化项目实施把这些内循环固化到平台中，那研发部就成了孤家寡人了。”研发经理意识到问题的严重性，“我回去一定好好梳理内循环流程，能废除的就废除，否则数字化一上，研发部就变成一座孤岛了。”

“这还真要变革了，现在开始也不晚，后面需要我支持的，尽管说。”

“还真要你支持，后面研发各个阶段的交付物肯定要你把关，我在这里先占个位置，老大你要给我排第一优先级。”研发经理还是很诚恳的。

“一定是第一优先级，大家都晓得研发是万恶之源，当然优先解决研发部的问题，哈哈。”我给研发经理添了下茶水，“喝茶。”

“沈总的茶叶就是香，我包点回去给兄弟们尝尝。”说话间研发经理还真包了些，他是不知道这大红袍有多贵呀！

“只有茶叶香了，才能把你们研发的高智商人群吸引到我这里，和你们聊天，我就如智商充值了，有空随时来喝茶。”我乐呵呵地说道。

第二节　技术私聊：数字化转型将解散技术部

接下来是技术部，在调研期间，技术部发言其实是少的，我曾和技术经理沟通过，工厂的技术部是不需要存在的，而且技术经理非常认可，他是一位甘愿自我革命的人。既然技术部不需要存在为什么还存在呢？纯粹是为了应付上头的要求，要有解决问题的核心团队，实际上根本没有解决问题。

那么，技术部到底干些什么事情呢？为什么不需要存在呢？为什么上了数字化这个部门更没有存在的意义呢？第一，这个技术部承接的是研发释放量产之后的产品，释放量产后，若有产品质量问题，技术部要作为主心骨给出解决对策。这就导致技术部和研发部势不两立：研发部着急新产品释放量产，释放量产的前提是主要问题一定要解决，微小问题留到释放量产后解决；技术部为了规避责任，通常会把微小问题说成主要问题，这就导致新产品迟迟得不到释放量产，就如研发经理讲的一款产品可以拖五年才释放量产，而技术部专门动嘴皮子扯皮了五年，什么实事都没有做。一旦上了数字化项目，技术部就没有办法扯皮了，要扯皮就会有丢饭碗的风险，因为数字化平台会抓取项目的按时完成率，一个项目长期拖延，必然会引起各级领导的注意，这个时候就很难忽悠各级领导了，技术部要么早点接过研发部的新产品，要么早点卷铺盖走人。第二，产品总归要释放量产的，技术部要总体负责成本的降低。问题来了，降低成本肯定是从产品设计和高效运营两个维度开展，从产品设计上看，产品材料成本的85%已经在研发阶段就决定了的，无论后端如何努力，材料成本都不可能有显著的降低，除非偷工减料，这超越底线的事情肯定是不能做的，因为基本的质量水平必然要由基本的材料等级来决定，比如绝不能为了降成本把电流传导铜排改为铝。在材料上面不可能有大幅降低的情况下，只能从高效运营入手，但是这个技术部完全不懂工艺、精益生产方法论，怎么总体负责呢？只能作为召集者，在会议上要求工艺部提供工时，如何进一步推动工时降低，他们一股脑儿地推给工艺部和生产部，作为项目管理者而非技术方案的提供者，技术部成功地把核心事务推给其他部门，既然这样，技术部到底要干什么呢？只能做一个好的表演家吧，而且还做得蛮好，因为这个部门竟然有三十名员工，能够做到任何事情都可以隔岸观火还能保证团队存在多年，是要有相当功力的，但是数字化来临，一切欲盖弥彰者终将现出原形。第三，任何一家世界先进企业都不会设立这种部门，因为研发部在释放量产后，必然会指定一位研发工程师在未来的一到两年时间里，全力支持量产问题的解决，这是研发部的分内事。两年后，工程部或者工艺部会全权负责问题的解决，这个技术部员工的合理去处是研发部或者工艺部。第四，前面说过产品线核心团队对于释放量产后的质量问题的解决是没有任何帮助的，这么多年来一直出问题就是证据。

所以，我不止一次地和这位技术经理谈过，技术经理也认为技术部没有必要存在，还连累了一帮兄弟成为耍嘴皮子专家、忽悠大师。这个技术经理其实是很有技术水平的一位老员工，毕业于985大学，思维敏捷，思路清晰，讲解技术头头是道，让他在这个没有意义的岗位上浑浑噩噩这么多年，真的很可惜，一个不合理的制度真的会毁了一位高才生啊！

“老兄，恕我直言，我仍然认为技术部是不需要存在的，”我开门见山地说，“数字化时代，你要小心你的部门可能灰飞烟灭，你要为手下几十号兄弟找到生存点呀！”

“我能怎么办呢？这么多年在这里，我知道推动事情是极其艰难的，我难道想要做一个无所事事的人？”技术经理无奈地抱怨。

“那说说数字化来临的痛点吧。”我拍了拍他肩膀，递上一杯红茶。

“技术部只要一个文档管理就好了，在你面前不说虚话，有这个就行了，搞那么多噱头，我们到时候又搞不出来那么多交付物，就自寻死路了，真的被数字化革了命。”技术经理一口红茶下去，眼睛转了转很享受。

“你的小改小闹就不要工程变更管理起来？”我立即指出他的缺失。

这个可怜的技术经理，咕咚喝了一大口水，一下子嗓门大了起来，“领导，你以为我不想把工程变更做完美吗？环境不允许，想这么干，还会被严肃批评，你一定很奇怪吧。”

“说来听听，在世界先进企业中稀松平常的工程变更，怎么到这里就执行不下去了呢？”我也来了兴趣，真是一个奇怪的事情。

“工程变更，在我们整个集团，从上到下就被理解成设计变更，为什么会这样呢？要从我们集团是一个非标定制化为主业的公司说起，非标定制化要求产品一次性设计成功，设计反复率是一个KPI指标，增加一个百分点，是要扣绩效工资的，在非标产品设计上的变更就是设计变更，因为非标产品没有试跑，在释放量产阶段，只要装出来并联调成功，就是释放量产，释放量产后的东西还要改产品结构，这不是遭天谴的事情吗？还要不要出货呢？这可是严重影响了企业营业收入的，所以后果就是集团的设计变更是不能有的，集团信息部每月抓取各家制造工厂的设计变更数量并呈报给集团高层，设计变更数量多的工厂要写说明，还要承诺做出减少设计变更的承诺。”技术经理说得吐沫飞溅，都要溅到我杯子里了，看来受到的委屈很大呀！

“你说的这个很有道理，非标定制化产品和标准化产品的做事方式天然不一样，不能把非标的套路硬性移植到标准产品上。”

“领导，让我继续说，不吐不快，坏就坏在我们工厂也延续了非标定制化的管理方式，不让变更，上头完全不懂得设计变更和工程变更的区别，我解释了无数次，他们根本听不进去。工程变更是标准产品特有的现象，因为要追求大批量产品的稳定性，这研发期间少量的试生产是确保不了稳定性的，非标定制化产品追求的不是大批量的稳定生产而是联调性能的通过。正如你讲的PPAP零件签样，研发阶段小批试生产好，不代表量产期间就一定会稳定在签样水平，所以，一旦量产产品出现质量问题，自然就要做零件结构优化，行业里叫工程变更，但是集团非要把工程变更和设计变更统一了叫法，我反对一千次都没有用的。于是这个应该很平常的变更在我们工厂里被视为洪水猛兽，工程变更就不应该存在。设计做好了，后面还要变更什么呢？这就是他们的逻辑。我真的不敢做工程变更，一做，我就要写说明，然后还要被问为什么，你说我能提吗？”技术经理是个真汉子，只是铮铮铁骨面对这种情况也是无奈。

“工程变更无论如何是要做的，只要还想要工厂好，这是永远绕不开的话题，而且在数字化项目里还要浓墨重彩地开展。”我坚定地说道。

“领导，祝你好运，我支持你。”技术经理一脸诚恳地说，看得出来他也想常态化地执行工程变更，只是被上头责罚多了，我要不提这个事情，他也不提，我一提才知道原来有这么大的窟窿。

“那么你能讲解你们的工程变更是如何执行的吗？”我总归要问得细致一些。

“我们有工程变更单，第一步是变更方案在各个部门流转签审，如果没有问题，正式执行第二步的具体事务的改变，各个部门还要签审一遍，在签审过程中，如涉及BOM变更、版本变更、物料切换、试跑等都要列明，基本是这样的流程。”技术经理淡定地说道。

“一份工程变更要签审两次？这是在浪费精力呀，你们的流转单上有没有列清楚要检查的事项呢？”我感觉他说的有很大的漏洞。

“确实是两次，是有点不合理，正常情况下工程变更单每位负责人签字一次就行，这里面就有典型的管理浪费。我来改，估计这个变更单模板还是延续了非标定制的，至于批量试跑，肯定是没有的，我们装一下就好了。对了，我现在可以确定是延续了非标定制厂的做法了，因为非标定制的零件也就几个，没有量，怎么试跑呢？回头我还是仔细检查改一稿。”技术经理利落地承认错误，干脆地提出改进措施。

“工程变更对标准产品来说，是极其复杂的一套系统，是一个闭环，从工程变更窗口发起再到工程变更窗口结束，过程太复杂，不是一个孤立的过程。我们在数字化项目实施期间，结合实施商的方案，再一起仔细看看。现阶段技术部要好好梳理工程变更到底要怎么优化？未来是否要结构化到数字化平台中？”我诚恳地向他提出了建议，只有工程变更切实有效地执行了，才能保证标准产品持续真正地迭代优化。

“领导，我先回去优化模板了，听了你的梳理，我感觉一刻都不能懈怠。”技术经理一口喝完了红茶，赶紧回他办公室了。我望着他远去的背影，想到连一个工程变更都做不完整，这工厂到底是怎么支撑下去的呢？

第三节　工艺私聊：数字化转型对工艺的革命

接下来是工艺部，这家工厂的工艺部是集团几十家工厂中唯一的工艺部，其他非标定制化工厂是没有工艺部的，前面的调研已经说明这家工厂的工艺部其实不是真正意义上的工艺部，而是从技术部分出来的模具组，而且还是个模具二道贩子，不能真正做模具设计，仅能做一些工装夹具，其他能力非常弱。我对于工艺部的理解，就如世界先进企业的工程部一样，接过了前面研发释放量产后的产品，全权负责一切产品质量问题，要能够分析工程质量问题，能够分析出问题根源，能给别的部门下达如何执行的命令，同时还要拥有产品工程和工业工程两大技能，可以做精益生产方法论的研究，等等。可是，这终究是我的一厢情愿，知道他们连一份像样的作业指导书都编写不好，要他们跳一跳够得着，真是痴心妄想。我真的怀疑他们是不是已经躺平了。

我把工艺经理约到办公室，工艺经理是个勤勤恳恳的老黄牛，任劳任怨是众所周知的，好多本来不应该他背的锅，都可以甩到他身上，他也默不作声，只是我知道他内心的火山时刻都可能爆发。工艺经理坐在我对面，局促不安，我赶紧泡了一杯茶递过去。

“喝茶，今天约你过来，主要是我刚调过来，不清楚状况，未来将要上数字化项目，我想听听你的看法。”我尽量说得委婉，消除他的紧张。

“这个数字制造，说白了就是工艺的数字化，数字制造，工艺先行。”这位老黄牛抿了口茶，爆出了一句名言，震惊了我，这和我一直以来的观点不谋而合。

“老专家说详细点，你这个观点很新颖。”我假装不懂。

“工艺部承接前面的研发资料，研发资料真的仅仅是资料，是不能结构化到数字化平台的，当然就不能驱动后面的数字制造，工艺的数字化就是把研发的技术资料解析成数字化平台能够识别的语言，然后向后一步步传导到生产、质量，基本是按照‘工艺定方法、生产执行、质量监督’的原则来做事，只有工艺数字化了，才能有质量、生产的数字化，从这个层面上再次印证了领导前面的说法‘工艺是生产技术的万恶之源’，领导，我说的对吗？”工艺经理弱弱地问我，他知道我精通研发、技术、工程、工艺、质量、生产，在我面前，他是不敢忽悠的。

“是啊，我一直以来都是这么想的，也是这么实践的，但是现在所谓的外国大厂的数字化平台，是没有工艺这一块的，到时他们来实施，怎么办呢？”我又抛出了一个问题。

“这个简单，工艺的数字化需求一定要具有可执行性，最好能细化到模板级别，若实在不行，也要描述到没有歧义的程度。”工艺经理看我听得仔细，说得越来越有信心了。

“是的，只有颗粒度越来越细化，实施商才没有空子可钻。在行业大部分公司数字化项目已经失败的情况下，为什么还要付全款给实施商呢？就在于信息不对称，当你给实施商提需求时，实施商肯定是什么都OK的，因为基于一条要求，有十万个解读方式，当他们以某种方式解读要求并开发入系统，他们明明知道这不是你需要的，但你还是不得不接受，因为从法律上说，实施商是达成了你的要求了，根源是信息不对称。客户只懂业务不懂IT，那么IT实施商用他的方式做出来了，再怎么使用不方便客户也得接受。举个生活中的例子你就懂了，你明明要喝口小酒，但是你夫人拿了一碗才3度的甜酒给你喝，你还不能抱怨，因为你没有说清楚嘛。”我看向工艺经理，“所以你梳理工艺部的数字化需求的时候，一定要注意工艺部的核心事务，需求一定要编写到可执行的程度，避免实施商钻空子。数字制造期间，工艺部的压力将最大，你一定要抓住核心，把有限的精力用在刀刃上。对了，现阶段你认为工艺的核心事务是哪些？”

“主要是作业指导书、工装夹具、模具、工时等，我还知道有好多工业工程之事，是我们没有能力做的，但是也管不了那么多。”工艺经理看来还算与时俱进。

“你说的这几个，实际就是你从技术部分出来后，十几年来一直在做的事情，这些东西在数字化时代，说简单也简单，说难也难。你要注意，因为你一旦要在数字化平台中实现工艺参数从哪里来要到哪里去的逻辑，就决定了你现在这些事务后续在数字化平台中不是上传文档那么简单的事情，你要把这些核心事务拆解，然后以结构化数据为载体存进数字化平台。这些工作量是天量的呀，随便一个产品都有几十万条数据，技术部有多少人可以扑在数据整理上面呢？”

“工艺部共有19名员工，到时候一起上吧。”工艺经理咬咬牙说。

“更重要的是，你要保证这几十万条原始数据还不能有错，只要一步错，后面就步步错。系统很傻，只是数据的搬运工，还识别不出来原始数据错误，原始数据错误的识别涉及人工智能、深度学习，现阶段我们是达不到的，就算IT大厂也不能。”

“领导，我倒是想要请教，这些天量数据，我怎么才能够精简下来呢？要是全部铺开，工艺部人员24小时的干都完不成呀。”

“有办法的，前期调研时，苦口婆心地叫你们一定按照工位编写作业指导书，就是这个道理。”

“领导请细说。”工艺经理听到有减少工作量的妙方，一下子来劲了。

“很简单，你去现场数一数物理工位的数量，其实有360个，理论上说一个工位挂一份作业指导书，要有360份作业指导书。如果你以物料为前提条件编写作业指导书，几万个物料，各种组合方式，真的会产生天量的作业指导书，这些作业指导书中有大量内容是重复利用的。这种情况下，你用最简单的思路想一下就知道，如果产品设计BOM是穷尽的，同一物料会挂在不同的BOM里，那么就必须做不同的作业指导书，很麻烦吧？”

“是很麻烦，我们之前不按照工位编写作业指导书，还是沿袭了非标定制工厂的做法，没有数字化项目的时候还好，这回真上了数字化，头就大了，怎么办哦？”

“你先回去仔细想想，现有的作业指导书如何从工位维度编写，以工位为维度，一个工位上的作业指导书要包含所有的变化项，难处是要拆分研发的BOM并把物料分配到具体的工位上，这需要资深工程师来做。”

“好的，领导，你前面已经说了，作业指导书不仅是操作步骤，还是所有制造参数的集合体，是要从这个中枢向各个业务板块发散出去的，我正好以此为契机，鼓励工程师们赶紧转变思维，先准备起来，防患于未然。”

“好的，这个理顺了，工艺部的数字化需求才能颗粒度细化。”我话还没有说完，工艺经理就离开了办公室，这个急性子。

关于工艺数字化，我还是非常担忧的，这么多年来工艺部浮于表面的做法在数字化面前是不堪一击的，不仅是研发部、技术部，还有质量部、生产部，面对数字化的威力都将虚弱不堪。现在各部门不做好准备，等着真正实施数字化，临时抱佛脚是靠不住的，到时候一定会手忙脚乱，忙得不可开交时，只好造假了，可是数字化平台，能让你造假吗？

这个担忧啊，比对研发的担忧还要严重，因为在周围人的意识中，工艺毕竟是研发的下一个层级，都认为工艺的技术难度比研发低，这是整个集团从上到下的认知，大家都不认为工艺有难度，自然会放松警惕，把工艺的重要性降为第二优先级，这是要不得的。华为拥有设计5纳米芯片的能力，但是国内没有造出5纳米芯片的能力，这就是工艺的重要性。

我低着头，静静地思考着，但愿实施商进场后，能够把工艺的重要性提高到史无前例的地位吧，他们也要认识到数字制造就是工艺的数字化，虽然世界先进平台是没有工艺模块的，但我还是选择相信大品牌数字化平台。

第四节　质量私聊：数字化转型确保质量不内卷

接下来是质量部，质量经理是一个单纯的人，这是他的优势，也是他的劣势。优势体现在他描述事情时基本是就事论事，该怎么样就怎么样，这也是质量工作者的基本职业素养，要是质量部都在作假报告，那还有哪个部门会好好做事呢？质量部作为监督者，就如黑猫警长，是不能弄虚作假的。劣势表现在每一个部门都可以甩锅给质量部，质量部在这个工厂是谁都可以踩一脚的对象，原因在于质量部不是一个强势的部门。为何不强势呢？首先，各部门认为质量部不是一个产生效益的部门，总是找碴儿，挡着不让出货，好多情况下质量部按照规定判定产品不能出货，由此产生的问题反馈到总经理，总经理心急火燎地跑到现场，一番操弄后放宽标准，于是这批产品又能出货了，几次下来，质量部在工厂中就没有威信了，大家都知道质量部的出货标准是可以随意改动的。其次，质量部整体素质偏低，长期以来质量部主要人员都是检验员，学历和能力较低，他们不能从工程师的角度开展质量工作，对产品基本不了解，质量工具不和产品结合起来，所以通常给出的质量分析都是风马牛不相及的，质量分析报告也是漏洞百出。最后，前面调研已经讲到，集团对于质量的定义是检验、检验、再检验，认为没有哪个问题是检验不出来的，如果第一次没有检验出来，那就检验第二次，这种非标定制化方式传导到这家工厂，殊不知，这家工厂要做到的是预防。预防胜于治疗。

在数字化时代，质量部必将真正地登上舞台，想躲也躲不了的。数字化时代，总经理也无权随意更改固化在系统中的规则，真要改，需要花费大量时间做出充分的验证。与其花费大量时间精力更改规则，还不如想想如何把产品做到范围内，说不定花费的时间反而少了。数字化平台中有大量的质量分析工具，这些工具（不知道将来的数字化平台到底有没有）的使用必然倒逼质量从QC转到QA，这些成天围绕着生产线的检验员终将被“革命”掉。不想被淘汰，要么把自己的能力提升到工程师的水平，要么转变思维做预防胜于治疗的事情，别无他法。我真心希望质量部好起来，质量部是关系全局的部门，在优秀质量工程师的监督下，各个部门才能够各司其职。把质量部放到可有可无的境地，是毫无质量意识的公司做出来的事情。通过这次数字化，我真心希望质量部雄起，不再是扶不起的阿斗。

“领导早！”质量经理推开办公室的门，乐呵呵地同我打招呼。

我递过去一杯早就泡好的红茶，“知道你要来，先给你泡好茶了，我们边喝边聊。”

“领导的召唤肯定是第一优先级的，我推掉了去集团的质量会，让质量部主管去了，在你这里，我才能学到满满的干货。”质量经理诚恳地说，“通过前阵子的调研，我才知道质量部是那么的弱小。”质量经理猛地喝了一口茶。

“所以，数字化对质量部来说是好事，会让质量部崛起。”

“何以见得？”质量经理一脸茫然，“领导，你也不是一个画大饼的人呀，你就不要消遣我了，在数字化项目里，质量部能够存活下来就不错了。”

“数字化对质量部是真正的保护，按照正常的数字化项目开展的工业逻辑，技术定标准，工艺定方法，质量监督，生产执行，质量部在这里面发挥的是监督作用。说句不负责任的话，质量部的上游是技术部和工艺部，数字化项目不就是打通从哪里来到哪里去的这条路线吗？传给质量部什么数据，质量部就照着数据来执行。至于前面是对是错，根据数字化项目可追溯性原则，质量部可以向上游追溯，这样就充分体现了质量部作为监督者的巨大价值，不像现在线下的方式，他们都不给质量部检验要求，你迫于压力在图纸上随意抠几个数据用来检验，如果质量部判断不合格，从上到下都来责怪质量部，认为质量部既做运动员又做裁判，质量部就是浑身长满嘴巴也说不清。现在好了，数字化一来，质量部可以理直气壮地说前面就是乱的，从这个层面上说，质量部不是受到了数字化的保护吗？”我喝了一口红茶，看看质量经理有什么反应。

“领导，你分析得对，数字化对质量部来说是保护，可是数字化也要求质量部人员的能力要大幅提升。我想数字化平台不会保护弱者，这个平台只会像马太效应，让‘强者越来越强，弱者越来越弱’，我还是忧虑，最近担心得都睡不好觉了，我要怎么写质量部的数字化需求呢？”他指了指额头，“你看，愁得失眠了，额头上都冒痘痘了。”

“冒痘痘证明你还处于青春期嘛，我们这个年纪，能冒痘痘的不多了，哈哈哈。”我讲点笑话放宽他的心思，“前期要厘清逻辑关系，数字化项目其实是一个很傻的项目。我举个搞笑的例子，有一对夫妇，男的是个程序员，女的是个艺术家，晚上关灯睡觉时，夫人发现丈夫在床头柜上放了两个水杯，一个盛满了水，一个是空杯，于是夫人就问了‘你为何在床头柜上放两个水杯呢？还要有个空杯’。丈夫回答‘If我口渴，then我需要一杯水；If我不口渴，then我需要一个空杯，所以我要放两个杯子’。夫人当场晕倒。”

“哈哈哈。”质量经理笑得眼泪鼻涕都出来了。

“从这个层面上说，数字化是不是很傻？数字化平台的软件思维就是这样傻瓜，所以我们要利用好数字化平台的这种思考方式，把质量管理固化在系统中，这样质量部就解放了。”

“是，是。”质量经理笑着附和，“领导，我也给你讲个生活中的笑话，感觉我就是一个傻瓜化的数字化平台。”

“说来听听。”我很好奇他要回赠我一个什么笑话，我出上联他还能出下联，也是有意思。

“我家住在二楼，我的车停在楼下，不在正楼下，离阳台有些距离，二楼阳台上有水池，我打算买一个水管，然后从二楼阳台上接个水管下去，方便自己洗车。我需要知道水管的长度，我就思考，我所在的楼层到地面的具体高度是3米，车头到二楼的垂直距离是10米，通过勾股定理计算出水管的长度大约是10.44米（见图6.1），于是我愉快地和夫人说‘我用勾股定理算了，我们要买个11米长的水管’，绝对精细化吧？”质量经理说得眉飞色舞，“这其实就是电脑的思维方式。”

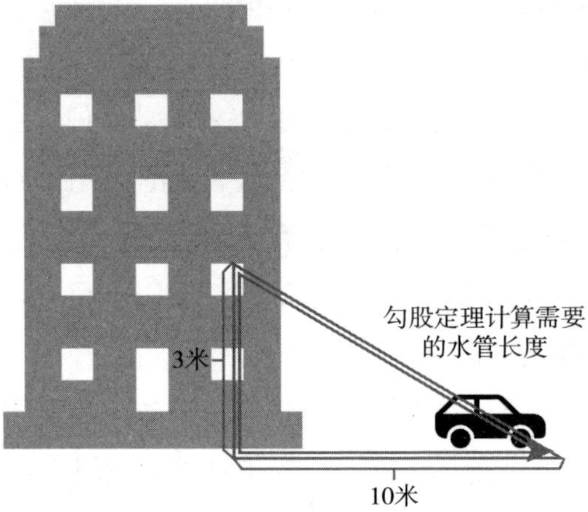

图6.1　数字化方式计算水管长度

“是数字化的方式，没毛病。”我乐呵呵地点了点头，我大概猜到他接下来要讲什么了。

“可是，我夫人白了我一眼说，‘还勾股定理呢？你从楼上扔个线球到车头，不就知道要买多长的水管了吗？真是读书读傻了，做质量做得都丧失生活常识了，人可以没有知识，不能没有常识’。”

“哈哈，你这个例子和我的真是异曲同工，我们要知道，数字化就是把优秀的管理方式固化在系统平台中，然后让平台按照设定的游戏规则运行，底层就是软件代码在0和1之间不停地转换。平台本身不会提升质量人员的专业技能，但是会通过管理迫使质量人员自我提升，比如不知道质量的8D报告如何写得更符合逻辑，平台就可以把8D报告的分析逻辑固化下来，质量人员一步一步地往里面填分析数据就好，最后生成一份逻辑连贯、思路清晰的分析报告，给出来的改善对策也是经得住推敲的。”

“是啊，可是问题是，我们怎么鉴定出优秀的管理方式呢？”质量经理陷入了沉思，“我们有太多的问题，我已经不知道从何下手了，感觉无论怎么做都会产生极大的影响。”

“不要担心，我们的实施商是世界知名实施商，他们会有一套实施方法论带你往前走，船到桥头自然直。”基于我的坚信，我鼓励这位单纯的质量经理相信实施商。

“领导，那我先回去琢磨如何写数字化需求，这是头等大事。”

我站起来望向窗外，想到多年前我也是有机会做质量总经理的。做质量是考验人的事，一方面自己要有强大的气场，镇得住诡辩主义；另一方面还要有融合产品技术和质量工具的能力。不具备这两者，只能任人宰割，就像现在的质量经理，把自己做成了“背锅侠”。

初春时节，天气还是寒冷的，哈出的气凝结在窗户上形成雾膜，我用手指在窗户上画了个台阶，想要爬上这个数字化的台阶，是要弯着腰攀登的，昂首阔步是一厢情愿的无知者无畏。

第五节　生产私聊：痛失共同价值观的战友

经过调研，生产经理已经和我惺惺相惜了，我说出了他多年的痛苦，还给出了对策，把他所有的委屈都往前推进到了研发、技术、质量、工艺端，这种推进让他如虎添翼。只是他可能还没有意识到，事情往前推其实是一把双刃剑，在世界先进企业中，生产部门的定位是执行单位，无条件执行前端发出来的指令，不能反抗。如果执行下来发现有异常，生产部门只要汇报异常，各个辅助部门就会一股脑儿地冲过来帮助生产部解决问题，包括缺料问题、质量问题、设备问题、安全问题等，生产部只要安心做好执行单位该做的工作，如管理好生产部员工的情绪、吃喝拉撒等。这是非常完美的状态，带来的结果就是世界先进企业中的生产主管能力相对偏弱，不利于个人成长，对企业倒是有巨大的价值，因为直接生产价值巨大，直接生产价值简单来讲就是生产部实打实地做出来的产品。

国内大部分企业的生产部要负责的事情很多，有设备要去维护，有安全问题要去解决，有缺料要去找料，尤其像这个部门墙高耸的工厂，质量问题也要生产部来解决。我曾经遇到过他们的核心团队对质量问题漠不关心到人神共愤的地步，一个零件歪了，生产主管提出了问题，质量部不理，技术部不理，工艺部也不理，等了好久，最后生产主管被催交货，只能自己做了零件检验，自己给出解决对策，这个时候核心团队有反应了，反正是生产部要求这么做的，就这么做吧，做错了也是生产部的责任，真正“践行”了谁提出谁负责的原则。

“领导，我早就知道你要找我聊，不过没想到是最后一个。”生产经理有点儿责怪我的样子，一屁股坐在椅子上。

“我按照产品开发顺序一个一个谈的，你多虑啦。”好久不见生产经理，突然发现他的牙结石洗掉了，“你开始注意个人形象了，是什么原因促使你下定决心洗去多年的牙结石呢？”

“和你这个苏州人在一起，我要注意自己的形象，省的被你说成不修边幅。”生产经理突然把头转来，“其实我要被调走了，昨天刚决定的，新地方新气象，我总要注意个人形象吧。”

“这个真是晴天霹雳了，我们有共同语言，这就把我们拆散了。”我内心很失落。

“沈总，我理解你的心情，一纸调令把我调走，我也搞不清为什么，像我这种随遇而安的人，到哪里都是一样的。”

“还想和你一起开启新纪元呢，你就这么调走了，好多工作不好开展了，工作上找到有共同价值观的人太难了，你这一走，我的左膀右臂少一个了。”

“这个不会，新调来的人也是老员工，但是现在不方便说。”生产经理喝了一口茶，“我知道你想要听听我对数字化项目的看法，反正我要走了，就和你说说我的真实看法吧，就算人之将死，其言也善吧。”

“比喻不恰当，哪有把自己比喻成将死之人的，晦气。”我白了他一眼。

“那就人之将调其言也善吧。关于数字化，我认为你做成功的可能性非常低。”生产经理斩钉截铁地说。

“何以见得？”我一脸镇定地说道，“可不能泼冷水。”

“几十年来，我们标准产品工厂连一个缺料问题都解决不了，我催了十几年了还是老样子，指望数字化来解决缺料问题，无异于痴人说梦，我调走反而好。”生产经理无所谓地说。

“缺料是什么原因导致的呢？不会又是从定制化工厂复制过来的方式吧？”

“我十几年来做的最多的事情就是催料，日复一日地催，年复一年地催，我也不想催料，市场部下了一个单子过来，一定是在无缝对接下开始主计划，下主计划的时候会在企业资源计划中运行物料清单，发现有物料缺的，赶紧把物资需求计划下到采购部和生产主管，分别进行外购和准备自制物料的生产。生产部拿了主计划，并拆分为每日工单，生产部的最终完成日期和主计划的交货日期要一致。这看起来是一个完美的过程，可是问题来了，企业资源计划平台给生产部搭建了一个完美的生产计划，这种方式在世界先进企业中可以有效运转不出错，只是在我们这个工厂，一切都是不可控的。基于采购回复的交期我们安排了出货日期，但是不巧，供应商由于原材料缺料要晚两天交货零件；好不容易来了零件，但是零件检验不合格，又退货了；过了几天，零件整改好了，入了仓库，当生产部从仓库取料时，立体库又坏掉了。实在没有办法，生产部工人爬进了立体库取料，多危险呀！物料取出来了，我想这回可以把产品做出来了吧？不巧的是，测试设备又罢工了。领导，你一定可以体会我崩溃的心情吧？这么多年我都是在一次又一次的崩溃中过来的。你看到生产线上堆了一堆又一堆的半成品，那是没办法呀。员工实行计件制，一个都不装的话，他们连工资都没有，只能能装哪个装哪个。缺的物料进了工厂，生产部再把剩下的装起来，我已经受够了。被调到其他工厂，我内心还是蛮开心的，起码脱离了这个苦海。”生产经理得意扬扬地说，“领导你过来那当然是不一样的，你是解救万民于水火之中的。”

“你就吹吧，听你说得这么生不如死，真要恭喜你调到其他工厂去。”我不无失落地说道，“你反正要过去了，还有什么注意点，你就不要藏着掖着了，能说就说吧，让我也少踩坑。”

“最让人崩溃的就是物料问题，人员的资质水平不够，设备维护一直在造假，等等，这些都是次要的。基层的东西没有梳理好，无论上什么‘高大上’的数字化都无济于事。”生产经理一脸认真地对我说，“我在这里预祝你旗开得胜，所向披靡。我回去交接啦，我们有机会再详聊。”

“你过你的幸福生活去了，我的苦难才刚刚开始。”我只能这样自嘲。

看着他离去的背影，我又一次陷入了沉思，“是呀，生产经理说的是对的，所谓的数字化平台我是知道一些的，对外宣传上了这个数字化平台，一定帮你达成不缺料的目标。可是实际的操作只是在企业资源计划中设定一个条件，即系统检查物料BOM是否缺料，若物料不够，系统就关门不让单子下出去，模式就是这么简单、粗暴、直接，企业资源计划根本不会管如何优化才能达成不缺料目标的。我曾经和实施商讨论过这类问题，他们的回答是系统做到强管控已经不容易了，剩下的是企业管理要提升的事情，我问他们‘数字化不就是把管理方式固化到平台中吗？’他们的回答是‘平台达不到这么细的颗粒度的’。还有员工资质在平台里就是输入某个工位的员工在该工位能不能做，而能不能做是怎么来的也是不管的，设备仅是输入当前时刻是否正常运行，而不会管是否正常运行是怎么来的，理由如上。”

其实，精益拉动生产可以有效地解决缺料的问题，后面数字化实施部分将会详细介绍。

和五个部门负责人的私聊已经结束，结合前面的调研，至此，我已经产生了莫名的怀疑，这些世界知名实施商真的会帮助我们甄别并理顺数字制造底层的运作逻辑吗？就算他们强行理顺了，我们的员工没有在新的工业逻辑下实践过，这就一定没有问题吗？

算了，事已至此，只能走一步算一步了，总经理根本没有精力管理这个数字化项目。虽然数字化项目定义为第一优先级，但是数字化本身并不产生实际价值，数字化的最大价值在于提升企业核心竞争力，大部分总经理都是忙着拉订单跑销售的，根本无暇顾及这个涉及长期基本功的数字化项目。总经理都认为只要销售好，锦上添花的数字化项目不做也是无所谓的，这是整个集团的共识。这确实没有错，皮之不存毛将焉附？没有好的销售作为支撑，工厂都活不下去。

我站起来，在办公室里来回地踱步，一种不可名状的焦虑涌上心头。要赶紧和夫人打个电话放松下。

☆ ☆ ☆

不管怎样，经历了多次拉锯、修改、商讨后，历时三个月，工厂终于出牌了，数字化项目要分两期来实现：一期是以核心产品开发周期为主打通数据链；二期是其他部门的数据链打通。所以，本次的项目要求重点是一期的实现，为期一年。

第六节　出牌：自行拟定的数字化转型项目需求书[①]

××有限公司数字化研发、制造、管理项目需求
2020年××月××日

一、总体目标

根据《某公司数字化管理汇编手册》，打造支撑公司数字化研发、数字化制造、数字化管理平台。实现数字化研发、制造、管理深度融合；实现跨软件平台的协同管理及全业务过程的在线数据采集；具备利用大数据进行运营分析、绩效考核和持续改进提升的能力。

（一）数字化研发总体目标

• 实现从立项、设计、样机试制、小批生产直至量产发布全过程的项目管理。

• 与设计软件、仿真软件集成，实现协同设计。

• 工艺、质量前移至研发各个环节，实现同步工程。保证研发产品质量，加快研发进度。

• 实现研发成果平台化管理，研发成果可以完整、协同发布至制造运营端。研发成果主要包括：三维模型、BOM、图纸、仿真数据、试验数据、工艺文件、质控计划、模具工装等。

（二）数字化制造总体目标

数字化研发成果同步到制造端，指导产品线开展日常运营管理，包括：技术管理、工艺制程稳健、精益生产、物料采购、质量管控等。

支持全面质量管理，贯穿数字化研发、数字化制造、数字化管理。包括：质控计划、质量检验、质量改善、质量报告与分析。

---

① 此需求书纯属虚构，仅为本书连贯性叙事服务。读者可参考，本书作者不对任何损益承担责任。

实现精益排程和精益物流配送。

实现关键生产设备、关键检测设备在线管理、数据在线采集。

（三）数字化管理提升总体目标

• 按数字化管理要求，结合产品所在行业特点，升级现有ERP系统，实现全流程、全覆盖、全闭环线上运行。

• 实现商机信息收集、订单下达、计划编制、技术管理、工艺管理、物料采购、生产制造、质量管控、人力资源管理等全业务过程的在线数据采集。具备利用大数据进行运营分析、绩效考核和持续改进提升的能力。

二、数字化研发

（一）研发

按照研发产品线核心团队的管理理念，建立跨部门业务协同数据管理平台，提高研发效率，缩短产品研发周期。确保研发成果可以完整地同步至技术、工艺、生产、质量部门，确保各个部门在同一个系统平台作业。

固化公司设计和开发流程，建立公司统一的协同开发平台，支持异地部署，实现从开发需求、立项、设计、样机试制、小批生产直至量产发布的全过程管理。

实施项目管理，在线管理项目计划、项目评审、交付件、项目团队、预算管理、样机试制管理、试验管理、问题管理，通过任务驱动和通知，推动各部门协同执行。项目状态可视化，支持移动端协同管理。

产品设计模型、图纸、技术文件等数据版本管理，编码管理，实现一物一码，物料号等于图纸号。

实现研发成果平台化管理，研发成果可以完整、协同发布至制造运营端。研发成果主要包括：三维模型、BOM、图纸、仿真数据、试验数据、工艺文件、质控计划、模具工装等。

实现机械设计软件、电子设计软件等设计软件集成。

可集成各类仿真软件，实现仿真数据管理。

结构化BOM管理，通过与设计软件的全面集成，实现BOM的快速构建，BOM版本管理、变更管理等，可以与现有ERP集成，简化从设计到生产BOM的快速建立。保证设计和生产数据的一致性。支持BOM变更前后差异比较。

量产后的BOM变更含在工程变更里。

支持导入已有产品模型、图纸、标准件库、器件库、材料库等数据。

设计变更管理，保留变更申请、评估、验证、发布全过程记录，变更版本可追溯。

实现产品全生命周期成本管理。

知识库管理，包括相关内外部标准、专利管理、业务知识管理、公司文件库、模板，产品线试验数据库、问题库及解决方案、供应链数据库等。

人员、部门绩效管理，工作日志填报，对工作质量、工时等开展多维度评价，有效平衡工程师工作负荷。基于不同分工技术人员特点，进行定制化绩效管理设计。

基于数据保密前提下，支持在移动设备端响应工作流程并评审相关文档、2D图和3D模型。

（二）工艺

根据产品线核心团队的管理架构，工作中贯彻“技术定标准，工艺定方法，质量监督，生产执行”的原则，承上启下开展工艺工作。工艺管理前移至研发阶段，并使工艺管理贯穿产品生命周期全过程，为高质、高效生产提供保障。

工艺前移，实施并行工程，实现业务过程一体化：在产品研发阶段，工艺即参与零部件工艺结构性评审、制程失效模式分析、前期关键质控点的收集等节点工作，工艺工作嵌入产品开发全生命周期流程内，按量产要求输出工艺配套资料。

直接利用设计输入的模型、BOM等数据展开工艺规划、设计等工作，系统支持从设计BOM转换、过滤成为工艺BOM。建立设计、工艺一体化协同平台。

完成工艺制造BOM的内容设定；绑定工艺信息（工时、材料及定额、工装夹具、模具、设备、零部件控制计划等）。

工艺信息对象资源绑定；智能导入关联工艺指导书模板填写；支持创建及批量更新功能。减少事务性图片类的复制编辑烦琐工作。

基本文档管理，实现互联互通；工艺数据（工艺指导书、工装、设备）

的属性可与系统中定义的资源进行关联，如：筛选某图号/工位，对应的工艺指导书、工装、模具号等可列出；模型数据与技术部同步；工艺指导书定义关键质控计划点。

设计成果可视化，工艺表达三维化：具有装配动作、工位产线、车间物流等虚拟仿真功能。

工艺设计标准化：通过工艺资源管理，实现工艺资源数据的标准化和规范化，为下游传递准确的信息；通过结构化工艺模板的使用，提高工艺知识重用度，实现企业工艺知识的沉淀。

工艺知识库、专家库：通过工艺知识库对工艺术语、典型工序、设备、工装等工艺知识和资源进行有效管理，在工艺设计时可以直接使用这些工艺知识和资源；允许用户自由扩充、定制自己的知识库。

关于工艺核心业务，重点阐述，从愿景层级细化一层到执行层级。

1. 作业指导书体系

• 以二维结构化作业指导书为主，作业指导书素材以实物照片为准，三维引导为辅助，在实物图无法表达或非常关键的时刻才使用三维引导。

• 零件制造的作业指导书模板和组装作业指导书模板一致，以流转工位为核心来编写，共用的分解作业指导书可以直接调用。

• 二维作业指导书模板按照现有作业指导书模板填写。

• 三维引导的作业指导书或录像内嵌入某个步骤，视频可以根据工时切割长短。

• 分解作业指导书的每一个步骤是制程失效模式分析的输入源，是产品量产发布后常态化制程失效模式分析开展的起点。

• 每个分解作业指导书里面的工时之和联动到工时管理体系中的模块工时。

• 作业指导书必须由生产、质量签审合格后才可释放，生产和质量要提交同意的证据。

• 质量关键点从作业指导书里面抓取，以便后续的质量控制开展，制造执行系统可以抓取到质量关键点、在制品数量、警示要求、自检要求等信息。

• 问题库中的问题解决、工程变更等导致的作业指导书更新要联动。

• 确实有非标定制化，项目组装说明书绑定到该工位的标准作业指导书。

• 根据工艺管理规范，一类产品每两周至少要更新一份作业指导书，没有更新的，需要提醒，要衡量作业指导书的完整度。

• 结构化二维作业指导书，能用图片说明就不用文字表达，如强行规定步骤说明不超过15个字，每个装配步骤只能展示两个零件的装配等。

• 可以一键生成工具点检清单用于开工前的完好检查。

• 更下一层级的细化需求在蓝图绘制里面展示。

2. 工装夹具、物流周转防护体系

• 区别于全员参与设备维护体系；用于制作作业指导书的工装夹具、物流周转防护资源库要展示到前台，有专门的显示平台。

• 联动到产品开发的产品全生命周期管理中，监控工装进度以匹配项目开发进度。

• 释放量产后的工装，有专门的管理平台，类似精简版的全员参与设备维护，有工装的完好率、完整率、年检提醒等信息。

• 快速检具、工装夹具、物流周转防护、自动化升级等事项的追踪均在该平台。

• 更下一层级的细化需求在蓝图绘制里面展示。

3. 工时管理体系

• 建立工时矩阵表，纵轴是产品子模块号，横轴是产品型号，模块号可以和产品组件号一致，也可以就工艺创建模块号，模块号联动到作业指导书中的当前步骤的成品物料号。零件制造的工时体系按流转来，是一维表格。

• 集成专业的工时分析工具，针对一段录像拆分出增值工时、设计工时、运行工时，计算各种工时的比例，以衡量生产效率、工业效率、自动化效率。点击工时表中的模块，可以查看到录像。

• 作为新品量产交付物之一，在产品生命周期管理中要管控进度。

• 释放量产后的工时体系要求每年工时降低5%，若没有达到要求，需要写说明并签审。

• 每个分解作业指导书中的工时之和联动到工时管理体系中的模块工时。

（三）质量

• 通过数字化系统实现研发各个节点的管控，质量在其中的参与活动固化成标准化要求。实施从立项、设计、样机试制、小批生产直至量产发布的全过程项目节点输出的评审工作。

• 根据在线管理项目计划，承担节点交付物（采购件、自制件、成品、附件、模具、工装等）的测量、检验或试验活动，保留活动输出数据，提交研发人员改进优化。

• 在产品研发阶段，质量即参与零部件结构性评审、制程失效模式分析、前期关键质控点的收集等各个节点，质量工作嵌入产品开发全生命周期流程内，按量产要求输出质量配套资料。

三、数字化制造

（一）技术

按照产品线核心团队的管理理念，建立跨部门日常事务管理，保证产品线正常运行。根据内外部需求，进行量产产品的技术改进和升级。

• 解决产品线问题、缺陷管理，支持收集各业务模块问题，实现问题处理全流程闭环。

• 实现销售等业务部门需求，统一平台化管理，包括客户咨询记录、样机申请、产品、特殊订单评审等。

• 技术改进和升级同研发，归于精简版。

（二）工艺

• 工段实时可查作业指导书等内容，与在制品匹配，可联动3D动画或者操作视频，提高现场的指导性。

• 标准工艺参数自动下发到对应机台，对重要物件进行条码识别，对力矩扭矩等工艺参数实时监控，防错防呆。

• 工艺执行：通过工艺的数字化与车间系统的网络化，实现作业文件、作业程序自动下发和标准工艺精准执行；通过生产和质检数据、现场求助信息采集，反馈工艺执行实时状态和现场求助信息，实现产品生产工艺的可追溯与现场求助的快速响应。

• 通过工位大数据统计，实现工时管理。

• 临时工艺措施方案，异常手工排程。

• 工艺变更管理：主要实现工艺变更、工艺优化数据版本管理等。工艺变更应符合标准变更工作流程以及控制、跟踪机制。

• 样品管理：量产交付对零部件释放进行监控，以及首样及工程变更关联管理。

（三）生产

1. 生产计划

（1）销售订单预测和产能协调

接收销售部的预测订单、历史数据、签订订单，系统根据生产资源（设备产能、生产节拍、人员、工作时间、库存、模具等），生成生产计划，实现销售订单和生产任务计划的下达。

（2）工单信息物料BOM清单

产成品物料BOM清单、外购件BOM清单、自制零部件物料BOM清单。

物料对应的工位信息：工艺要求，即部件及产成品的生产工艺路线及详细工艺要求。质量要求，即零件、部件及产成品的详细质量要求。图纸信息，即工位或工序级的零部件图纸及产成品图纸。

（3）任务单发布与下达

生产任务单下达至生产车间、全过程跟踪工单生产制造。

（4）物料供需平衡

实现拉动生产。每种物料在同一行中能实现在线实时查询物料的状态，包括物料的基本信息、库存、需求数量、在途数量，涉及采购件、自制件、外协件。

2.生产任务

（1）工单调度

• 接受、查询下达的工单和改制工单。

• 安排调度至工序下的具体产线及具体工位号。

• 生产任务优先级（插单）和生产任务异常的管控。

• 生产任务执行跟踪及完成监控。

（2）工位数据

• 工位数据展示信息：查看本工位生产任务单、工艺要求、工位图纸、工位物料明细。

• 工位生产采集信息：作业时间、作业人员、工位号、工单号、条形码、作业开始时间、作业结束时间、完工数、合格数、不良品数、不良代码。

（3）工位生产管控

• 工艺路线管控（工艺路线控制、工装夹具、设备类型）。

• 实时监控产品数量和不良品数量、在制品分布、生产任务单的执行状态。

3. 生产质量——首检、自检、互检的规划方案

• 质检采集点：根据产品的工艺要求，设定首检、自检、互检的检验方案、检验点、检验数值、检验次数；设定系统限制，不按规则检验不能报工。

• 设备测试采集点：设备通过接口接收质检方案信息，设备通过接口反馈设备已经完成的质检信息。

4. 物料管理

• 零部件入库：条码枪扫描入库或立体库自动入库。

• 零部件条码标识及打印：订单件、通用件、看板件的条码规则和标签的打印。

• 根据制定的规则进行出库拣货。

• 零部件扫码出库：生产工单领料采用扫码出库。

5. 物料配送

• 物料配送方式：人工配送、AGV配送。

• 物料配送节拍：生产实际节拍和物料配送节拍匹配。

6. 生产文档电子化

（1）电子文档

• 生产过程中的产品图纸、作业指导书、装配检验指导书、关键步骤警示操作图、培训视频电子化，统一管理和集中控制。

• 修改和更换版本控制。

• 发放和回收电子化。

（2）电子文档自动下发

根据产品生产工艺建立相应的工艺流程，给相应工序配置指导书；根据投产情况将电子指导书自动推送至相应工位显示终端上。

（3）电子文档权限管理

按照设定的权限查看相应的文档。

（4）电子看板管理

实时展示生产计划执行、质量检验过程、设备运行状态。

7.设备管理

• 设备改造具备数据采集和追溯功能，并进行数据采集，设备状态实现实时数据采集和信息层上传、存储，历史数据可追溯。

• 设备具有防错和预警能力，具有基于质量、效率、成本等精益生产的自动化作业能力，具备可靠的防错与预警功能。

• 设备管理，实现设备消耗品、部件寿命、维护维修、利用率、程序/参数、维修备件等数字化管理。

• 设备与系统集成，反馈生产信息、质检信息、运行信息。

8.异常事件处理

（略）

（四）质量

按产品线核心团队工作机制，调整从质量检测向质量管控的转变，实现全过程、全流程的质量管控。

1. 质量管控

（1）供应商管理

• 新供应商开发：在系统中实现新供应商开发流程，包括新供应商质量审核、首样、小批量使用情况共享，具备报警、资料备份等功能。

• 供应商质量管控工作前移：关键、重要物料管控，与供应商建立信息共享平台，实时获取供应商质量管控过程的相关信息，如原材料入库检验、关键加工过程数据以及出厂检验等信息。

• 问题供应商管理：建立问题供应商管控平台，实时反映供应商供货批次、供货质量、存在问题以及整改情况，对于不满足要求的供应商，应立即禁止采购或付款。同时具备预警功能，提醒采购部及时开发新供应商。

（2）采购质量数据管理

• 采购质量数据的统计分析、波动趋势，与同期指标对比分析，以及报警功能。

• 采购质量损失成本统计分析、质量损失成本趋势，以及质量损失成本涉及的原因、责任方、严重程度等方面的分析。

（3）采购物料检验

• 检验完成率，未及时检验原因的统计分析。

• 检验时限自动跳过节假日，避免出现非正常因素的未及时检验。

• 物料检验记录格式、检验项、部分参数固化，并通过扫码推送检验任务和质量控制计划（检验项目、检验要求、检验数量、检验设备、检验频次）等相关信息，具备查询、打印、插入资料等功能。

• 实现不合格品处理流程，自动推送至相关部门及人员。

（4）检验质量

• 监督检查数据输入、查询、打印、资料备份等。

• 监督检查数据统计分析，包括不合格物料名称、供应商、物料分类、问题分类、质检人员等。

• 监督检查数据与物料检验数据集成，为评价供应商提供数据支持。

• 监督检查数据与首件检、过程检、终检和客服现场反馈数据集成，为评价质检员检验质量提供数据支持。

（5）检测工具、设备功能实现

与检测工具、设备集成，检测设备能够通过接口正确接收质检方案信息，定量数据自动判定检测结果，自动维护到系统中。

（6）委外检验

• 委外检验计划、检验结果与系统集成，为评价供应商提供数据支持。

• 委外检验计划的编制与执行情况和系统集成，为评价公司检验员工作质量提供数据支持。

2．过程检验

（1）生产质量

生产质量的数据统计分析、过程质量的波动趋势，与同期指标对比分析，及报警功能。

• 生产过程质量损失成本统计分析、质量损失成本趋势，以及质量损失成本涉及的原因、工序、部门、责任人、严重程度等方面的分析。

（2）检验工作

• 设定首件检、巡检、完工检的检验方案、检验点、检验数值、检验次数。

• 零部件检验记录格式、检验项、部分参数固化（依据产品工艺要求），具备查询、打印、插入资料等功能。

• 零部件生产任务单中，对需进行首件检验的零部件（如首件检验规定：零部件生产数量≥30件的需进行首件检验）自动下达首件检验任务，未进行首件检验的零部件不允许批量生产。

• 首件检验由生产自检合格后自动推送至质检平台，通过扫码显示检验要求进行质检，检验合格后推送生产进行转序。首件检验不合格的，生产不允许转序和报工，也不允许系统补录首件检验记录。

• 加工过程质量监控，对关键工序、特殊过程设定停止等待检验点，经检验员质检合格后方可转序和报工。关键工序、特殊过程检验不合格的，生产不允许转序和报工，也不允许系统补录过程检验记录。

• 实现不合格品处理流程，自动推送至相关部门及人员。

（3）检测工具、设备功能实现

与检测工具、设备集成，检测设备能够通过接口正确接收质检方案信息，定量数据自动判定检测结果，自动维护到系统中。

3.终检

终检对象：公司生产的各型号产成品、备品备件、附件、各部门领用的零部件、半成品等，并对终检对象进行标号。

（1）产成品质量

• 产成品质量的数据统计分析、波动趋势，与同期、指标对比分析，及报警功能。

• 产成品质量损失成本统计分析，产成品质量损失成本趋势情况，以及质量损失成本涉及的原因、产品、部门、责任人、严重程度等方面的分析。

（2）产成品质量检验

• 自动化生产线的各工位检测结果能够与信息系统对接，在线检测数据自动上传，进行数据的自动统计分析，自动生成数据报表。

• 产成品检验记录格式、检验项、部分参数固化（依据产品技术要求），具备查询、打印、插入资料等功能。

• 由生产自检合格后自动推送至质检平台，通过扫码显示检验要求进行质检，检验合格后推送生产进行包装、发货。终检检验不合格的，生产不允许包装、发货。

• 扫描包装条码，显示检验方案，按照检验方案进行检验，检验结果推送生产包装组。

• 在系统中实现产品出厂质量放行管理流程。

• 实现不合格品处理流程，自动推送至相关部门及人员。

（3）检验质量

• 监督检查数据输入、查询、打印、资料备份等。

• 监督检查数据统计分析，包括不合格产成品名称、型号、问题分类、质检人员等，为综合评价产品质量提供数据支持。

• 监督检查数据与客服现场反馈数据集成，为评价质检员检验质量提供数据支持。

（4）检测工具、设备功能实现

与检测工具、设备集成，检测设备能够通过接口正确接收质检方案信息，定量数据自动判定检测结果，自动维护到系统中。

4.质量文档电子化

（1）质量检验过程中的检验规范、标准、图纸要求，检测设备操作说明，关键工序、特殊过程质量控制点、要求等电子化。修改和更换版本控制。发放和回收电子化。

（2）电子看板

通过系统内部数据运算，推动进货、过程和终检各环节的质量信息展示在质量看板上，实时掌握整个产品加工过程的质量管控情况，实现质量管控的目视化和公司质量文化宣传。

5.计量、检测设备管理

• 实现计量申请、批准、领用、报废等流程。

• 实现计量、检测设备周期检定、确认等管理工作，并具备预警功能。

• 检测设备与系统集成，及时反馈质检信息、运行信息，并建立台账。

6.样品承认体系在线管控

• 目的：采购首样、自制件首样未经承认，批量采购订单无法在线下达，仓库无法入库、生产无法领用装配。

• 在线管理实现任务推送、任务进展跟踪、人员任务分配、首样结果等。

7.认证事务的在线管理

把证书的线下管理搬到线上运作：在线任务申请→领导批准→样机准备→资料准备→样机试验安排→试验进展跟踪→取证→证书的后期管理。

8.不合格品处理

不合格品单据实现线上流转，信息记录在线填报，在线给出处置意见等。

四、数字化管理提升

（一）销售

• 项目报价：项目报价在线管理，线上、线下协同报价，特价在线审批。

• 在线下单平台：开发基于互联网的在线产品配置平台，整合电商公司的在线选型下单系统，并能与ERP系统实现无缝对接。

• 订单全过程跟踪，实现“客户下单→生产进度→发货状况”的在线跟踪查询。

（二）计划

增加库存计划编制功能。

需要进一步覆盖生产执行过程中的履约子计划节点，并实现在线查询。

（三）采购

生产部下达的物料采购计划，技术部提供采购物料BOM（包括编码、图纸、规格型号、物料名称、技术要求等），采购部可以在线查询采购物料BOM信息，并随采购订单一起下达至供应商。

报表功能（成本节约，资金计划等报表）。

供应商在线绩效评估（交货、质量、服务等）。

（四）人力资源

1.考勤管理

在线读取考勤机数据，按员工号自动统计出勤时长、加班时长、考勤异常情况；通过员工登录MES、ERP、PLM等系统，并在系统内查询操作记录，统计员工系统内操作时长以及业务操作量的数据；通过对比考勤数据以及系统内业务操作数据，计算员工有效工作时长，发现考勤异常。

2.绩效考核

• 生产一线计件类员工，从MES系统内抓取数据，按各岗位上岗人员产量、工作时长、合格率核算绩效。

• 一般管理人员（订单管理员、计划员、采购员、质检员），主要按ERP、MES等系统内操作业务产生的数据以及业务操作的及时率、准确率核算绩效。

• 产品线核心技术人员（研发工程师、产品工程师、工艺工程师等），结合PLM系统中项目管理功能，按项目进度和项目成果进行岗位绩效考核。

• 部门经理以上高级人员以及销售岗位人员，按运营业绩进行绩效考核，考核数据直接从ERP系统中读取。

3.员工技能评估

建立员工培训记录及技能评定记录、技能矩阵。员工技能评估数据与作业指导书要求相关联，确保上岗员工具备作业指导书所要求的技能，拒绝不具备技能的员工上岗作业并上报给生产管理人员。

☆ ☆ ☆

当我看到这个数字化需求书的时候，第一反应是做不下去，宏观内容太多，除了工艺部在描述需求的时候细化了一层，比较好执行外，其他部门的需求都是从市场公版上复制下来的，没有颗粒到模板，他们希望实施商对这些需求进行分解，是极其不负责任的，到最后反而工艺部最难做。其他需求上没有细化的要求，反而好糊弄。于是，我赶紧和总经理商讨，想听听他的看法。

“老总，我开门见山地说吧，这么宏观的数字化需求实施起来的难度太大了。”我推开总经理办公室，他正在打电话，但被我打断了。

“你稍等，我电话完了聊。”总经理忙着销售，真心不容易。

十五分钟后，他总算聊完了，看着他疲惫不堪的样子，我真是于心不忍，这位新任总经理是985大学的高才生，是集团培养起来的新生力量，属于少壮派，总经理最大的责任就是拉订单、拉订单、拉订单，他不好明确表态不支持数字化项目，毕竟这是集团要做的，明面上是要第一优先级来对待的。

“沈总，最近在搞数字化需求，你多费心啦。你知道的，我就是个大号销售，拉订单就好了，给大家发工资、为企业挣得利润是我的主要职责，这个数字化项目，你看着就好了，我又不懂，不懂就不好瞎指挥呀。”

“老大，你谦虚了，数字化不是什么难事，我来和你说的就是颗粒度不够细化是这个需求的最大问题，数字化实施商对这个需求会有无数种解读，那就麻烦了。”我严肃地看着他。

“这个勿忧，我之前想过的，我们工厂之前没有实践过数字化项目，如果我们现在就把颗粒度细化到模板级别，有可能我们是错的：我们把规则定得太死，这样项目做不下去的球就在我们手上。现在我们的颗粒度是粗的，实施商为了做我们的生意，必然要把这些宏观的要求一层层细化，最终到模板级别。这种情况下，他们来向我们汇报，我们再选择适合我们的就好了，就算最后项目还是做不下去，这个球就在集团信息部和实施商手上。”总经理是久经沙场之人，我也不好说什么了。

“可是，项目总归是我们在做，不好说这个项目不是我们工厂的事情吧？说是集团信息部的项目总是牵强。”我还是忧虑。

“放心吧，实施商是世界知名的，他们会在意羽毛的，我们一步步地往下走就行，沈总你适时纠偏，我就放心了。”总经理拍了拍我的肩膀，以示认可。

CHAPTER 07

第七章

抽丝剥茧

——数字化转型核心业务流鉴定

以上调研事务的不合格、不达标，宏大粗犷的数字化需求，其实是非常严重的事情，在数字化转型实施商进场前，企业要把这些解决好，否则数字化转型是搞不下去的。

在数字化项目中，我深刻地领悟到数字化必定要基于强大的工业逻辑来展开，没有工业逻辑支撑，一味地听从实施公司，甲方必将陷入一个又一个的坑，指望实施商深刻理解甲方的业务逻辑是不现实的，任何一家世界知名平台、世界知名实施商都绝无动力真正地了解甲方的业务细节，他们只想卖现成的平台，当不合理的工业逻辑固化在平台后，实施商撤场，甲方的苦难才开始。鉴于此，实践中，我总结了大量避坑“干货”。

我要求大家基于工业常识、基于工业逻辑主线开展需求梳理工作，在项目实施过程中需要坚持基本的工业逻辑，比如调研清单必须要实施，否则项目的成果一定是大打折扣。实现“中国制造2025”国家战略，需要先有数字化管理，再有数字化制造，进而智能制造。在自身管理水平提升前，企业最好不要一股脑儿地上各种平台，平台只是工具，再好的平台都不能取代人的管理，若是把落后的管理水平固化在平台中，那是拖了“中国制造2025”的后腿。

各行各业中都有企业盲目跟风地开发数字化平台，在我看来，搞数字化平台前，企业需要老老实实地把公司内部的流程制度理顺，不要期待实施商在项目过程中会从第三方视角帮忙梳理公司的流程制度。再次强调，实施商只想卖现成的软件，挣快钱，就算甲方要求实施商梳理了流程制度，最终执行下来的一定会被化骨绵掌化成甲方要怎么样规定流程，实施商就怎么做，因为实施商仅提供工具，业务需要甲方定义。流程制度一片混乱，后续的蓝图必是敷衍了事，最终呈现在系统平台中的是一个割裂的、部门墙高耸的、逻辑颠倒的、比现状更混乱的系统业务，导致效率大幅降低，提质降本增效永无实现的可能，最终数字化项目不了了之，大家绕开平台另起炉灶。又一个失败的数字化项目。

第一节　数字化转型的注意点

①工艺改进不能用设计变更来覆盖、糊弄。

②技术部要负责确定设计BOM中的材料，计算出辅料的用量和数量，工艺添加工位。这才是正统的做制造BOM、工艺路线的方式。

③不要相信“国外平台只有工序没有工位”的做法，要一步到位地采用工位。若实在没有办法，可要求实施商提供工序和工位的对应表。

④提取全尺寸，不做样品承认是毫无意义的，是伪需求。

⑤不能把伪流程固化在数字化系统中。比如，模具开模不良处理流程就是伪流程。

⑥蓝图一定是跨部门的，部门内的蓝图是毫无意义的，部门内的流程在部门内部沟通即可，不能应用了数字化系统，反而部门内部都不说话了。

⑦有蓝图，必定要有系统工作流，而且系统工作流是跨部门的工作流。这样避免了部门只画一个泳道的蓝图，玩内循环要不得。

⑧数字化、智能化项目中，蓝图必定是上下都接流程，当该蓝图在系统中执行结束，系统自动创建下一个流程，无须手动创建，这才是数字化管理互联织成的一张流程大网。

⑨权限设定不仅是保护图纸不外泄，在数字化项目中更多是要设定蓝图跨部门权限。

⑩实施商为了做成生意，会吹嘘什么需求都能做到，所以甲方一定要在工作说明书和蓝图中同时描述清楚诉求。

⑪既然按照蓝图执行流程，必须设置衡量指标，指标数据结合系统抓取，否则制作蓝图就是无意义的。

⑫蓝图规定的任务能在线上实现的就在线上实现，如果蓝图上的任务全是线下执行，就没有什么意义了，蓝图的流转要在数字化系统中形象展示成和蓝图一样的流转线路，线上点击就进入。

⑬实施顾问审核数据准确性时候，不能只审核格式，还要审核逻辑关系。比如，工序和工位的对应关系是一个工序落到多个工位而不是一个工位落到多个工序，不能用设备编号代替工位编号。

⑭传统制造业不一定需要并行工程，并行工程在迭代优化快的消费电子行业很重要。

⑮数字化制造不把物料分配到每一个工位而只分配到线头，是实施商和企业某些部门不负责任的表现。企业需要预先编制好现场所有工位编码。

⑯数字看板要展示的是问题，展示内容包括负责人、截止日期，从基层到高层都要有数字看板。

⑰生产效率是工时之比，不是产出率，若仅展示产出率，说明企业管理粗放，实行了伪数字化。

⑱图纸号等于物料号，杜绝一物多码，不做此事是典型的技术部偷懒。

⑲数字化系统要有零部件版本，释放量产以当前样品承认的版本为准，不要再搞所谓的转阶段，这就要求系统中有版本信息。

⑳缺料不上线是基本要求，若数字化系统还允许缺料上线，这个数字化做的没有意义，这里涉及精益拉动要精确计算看板和配料制物料，结合硬件安灯取料。

㉑结构化工艺是先进作业指导书反向拆解成计算机能够识别的语言，若企业的现有作业指导书非常差劲，企业就不要做结构化工艺，要先梳理作业指导书模板。

㉒离散制造有标准化产品和定制化产品之分，标准化产品上数字制造从产品全生命周期管理、企业资源计划、制造执行系统都需要，产品工程占大头，工业工程占小头，而定制化产品是工业工程占大头，产品工程占小头，不能在定制化产品中使用标准化产品的方法。

㉓样品承认适用于标准化产品的大规模量产，而不适用于定制化产品，定制化产品应直接根据图纸要求卡控。

㉔部门墙严重的公司，要跨部门提数字化需求，比如技术部来提质量部的要求，工艺部来提生产部的要求，这些要求应是各部门的长期痛点，汇总起来的痛点才是真实的业务需求。

㉕做关键用户的员工必须是有全局观的员工，不能仅开展基于自身的工作，关键用户要有管理者思维。

㉖该结构化的模板必须在系统中结构化，不能把数字化项目做成一个仅能上传文档的工具，比如样品承认就要结构化，这是硬道理。

㉗上传系统中的操作图片需要在系统中简易编辑，比如加入料号、箭头等。不要听信系统不支持图片编辑的说法。

㉘产品选择表要建立好，产品选择表不是销售部的销售配置表，而是技术人员对产品架构的设计模块表。

㉙不能极端事务普遍化，否则项目无法开展，如不能把缺料当作常态。

㉚部装总装作业指导书必定要以工位为先决条件来编写，不能以物料为先决条件来编写。零件级别的作业指导书编写原则通常是以物料为先决条件的，但这不是绝对的，也可以工位为先决条件来编写。原则上，生产现场一个工位配一份作业指导书，该方式杜绝了几十万个物料有几十万份作业指导书的情况，因为大部分作业指导书都是通用的。

㉛没有工艺部或工程部的企业，或者没有系统性做过工艺研究的企业，不要上马数字化系统，否则会把不良流程固化在系统中。

㉜数字化项目之后的KPI提取在项目开始前就要考虑好，如设备的按时保养率、提前预警率、改善完成率等，不能做了数字化项目后没有KPI。KPI是结合数字化项目从系统中抓取的，不能在线下上了数字化平台后，这些数据还是从线下抓取。

㉝打通数据流对流程制造业有好处，比如多晶硅制造，不要听实施商说这个有多难，同时要注意：一变全变不一定好，万一前面一变，后端还有几万个库存怎么办呢？离散制造业不一定需要打通数据流，而是要用工程变更带着大家一起飞，不能把工程变更割裂成一个个小块，比如BOM变更、作业指导书变更、试跑，其实都含在工程变更里，工程变更的颗粒度一定要细化到模板级别、具体事务级别。

㉞一定要小心，实施商可能会把无法实现的常识性事务说成甲方的新业务需求，比如要求一键输出全套概要作业指导书和分解作业指导书，这是EXCEL表格打印工作簿就可以实现的事情，但是实施商可能因为无法达成而

甩锅这是新需求。

㉟三维作业指导书对操作员工来说基本无意义，若实施商向企业推荐三维作业指导书，企业不要理睬。要看三维，直接录像一段，然后在视频上标注点要求就可达成。

㊱数字化系统不是万能的，小心数字化系统上线后，企业绕开数字化系统运转流程，因此企业管理思维要跟上。

㊲企业要全面考察实施商的工业逻辑，不要仅听汇报就做决定，若实施商的工业逻辑不达标，坚决不采用。理想状态是企业培养了自己的工业逻辑大师，退而求其次也可以接受第三方工业逻辑大师的服务。

㊳国外品牌没有CAPP，不要相信他们的吹嘘，国内CAPP是先进的，比如西北工业大学编写的CAPP国家标准，还有CAPP软件，华中科技大学也有。这两家高校做得最好。

㊴结构工艺性审查报告签审不能退化为选择审核员，而应该基于零件等级自动匹配审核权限，高等级的零件到工艺总工，次等级的零件到部门经理，最低等级的零件到主管。前提是零件等级要由技术研发部在系统中分类好。

㊵蓝图规定要提交的材料在系统中的实现是要强控而不是可选，这是常识，常识就是要执行。不得诡辩“蓝图上没有标明强控，系统就不强控”，该说法违背了数字化系统要把管理思路固化在系统中的初衷。若实在不要强控，说明理由，签审到总工。

㊶数字化项目不能实施成一个仅具有上传文档功能的平台。最低级的平台只提供了上传文档的入口，对文档类型不控制，只要有文档就行，是否上传、上传什么类型的文档全凭员工自觉；稍好点的平台控制了上传文档的类型，缺少这些类型的文档业务不能结束；高级平台不仅控制了上传文档的类型，而且要求文档必须结构化，如样品承认结构化、作业指导书结构化，最终可以一键输出。

㊷“工艺指导生产天经地义”的说法不合理，这是信息部和生产部沟通不顺，把难题推给了工艺部。工艺部一定要看其是不是在生产部的跨部门蓝图中。若不在，不要理睬。难道生产部不按蓝图要求好好执行模具生产出入库，

工艺部也要指导?

㊸蓝图规定的跨部门要提交的资料，协作部门不能以“不熟悉系统操作”为借口，推给主负责部门人员收集资料上传，这种拢在一起的工作方式丧失了数字化管理的初衷，即把跨部门管理思路固化在系统中。要严格按照蓝图给协作部门开好权限，协作部门要自行上传资料，这样信息部后台就可以监控到协作部门是否按时完成工作。

㊹不能上了数字化项目而丧失了常识，不要讨论错误的合理性。比如：流程本来就要跨部门，没有必要讨论流程要不要跨部门；本来就应该缺料不上线，没有必要讨论缺料多少次是合理的；关键尺寸本来就要做到位，没有必要讨论是否可以偏差一点点。

㊺没有建好制造BOM，计划无法下单。数字化项目中计划和BOM不再割裂。

㊻下主计划时，必须有BOM和工艺路线，主计划拆分到MES日排程之前，结构化工艺一定要完成。

☆　☆　☆

在一个风和日丽的日子里，大概是5月的某一天，听取了多家实施商的方案后，我们终于确定了实施商，这家实施商真的是世界知名实施商，在全球有广泛的业务，身份是匹配得上我们这个大型集团公司的。为此，集团还开了新闻发布会，整个集团从上到下都是无比重视，至少从面上来看。只有我在深深地忧虑，生怕开局有多风光，落幕就有多凄凉。

1.项目总体组织架构

• 项目总负责：集团信息部。

• 集团信息部人员：信息总经理、信息副总经理、信息主管、各级办事员，共计20人。

• 工厂总接口：工厂信息部，2人。

• 各部门关键用户：研发、技术、工艺、质量、生产部等5个部各出1名代表，共计5人。

- 各部门员工：由关键用户统一分派事务到各部门关联人员，共计80人。
- 项目执委会：各部门负责人，共计5人。
- 项目组长：总经理办公室、公司高层，共计3人。
- 实施商：长期保证20人的团队在现场。
- 办公地点：工厂。
- 项目持续时间：1年。
- 项目会议：每周、每月。

2.实施商的工作步骤

按照PDCA的做法，实施商的工作步骤如下所述。

- 现场走访和高层访谈调研。
- 现有流程的鉴定。
- 数字制造流程定义。
- 数字制造项目书定义。
- 方案实现。
- 临时环境下试运行。
- 正式环境下运行。
- 对标项目书的验收。

各个环节都是紧密相连、环环相扣的，其中项目实施期间的方案实现阶段是重点，稍有不慎就可能全盘皆输。

鉴于数字制造的本质就是工艺的数字化，接下来的篇幅将以工艺为例子阐述整个数字制造项目的实施过程。

第二节　信任建立：实施商调研工艺

某天，实施商约上了我，想要听听单位高管的建议，这也是大型项目首先必须要做的事情，不调研高管的想法，仅在生产线现场查看，调研结论是不全面的。

“沈总，您好！我们是乙方顾问，今天到你这边，是想听听你对工艺的看法。”乙方顾问电话联系我。

“热烈欢迎，等你们好久了，你们来了就好了。”我在电话里面热情地说道，虽然我已经彻彻底底地按照产品开发周期自行调研过了，但是和数字化结合起来的调研其实是不够的，我知道自己的调研有所不足，虽然工业逻辑很清楚，但是逻辑如何以数字化来实现，是要仔细研究的。

两位顾问来到我的办公室，我热情地和他们握了握手，然后就直入主题了：“两位专家，现在我们已经是一条船上的人了，没有必要分你我了，你们一定要不留情面地指出我们的核心问题，这样我们才能真正地成长。”

“沈总客气了，我们已经拿到了项目需求书，说老实话，在我看来，你们的项目要求在我们经手的项目中是比较高的，这些要求基本都是宏观层面的要求，而数字化就是要把宏观层面的要求一级一级分解到可落地的程度，这就是我们找你的根本目的，希望能够更加明确要求，最好达到下沉一级的程度。”这个顾问很有礼貌地说道。

我心里一惊，这个顾问是有水平的，果然是国际大厂的顾问，我对他有了好感，“一下子达到明确要求的程度是有点难的，不到最后，最细节的东西难以确定，我们两个小时的交流，不可能把所有的细节定清楚，这么复杂的项目，一定是层层展开抽丝剥茧的。”

“那是当然，一口吃成一个胖子是不行的。数字化项目是极其烦琐的，我们只能一步步来。您作为总工，会有一眼就看到核心的能力，希望能给予我们诚挚的建议。”这个专业的顾问真是会说，我仔细端详了他，看得出来他在这个行业很久了，不是刚出茅庐的初级顾问，我给他们沏上了两杯大红袍。

“我们边喝边聊，今天两个小时，能聊多少就聊多少，喝茶。”

“谢谢沈总。我的第一个问题是：你认为工艺在数字化项目里的定位是什么？”

“说实话，我认为的数字制造项目就是工艺的数字化，数字制造工艺先行，在数字化项目里，工艺会把所有制造参数结构化到数字化平台中，承接上游的设计信息，在工艺平台里加工成制造参数，传输给制造端，”我说了我的理解，“如果工艺制造参数错了，后端一定步步错。”

“是这样子的，我们数字化平台是让企业的信息流转得更通畅，是极其优秀的数据搬运工，能做各种数据统计工作，但是并不能代替企业工程师检查出来错误的参数。”顾问诚恳地说，“我一开始就要打消客户不切实际的期望，有些客户会认为上了数字化平台，数字化平台就会帮助企业实现全部智能化运作了，都不要人了，这种想法是不符合实际的。”

“我都懂的，在你们进场前，我已经看了好多的资料，数字化只是基础，只有实现了数字化管理，才能进入数字化制造，进而进入智能制造，一开始就说要智能制造，混淆了数字化的发展阶段，是‘无知者无畏’的想法。”我对顾问的诚恳表示认可，不吹不擂，是要真实做事情的样子，市场推广阶段的适当润色是可以容忍的，但是真刀真枪做事情的时候还在忽悠，我一定会淘汰他们。

“在未来的数字化项目中，你们的工艺人员是否有足够的意识来进行变革，”顾问继续说，“这关系到数字化平台上线后，你们是不是会绕开数字化平台另起炉灶，数字化平台刚上线的时候，大家不习惯，工作效率会降低，但是习惯后，效率会成倍地上升，这是其他企业使用数字化平台过程中的显著心得。”

“两位顾问，我在这里先表个决心，我一定会严格要求大家按照数字化的规则来开展工作，新的流程要先僵化再优化，绝不会还没好好用，就开始各种抱怨，谁抱怨，我就调走谁。”我坚决支持这个项目，帮助顾问建立威信很重要，这样顾问也好开展工作。

在轻松愉快略有严肃的氛围中，今天的调研就此结束，我总体感觉顾问还是专业的，一定程度上打消了我之前的疑虑。

三天后，顾问提交了一份调研报告，基本上对应了我的看法，有部分差别，毕竟他们才调研三天，我可是调研了三周的，有差异是可以理解的，除此之外，调研报告中还加入了他们工具的一些特色，毕竟他们最终要实现工具软件嵌入数字化项目中，要实现商业诉求的。

以下是他们的工艺调研报告。

生产现场有工艺执行和管理，如有标准化的作业指导文件；有估算的标准工时但工时不准确，工业工程师进行工时测定。

工艺部和总工艺师有提升工艺管理的想法，也做了一些文件，但落地实施有困难。如：2020年4月释放量产前的样品承认书流程，有应用计划追踪表，计划实施1000多个零件，目前有8个产品在使用，推行过程困难；有300多页的工艺体系文件需要评估和优化，便于有效落地实施。

工艺部每年有技术改进和对标，但没有引领行业的新工艺研究。

需要将系统化的精益生产方法应用于生产，并提高效率。如：目前零部件主要由压铸、注塑、冲压、焊接、部装组成，每道工序完成后的半成品进入中间库，下道工序到中间库领出需要的半成品进行生产。生产线是功能式布局，产品不流动，价值流断开；生产线没有安灯系统，难以快速发现问题和解决问题等。

需要识别和实现工艺与研发、质量等工作接口和协同流程，并固化在信息系统中实现：如目前的研发阶段工艺没有参与，与研发是串行过程，工艺线下管理，时间滞后，未来需要与研发实施并行，在研发阶段参与零部件可制造性分析、产品先期质量策划、设计失效模式分析、制程失效模式分析、生产件批准等工作，需要增加落实“工艺前移”的跨部门协作的流程以及标准化和信息化；并且与研发同步生成工艺卡片、工装、模具、产线需求等工艺配套计划，确保“工艺前移”的效率和有效性。

需要通过信息系统，实现研发和工艺并行设计，构建工艺知识库，实现工艺标准化、协同化和知识重用。如：通过工艺信息系统，实现作业指导书的3D可视化设计、工艺设计标准化，对样品管理、工时管理、变更管理的及时闭环管理等。

需要通过信息系统，实现工艺管理要求与生产执行过程的信息互通。如：识别工艺管理对生产执行系统的数据接口，实现结构化工艺文件向生产过程的传递。

需要识别工艺仿真需求和技术可行性评估。如：目前冲压模具的返修率高，冲载力、主轴负载、轴弯等在冲压过程中动态变化，模具设计时依靠工程师凭经验做实物测试，难以有效预防出现主轴断裂的失效情况。需要有零部件制造仿真，生产线设计仿真。

需要按数字化工艺管理的要求，对工艺管理组织职能、流程优化进行整体规划。如：现有工艺部按产品分为装配、冲压、压塑、注塑、装备，工艺人员主要职能为手工编制作业指导书，处理常态化问题、新产品试样、修模；有工装夹具工艺员、电气工程、IE工程师；没有明确的工艺预研、工艺验证、工艺改进等流程和职能、人员知识技能要求等。

在量产前和量产过程，需要与质量协同，采用统计过程控制技术进行生产能力评价。如：注塑、冲压都是连续型生产，模具的可靠性是产品质量稳定的基础。目前，新模具验证时分两批验证：第一批先试生产几十个或几百个产品，检测尺寸；第二批由生产部人员反馈，签字作为验证模具常态生产力；无法正确评价生产能力；生产现场过程的质量数据是抽查，无法监控生产过程的稳定性。

其他部门的调研报告基本类似，调研报告考察了实施商的问题洞察能力，没有经历过制造业熏陶的初级顾问，或者是制造业中的IT部门但没有经历过制造业中运营部门熏陶的顾问，是不可能给出符合客户需求的调研报告的，报告不一定有多精美，PPT再精美都比不过一句“干货”来得实在。

实施商对企业的调研过程就如相亲过程，是了解彼此的过程，不仅实施商对客户调研，企业也需要在此过程中鉴定实施商的能力。如果企业没有鉴定实施商的能力，可借助第三方鉴定机构（数字化转型监理），企业和第三方鉴定机构签订服务协议，由第三方鉴定机构代表企业鉴定实施商的能力，在这里企业要选择精通制造逻辑的第三方鉴定机构，尤其鉴定机构的工业逻辑水平必须高于世界知名实施商。企业在选择实施商的鉴定机构时，要考察鉴定机构的专员、技术人员是否曾任世界先进企业各类技术、方法论高管，这是非常重要的，不是精通端到端业务流的高管，根本无法鉴定实施商的能力（见图7.1）。

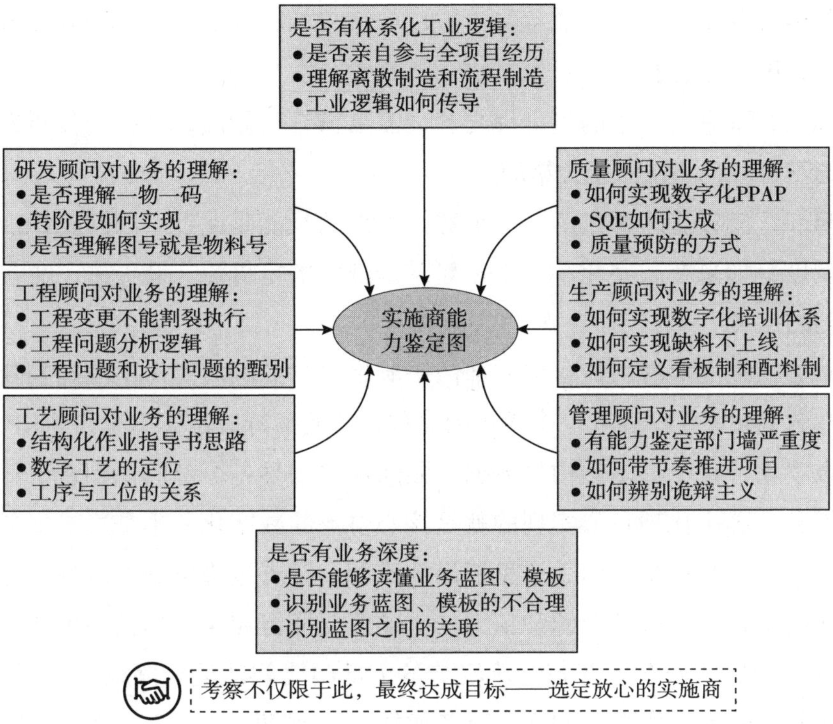

图7.1　实施商能力鉴定

第三节　现有线下核心业务流鉴定方法论

工厂有各类部门，各个部门的流程又各不相同，梳理部门的现有流程是重头戏，这关系到数字化平台的流程，哪些流程节点可以用数字化的方式来实现，这是很重要的。这个阶段相较于前面的调研，更深入了一步，持续考验顾问统观全局的能力。如果顾问看不到流程的全局，根本无法在后期数字化蓝图中知晓哪些流程首尾相连。这个阶段的梳理流程原则上和数字化流程没有关系，如果顾问能够结合数字化系统的特色进行梳理，可以减少后期的工作量，缩短项目周期，这对顾问统观全局的能力将有质的提升。

现有流程的鉴定，不是复制部门手册里的流程图并整理成统一的文档，这样的流程鉴定对数字化流程是没有任何意义的，因此，顾问必须具有发现这三个方面不足的能力。

第一，现有流程中的不合理之处，需要摒弃、修改，若顾问没有发现流程中的不合理，那是要犯大错的。

第二，流程是跨部门的，一个部门内部的只能是制度，顾问要识别出流程和制度，如果在数字化系统中创建某个部门的审批流，就失去了流程必须跨部门的意义。

第三，把不应有的流程嵌入部门手册中，对此顾问要做出准确判断。否则会在数字化系统中建立一个无用的流程，还要强行设定无用流程的KPI。

数字化平台中都是结构化数据，顾问需要辅导各个部门识别自己部门的核心事务，数字化项目要实现的就是核心事务的数字化，不是边缘事务的数字化。一股脑儿地从部门手册里抠出的流程一定有边缘事务的流程，这种流程固化在系统中是浪费资源和精力的。顾问要懂得如何梳理核心事务，并且辅导部门画出核心事务在各个阶段与各个部门之间的流转路线（见图7.2）。这是工作十几年的资深顾问才可具备的能力，所以，企业上马大型数字化项目时，一定要聘用资深业务顾问。

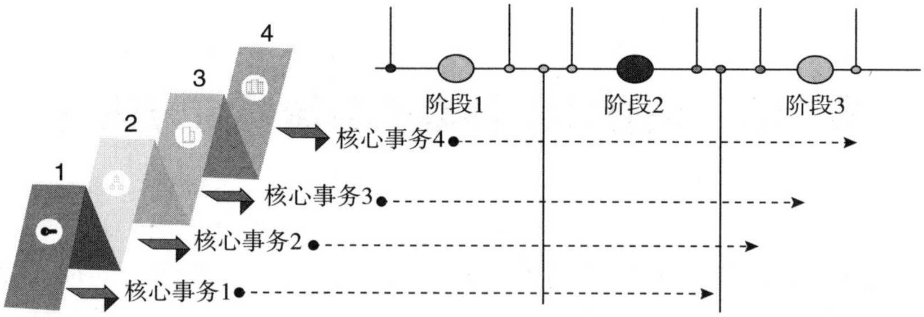

图7.2　跨部门跨阶段的业务流转

那么为什么要识别核心业务？

• 识别核心事务的目的在于第一步就把事务结构化，为后面的数字化蓝图设计奠定基础。

• 每个事务都结构化，后续开展真实员工管理就有的放矢，为建立科学合理的部门制度奠定基础，进而建立现代企业制度。

• 事务结构化的过程，本质上是工程师职责的鉴定过程，在这个过程中，数字化团队会发现大量非职责内的事务，那么借此机会一并梳理清楚。

• 防止某些工程师把微小业务分解为无数个步骤，这种行为若通过，将导致企业花费大量的精力开展微小业务。

没有执行核心事务流转梳理的顾问，仅仅把客户流程固化进系统中，做的是线下流程搬线上的工作，这是对客户极不负责任的体现，明智的客户将不会和这样的实施商建立商务合作关系。

哪些是核心事务呢？

• 产品开发跨部门的重大事务，如开模具。

• 和员工工资挂大钩的业务，如工时确定。

• 为公司带来显而易见的间接利润的业务，如持续改进。

• 极大提升质量水平的业务，如样品承认。

• 每个部门中人力安排最多的业务，如作业指导书的设计。

哪些事务不是核心事务呢？大家要记住，能用电脑系统取代人员跑业务流转的，大概率不是核心事务。

第四节　5S是否是核心事务

原生产经理调走了，新的生产经理还没有上任，在这青黄不接的时期，我代表生产部进行核心事务的梳理。

“沈总，欢迎你来参加生产部核心事务梳理的会议呀。”生产主管很热情地和我打招呼，“我们确定核心事务的方式是先把生产部所有事务一个一个地列出来，然后根据标准和顾问逐一判定事务是不是核心的，现在我们正在研判5S到底是不是核心事务。”

“我不好经常参与你们的会议，我在场，你们就不敢痛快地诉苦，想要批评别的部门都畏首畏尾，无法释放真实的自己，进而就不能提炼出真正的核心事务了。”我心里还是有数的，我在场，他们会想反正领导在现场，就由领导决定好了，这就与我的初衷南辕北辙了，我希望他们能开动脑筋，提升自己，而不是都是上层压着做，这会适得其反。

“你不在这里，我们就没有主心骨了，和顾问聊来聊去，可能聊一天都得不出答案。”生产主管沮丧地说道，“这个5S，我们也搞不清到底是核心事务还是非核心事务，你帮忙看看。”

“哦，还有这事？”我问向顾问，“老师怎么看？”

“我的看法是5S不属于核心事务。”这位顾问很年轻，不是前期调研我的顾问。

“为什么这么说呢？”

“通过调研访谈生产主管，我们发现你们没有专门人员负责5S，也没有可以衡量的财务指标，不和员工工资挂钩，和质量提升并无直接关系。”顾问的理由听来很充分，但是此刻我感觉莫名的奇怪。

“你怎么看？”我问生产主管。

“顾问说的是有道理的，可是看到我们现在生产线这么乱，我就在想，是不是5S在这个数字化项目中应该归为核心事务呢，很矛盾。”

“你有这个想法很好，证明你也是希望能够在数字项目里面跳一跳够得着的，不是简单的线下搬线上。”此刻，顾问的脸色好像不怎么好了。

“老师，不要多想啊，这真的是好事，就是因为你们的到来，你们双方面对面地探讨，他这个生产主管才萌发了要把5S像模像样做起来的想法，你就如他的启蒙老师，他之前一直疲于奔命，都没有时间思考。”我猜顾问已经知道我的看法了。

“沈总，您说得对，我们来了这几周，对业务也是刚了解，还不够深入，生产主管和我们交心聊，让我们快速融入进来，对此我深表谢意。”顾问很谦虚地说。

“你们是老师，我们都听从老师的教导。”

“领导高抬我们了，我们就是按流程做事的工程师，老师谈不上，你们单位的各级领导才是我们的老师呢。”顾问诚恳地问了一句，“我倒是想听听沈总您对5S的看法，可好？”

“好啊，我认为5S是核心事务，仅是个人看法，最终还是要你们聊透再定义5S是核心事务还是非核心事务。”我表了态。

我的想法恰恰和顾问的相反：工厂有5S的专门负责人员，所有人都是5S的专门负责人员；5S对业务和产品质量有显著的提升作用，没有哪个客户会相信脏乱差的工厂能够做出好的产品。不重视5S现场会越来越混乱。

延伸阅读：5S是不是核心事务

一、什么是5S

5S是一个系统的方法，简单、可视，以整齐和洁净为基础。5S分五个阶段实施：整理、整顿、清扫、清洁和素养（Seiri，Seiton，Seiso，Seiketsu，Shisuke）。这五个词是日语词语，后又增加了节约（Saving）和安全（Safety），这两个词是英语词语。

5S是一个系统性不断升级的过程，通过整理区分需要和不需要的东西，整顿让要用的物品按规定定位、摆放整齐、明确标示、确定数量、有效标识，清扫是清除现场的脏污，并防止脏乱的发生，前三步的执行达到清洁的状态，进而规范化清洁的状态，形成制度，养成5S的良好素养（见图7.3）。

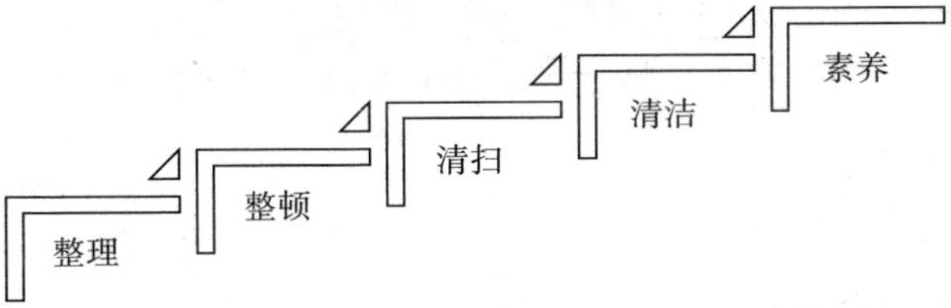

图7.3　5S体系

二、为什么要进行5S

- 5S是最佳推销员。
- 5S是节约家。
- 5S是安全的保证。
- 5S是标准化的推动者。
- 5S有助于形成令人满意的现场。

三、怎样进行5S

1.整理

（1）什么是整理

整理：区分需要与不需要的物品，现场除了要用的物品以外，不要的物品及时清除。

（2）为什么要进行整理

第一，腾出空间，空间活用。

第二，防止误拿、误用。

第三，营造舒适的工作场所。

（3）怎样进行整理

第一，自己的工作场所（范围）全面检查，包括容易看得到和不易看到的地方。

第二，制订（要）和（不要）的判别标准。

第三，将不要的物品清除出工作场所。

第四，每日自我检查。

（4）判断整理成功的要素

第一，要有决心，不要的物品应该果断地处理掉。

第二，不仅是将物品打扫干净后整齐摆放，还要处理所有怀疑的物品，去“伪”存“真”。

2. 整顿

（1）什么是整顿

整顿：要用的物品按规定定位、摆放整齐、明确标示、确定数量、有效标识。

（2）为什么要整顿

第一，整顿后，工作场所一目了然。

第二，营造整整齐齐的工作环境。

第三，有利于减少找寻物品的时间。

第四，有利于消除过多的积压物品。

（3）怎样整顿

第一，分门别类放置整理后留在现场的物品。

第二，调查需要物品的使用频次，以此决定日常用量及放置位置。按照频次越高、越方便拿取的原则进行定位。

第三，定位每个物品，要考虑安全、质量、效率等因素。从安全角度看：物品不易从固定位置上掉下来；物品不易摇晃或滚动；使用时不要伤害到自己；定位时避免安全隐患。从质量角度看：物品、夹具、检验工具摆放时不易遭到碰撞；注意易氧化、腐蚀等物品的摆放位置及环境；合格品摆放在一起，不良品摆放在一处。从效率角度看：物品要摆放在最短时间内可以找到或拿取的位置；使用频率高的物品放在最方便拿取的位置。

第四，定位好物品后，对位置、物品做相应的标识。

整顿后，每个物品都有合适的摆放位置。每个位置都有很好的标识。

（4）判断整顿成功的要素

第一，整顿三要素：场所、方法、标识。

第二，这是提高效率的基础。

3. 清扫

（1）什么是清扫

清扫：清除现场内的脏污，并防止脏乱的发生。

（2）为什么要清扫

第一，消除脏污，保持现场内干净、明亮。

第二，有用物品保持良好状态。

第三，减少工业伤害（如地面油腻，工人易摔倒）。

（3）怎样清扫

第一，建立5S责任区（室内外）。

第二，制订清扫计划表、清扫流程，责任到人。

第三，调查污染源，对其杜绝或隔离。

第四，建立清扫基础，作为规范（标准照）。

第五，定期大清扫，每个地方清洗干净。

（4）判断清扫成功的要素

进行责任化、制度化，落实到唯一的人。

4. 清洁

（1）什么是清洁

清洁：将上面3S实施的做法制度化、规范化，维持其成果。

（2）为什么要清洁

制订5S标准，使得所有异常、违反制度的情况非常容易地被识别出来并改善，从而保持整齐和洁净。

（3）怎样清洁

第一，落实前面三项工作。

第二，制订目视管理的基准（如拍照标准图片）。

第三，实行颜色管理（不同的颜色区分不同的区域，标识不同的状态）。

（4）清洁（标准化）时要问的问题

第一，是否实施目视管理?

第二，是否实施颜色管理 ?

第三，是否存在物品、文件或地点难以识别或标识的情况?

第四，是否存在关键或危险区域?

第五，是否存在需要跟踪的检查点或基本的维护，有没有操作管理标准化?

（5）判断清洁成功的要素

第一，区域划分、定位、标识要清楚明显，标准图片要清楚，能容易判断出5S是否运行良好。

第二，前面三个步骤的正确实施是基础。

第三，要做到标准化，即工具标准化、操作标准化、管理标准化。

5. 素养

（1）什么是素养

运用持续改善的观念，保持5S的结果并持续再提高，使每个人都能将5S变成自己的习惯。

（2）如何进行素养

第一，制订5S评审标准和规则，并定期检查：规范化这些规则（评分点、检查系统……）；列举所有的检查点（最好用图片的形式）；要持续改善（及时发现问题，及时解决并改善）。

第二，建立5S审核小组，并实施不定期的5S审核。审核小组最好由不同部门的人员组成，每周审核至少一次。

第三，根据5S审核结果重复上述五个步骤，5S是一个持续改善的工具。

第四，不断定义出新的、更高的标准，推动工厂达到更高、更好的水平。

（3）判断素养成功的要素

第一，主管经常带头巡查，带动全员重视5S活动。

第二，制订奖惩制度，加强执行力度。

不仅生产现场需要5S，办公室也需要5S，5S是全员参与的过程，每个人都是5S的专门负责人员。5S模板如图7.4和图7.5所示。好的5S和差的5S对比如图7.6所示。

部门 Dept.	生产部
姓名 Name	×××

区域外观	方位指示	执行频次
	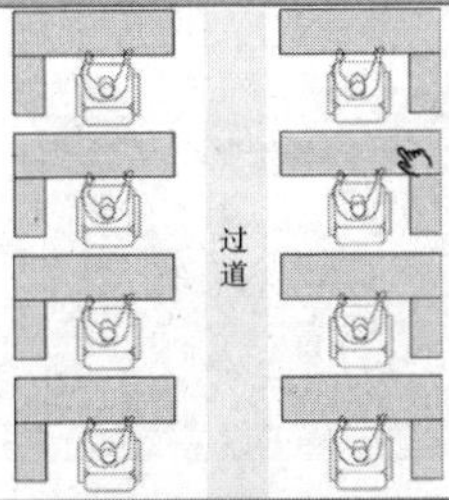	■每天 ■即时

部位	部位外观	物品（从左至右）	检查方法	检查方法	部位	部位外观	物品（从左至右）	执行要求	检查方法
①办公桌		■5S Metric ■电话 ■电脑 ■鼠标 ■文件盘 ■笔筒	■桌面摆放整齐 ■无多余物品 ■文件分类放置 ■电源线捆扎整齐 ■无污渍	目视 目视 目视 目视 目视	③抽屉内部		■计算器 ■订书机 …	■ 位于定位槽	目视 目视
②辅柜		■员工桌牌 ■面巾纸 ■水杯、茶杯	■ 整齐，洁净 ■ 无多余物品 ■ 座位牌清晰可见	目视 目视 目视					

图7.4　办公室员工5S模板

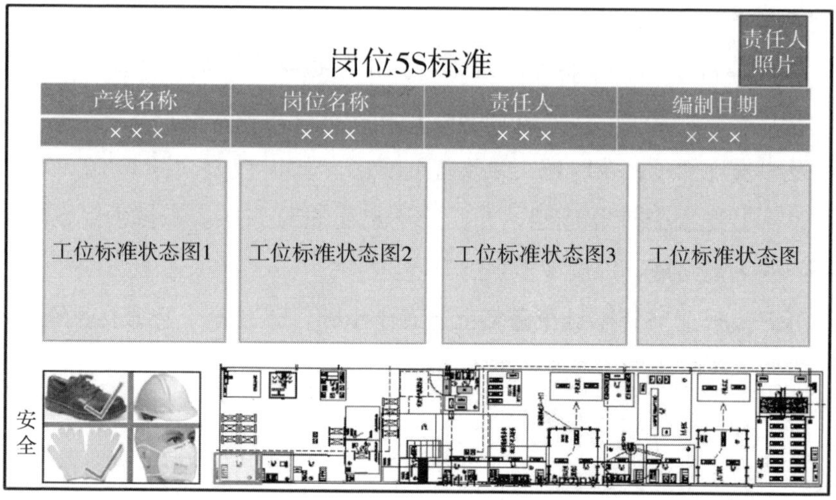

图7.5　操作员工5S模板

图7.6　好的5S和差的5S对比

“至此，你们应该已经知晓，5S在管理好的公司，一定是核心事务，绝对不是我们现在认为的那样，有空的时候拿个扫帚扫一下地，没空的时候就让它乱吧。5S是一个体系化的过程，不是小事。”我看向生产主管和顾问。

“领导，你说的有道理的，只是我们不能偏题了，5S怎么数字化呢？这才是我们讨论的主题！”生产主管脑子转得快，知道要紧扣主题，是我喜欢的类型。

"仅是和你们讲一下5S如何做，这确实和我们数字化主题不搭嘎，你现在问到重点了。"我顿了顿，"5S的前四个步骤全都可以线下管理，这最后一步其实可以数字化，而且效果还非常好。"此时，顾问瞪大了眼睛静静地听我说。

"我和你们说，我知道一个平台，其把5S结构化了，你们可以参考其逻辑关系，即先识别出现场检查的问题清单，然后把问题清单列出扣分等级，严重问题扣三分，一般问题扣二分，轻微问题扣一分。"我看着他们说道。

5S问题清单如表7.1所示。

表7.1　5S问题清单

类别	不合格描述
严重问题	消防通道/门不畅通，消防设备不齐全或被阻挡，标识不清楚
	员工未按要求正确佩戴PPE（防护眼镜、安全帽等）
	员工危险作业（高位货架区域、航吊、高温作业、加工等）无防护设施
	电线、气管出现破损，使用临时线路且无警示盖板
	化学品未具备MSDS、安全标签、危险、配电设施无警示标识和专人负责
	检查中发现的其他严重问题
一般问题	员工未经培训直接上岗，工作期间员工未佩戴工牌，未遵守劳动纪律
	产线未按要求悬挂作业指导书，产线未按作业指导书要求作业
	过程流转卡未按要求盖章或签字
	员工工作过程中存在抛、踢、拖、拽等野蛮操作行为
	信息交流板内容未更新，包括（每日点检表，5S，TPM）
	非工作状态，产品、半成品未处于关闭状态
	私人物品没有放进指定的位置或储物柜中
	不合格项目在下次的审核之前没有完成
	检查中发现的其他一般问题
轻微问题	设备、工装的有效工作区域堵塞或占用
	产品、工具、设施无规范的清晰的名称标识或状态标识，或过期标识未更新
	生产过程中的物料、半成品、成品、工具、工装等未分类排放整齐
	机器、工装、工作台、托盘等现场物品没有固定的位置
	物品混放且物品无标识（料盒、物料、工装夹具、模具等）
	工作区域内过道被物品堵塞，例如托盘、转运车、成品等
	工具箱、工作台没有相应的标识却有不相符物品（手套、图纸、零件等）
	物料摆放凌乱，没有规律
	工作地、公共区域、走廊、机器、工作台、柜子或设备上有灰尘、杂物
	各工作区域、通道未标识规范、划分清楚，标签/地标带脏乱、破损

续表

类别	不合格描述
轻微问题	没有对各自区域机器、设备、工装夹具和工具进行清洁，地面未进行清扫
	不符合人机工程学，不利于员工正常工作
	文件柜内及桌面资料未分类存放或未摆放整齐的，无指定标识
	检查中发现的其他轻微问题

“接下来我们应该怎么办呢？”生产主管和顾问已经被我带入了数字化世界，认真地跟随我的思路，这个感觉就如我初中上课的时候，跟着数学老师讲课的思路一直到下课都不会断。

“你们应该基于这些要求，考虑5S如何在数字化平台中实现，比如生产主管应该和顾问商定开发的逻辑关系，虽然现在还处于核心事务的鉴定阶段，既然5S已经被鉴定为核心事务，迟早要进入开发阶段的，现在提前知道了这种方式，”我看见他们两人都挺惊讶的，继续说道，“开发的基本规则除了扣分，还有其他规则，比如满分总计50分，可以是负数分，工厂算平均分，办公区域也需要评分，得分高的班组当月有绩效奖励，有图有真相反映问题等，你们一级一级细化后，自然就可以数字化了。”

“你们可以参考某些工业化平台来开发适合我们工厂的数字化5S平台，逻辑关系在你们实施大厂面前肯定是小菜一碟。”我充满信心地看向顾问。

某离散制造企业的平台主界面如图7.7所示。

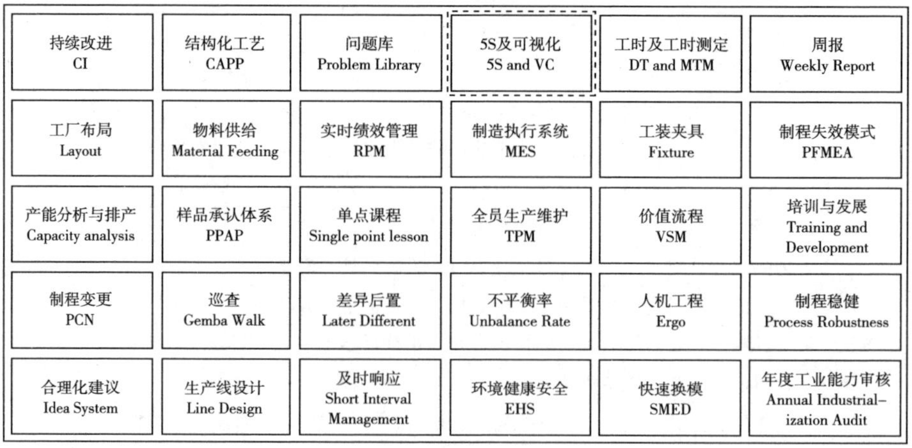

图7.7　某离散制造企业的平台主界面

数字化现场管理软件平台的优势如下所述。

基于国家标准现场工艺管理和制造业现场管理的特色，该软件模块打造了制造业领先的现场管理平台。

• 把现场管理的扣分标准固化在软件里，现场管理的每一个不合格项均有对应的扣分项。

• 有图有真相地驱动改善前后对比。

• 建立了班组现场管理的数字化衡量标准，是月度绩效考核的参考。

• 制造单位每个班组都有每周现场管理分数，显示了排行榜。

• 真正实践了扁平化数字化管理，单位各级领导根据权限可以查看到制造单位当周的现场管理排行榜，用于各级管理层对后进单位进行重点关注。

现场5S数字化管理主界面如图7.8所示。

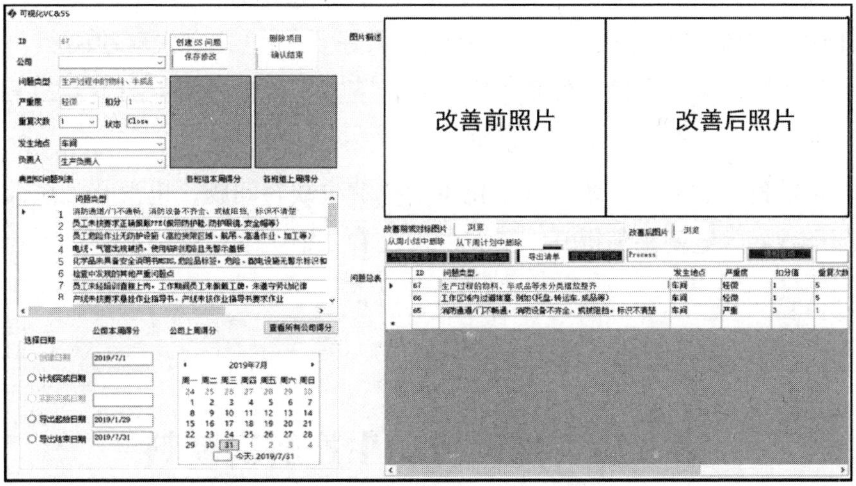

图7.8　现场5S数字化管理主界面

“沈总，我懂了，5S确实是核心事务，只是……”顾问吞吞吐吐地说，“只是，我们的平台还真没有5S模块。”

“这种小程序，你们大厂分分钟就可以搭建的，你们是世界级的大厂，可以现场开发，再嵌入整个系统，这也是我们找大厂的原因之一，有质量保障的。”我拍了拍顾问的肩膀，“我们就靠你们这些专家老师的。”

顾问无奈地摇了摇头，还想说什么，话到嘴边还是咽下去了。

会后，我问生产主管，“你们怎么鉴定核心事务的？我感觉蛮奇怪的。”

“老大，他们在你面前说得冠冕堂皇，实际我看呀，只要我提的事务，他们的工具箱里没有现成的，他们就说此事务不是核心事务。”生产主管冤屈地说道。

“不应该呀，理论上我们的要求他们都是可以满足的，这个小程序是极其简单的，这种对待甲方的态度就有点敷衍了。”毕竟每家企业的要求都是不一样的，企业花巨资和实施商合作，就是希望实施商能够开发出适合业务特殊性的平台，如果现成的软件就可以的话，那就没有必要花费巨资了。

“我再听一次他们和生产部的核心事务鉴定会，开会的时候你叫我。生产部长期以来都在缺料，疲于奔命找料的人就是你了，你一定要和他们说生产部的核心事务是找料。”

“我当然要和他们说的，这么多年我跑来跑去地找料，小腿肌肉长期酸痛，前面和他们初步地说了下，我感觉不太好。”生产主管失落地说。

“我亲姐姐是老中医，针灸大师，一针下去，包你继续上蹿下跳、生龙活虎。”我就爱和这个生产主管开玩笑。

“如果我还能上蹿下跳，数字化不给我解决缺料问题，也没有关系，我就再找十年料。”他就是想得开，甩了一下没有几根头发的脑袋，“三千烦恼丝，跳没了就好了。”

第五节　探讨拉动生产解决缺料

过了几天，生产主管约我再次参加他们的核心事务鉴定会，主题是如何解决缺料问题。

“老师，生产部长期以来饱受缺料的煎熬，我们期望数字化平台能够解决缺料问题。”生产主管很诚恳地说道，“你们来了，我就看到了希望，为了解决缺料问题，头发都要掉光了。”

顾问说：“我对你的难处感同身受，最后关头发现缺料，倒推回去我们可以认为前面所有环节都是失控的。”我对顾问的这句话是认可的，他说到点上了。

“你们最好有一剂药，打到工厂现在的运行系统上面，然后立马生效，第一时间就解决我的问题。”生产主管真希望这个问题立刻解决。

“我们还真有一剂猛药，能够解决你的燃眉之急。”顾问看来找到药方了。

“快说，我恨不得现在就用上。”看到生产主管渴望的小眼神，我就想笑，心里也很好奇这剂猛药。

“我们在ERP中设定一个条件，当系统检查物料BOM是否缺料，若物料不够，系统就不让单子下出去，这样生产部这边就彻底没有缺料风险了，倒推前面部门把物料准备齐全，单子才可以下出去。”顾问平静地说道，可是我在边上听得难受，这真是简单粗暴直接。

“这倒是好办法，可是治标不治本，生产部解脱了，但是矛盾转移到了采购部和计划部。”生产主管若有所思地说，他还是有全局观的，不仅为生产部考虑，还想到了其他部门。他不是一个玩小九九的人。

“也不能这么说，我们在采购部设定一个条件，检查库存水位，若库存不够，警示采购部赶紧备料。”顾问还是能够应对我们问题的，他知道问题仍然会在其他地方出现。

“你说的方向是对的，可是设定多少库存水位呢？这是问题的核心，”我问顾问，“这是精益生产的范畴了。”

“这是管理上的问题，软件会做到库存水位的设定，这是业务的边界，至于设定多少，需要你们自行计算。”顾问明确地回复我，“我们已经从结果向上倒推了一步了，到了采购端了。”

“数字化只是把结果输入系统中，是不是少了点什么？数字化难道不应该把管理规则固化在系统中吗？管理就是管得越来越精益化呀。”生产主管是聪明的，怪不得头发少，“你就应该把库存水位的规则固化在系统中。”

“库存水位的计算规则，现阶段我们的系统是没有的，要二次开发，工作量巨大，而且定制化的模块没有大批量地实践过，性能不一定稳定，一定会出现各种各样的问题。应用标准化模块可以确保项目成功，这是第一位的。这个项目难度高，正常需要两到三年的时间，可这个项目才给一年的时间。”顾问比较诚恳地说道。

“可是，这是核心中的核心，难道我们在数字化项目中不应该第一优先级地解决这个缺料问题吗？”生产主管不解地问。

“如果你们在数字化前没有解决缺料的问题，就算系统再高级，也解决不了这个问题，你们一直以来的做法会绕开数字化系统运作的，系统无论如何强管控，遇上人，总是有破解之道的，正因为如此，我们平台的边界就到设定强控库存水位为止，不再往前一步进入精益化。”顾问的回答也算是诚恳，在公司赋予的权限范围内，最大化地为客户争取权益。

“可是我们的需求拉动生产就是精益化呀，你不落实这一块儿，相当于达不成我们的要求哦。”生产主管咕哝了一句。

“两位，我来说句话。”我看两位要撕扯起来，赶紧打圆场，“精益生产，说白了就是杜绝浪费，就是日常的朴素要求。这事情很简单，我是这么认为的，在ERP中设定一行程序就行了。”

“领导，不要卖关子，你和我们细说下吧。”生产主管说道。

延伸阅读：数字化如何拉动生产、解决缺料问题

对生产来说，拉动生产是只有在某个工位需要的时候，才向上一级取用生产要素，如该工位缺料，那么抛出看板卡片给到仓库人员，或者按下Andon缺料电子信号给到仓库，该工位员工不仅把自己的操作步骤装完，还要向上一个工位取用待装配部件，若下单到生产线的最后一个工位，最后一个工位前的各个工位都要逐个向上一个工位索取部件，该状态就是单件流。有拉动说法，对应的就是推动说法。简单地说，推动生产就是上一个工位拼命生产，在计划范围内全部做完，不考虑下一个工位的生产节拍，大量在制品堆积在该工位，强行推给下一个工位加工。推动和拉动的显著差异是大量在制品的存在，拉动生产也有在制品堆积，拉动生产的在制品堆积是前后两个工位节拍时间的不平衡导致的，推动生产的在制品堆积是拼命生产导致的。推动生产和拉动生产的形象化差异如图7.9所示。

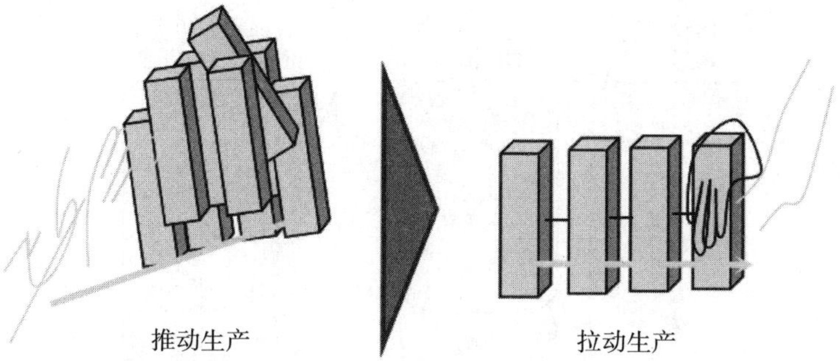

图7.9　推动生产与拉动生产的差异

我们需要的是拉动生产，它是一个反向倒序的过程，需要多少，拿多少，不多不少刚刚好。

拉动生产就如超市售货，超市货架的方便面销售一包后，超市补货员会把方便面货架补满，销售多少补多少。基围虾，超市是进一批基围虾，彻底卖掉后再进下一批，不会说基围虾销售一斤马上就补一斤的量。方便面和基围虾的补货方式是不同的。这两种方式，都涉及零件的价值和使用频率，即经济学领域的ABC和FMR的概念。

一、ABC

ABC是一个库存物料的分类系统，根据库存价值的可衡量的标准将库存物料分成不同的组。ABC分类帮助企业识别库存中高价值的物料，通过多频次的循环盘点，确保这些物料过程控制严格、库存准确和物理安全。库存准确率直接影响客户服务率。

根据80/20原则，ABC具体分类如下。

- “A”类物料是最重要的、高价值的、少数的物料，但占公司库存的80％成本。
- “B”类物料是较重要的物料，占15％的成本。
- “C”类物料通常代表了大多数原材料库存，但相对价值较低，只占成本的5％左右。
- “D”是无消耗物料。

物料价值占比如图7.10所示。

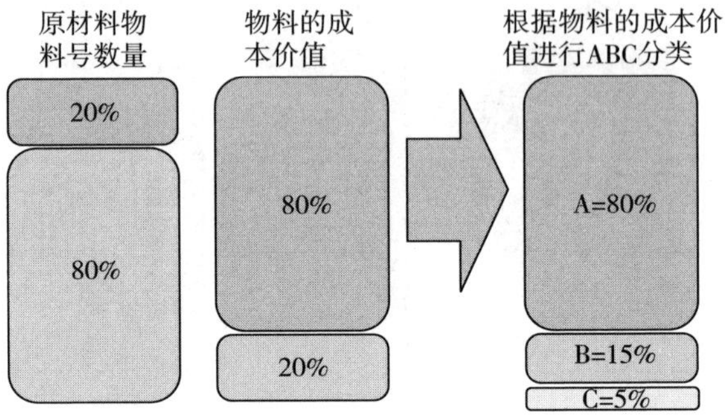

图7.10　物料价值占比

ABC分类法来自经济学，那ABC的分类显然依靠的是库存金额，实际应用中取物料某段时间（全年）的使用金额来作为分析基础数据。

1. 制订ABC分类的规则（见表7.2）

表7.2　基于价值的物料分类

库存	数量比	价值比
A类	5%~15%	60%~80%
B类	15%~25%	15%~25%
C类	60%~80%	5%~15%

2. 数据收集

统计物料使用的数量以及单价（见表7.3）。

表7.3　库存用量明细表

产品	数量（个）	单价（元）
a	2000	20
b	2000	10
c	2000	10
d	1000	680
e	1200	100
f	1000	20
g	2500	20

续表

产品	数量（个）	单价（元）
h	1500	10
i	3000	5
j	2000	10

3. 处理数据

对收集的数据进行加工，并按要求计算，包括：计算金额、金额占总计金额的百分比、累计百分比；计算种类数及其占总种类数的百分比、累计百分比。

根据产品名计算每种产品总价值。

产品a：20×2000=40000元；产品b：20×1000=20000元

依此类推：产品c=20000元，产品d=680000元，产品e=120000元，产品f=20000元，产品g=50000元，产品h=15000元，产品i=15000元，产品j=20000元

计算产品总金额为：

40000+20000+20000+680000+120000+20000+50000+15000+15000+20000=1000000元

4. 制作ABC分析表

排序时，要按照该产品总金额从高到低排序；总金额相等时，再按照产品单价从高到低排序（见表7.4）。

表7.4　某数字化转型实施商的数据处理

产品	数量（个）	单价（元）	总金额（元）	金额百分比	累计百分比	累计数量百分比	分类
d	1000	680	680000	68.0%	68.0%	5.5%	A
e	1200	100	120000	12.0%	80.0%	12.1%	A
g	2500	20	50000	5.0%	85.0%	25.8%	B
a	2000	20	40000	4.0%	89.0%	36.8%	B
f	1000	20	20000	2.0%	91.0%	42.3%	C
b	2000	10	20000	2.0%	93.0%	53.3%	C

续表

产品	数量（个）	单价（元）	总金额（元）	金额百分比	累计百分比	累计数量百分比	分类
c	2000	10	20000	2.0%	95.0%	64.3%	C
j	2000	10	20000	2.0%	97.0%	75.3%	C
h	1500	10	15000	1.5%	98.5%	83.5%	C
i	3000	5	15000	1.5%	100.0%	100.0%	C
合计	18200		1000000	100.0%			

5. 如何进行管理

A类物料的管理方法：按照需求，小批量、多批次地采购入库，最好做到准时制管理；按照看板订单，小批量、多批次地发货，最好做到准时制出库；尽可能缩短订货周期，对交货期限加强控制；科学设置最低定额、安全库存和订货点报警点，防止缺货发生；与供应商和用户共同研究替代品，尽可能降低单价；制订应急预案，补救措施。

B类物料管理方法：采用定量订货方法，前置期时间较长；中量采购。

C类物料管理方法：大量采购，获得价格上的优惠，由于C类物料所花费的资金数额少，即使多储备，也不会占用太多资金，当然如果物料占地面积非常大，则要权衡；简化库存管理。

二、FMR

FMR是采用衡量库存使用/移动频次的方法，可应用于原材料、零部件和成品。它是根据平均每月消耗的订单行数/次数进行的物料分类方法（见图7.11）。和ABC分类法一样，FMR是ERP采用的另一种分析库存水平的方法。每月使用50次的物料和每月使用4次的物料可能产生相同的成本价值，但ABC分析不会提供这些信息。

若有库存精度和物料管理系统，可以准确地跟踪工厂仓库/物流中心的物料收料和消耗。

一般来讲，价值和频率象限（见图7.12）用于参考物料设定为超市看板类型（一段时间内和订单无关系）还是配料类型（按订单生产）。当设定

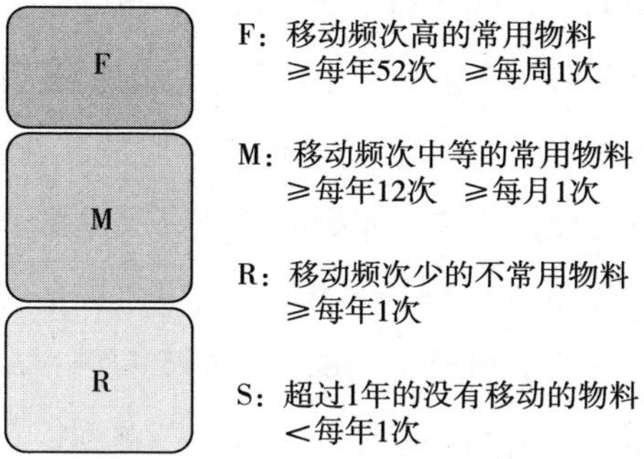

图7.11 物料的移动频率定义

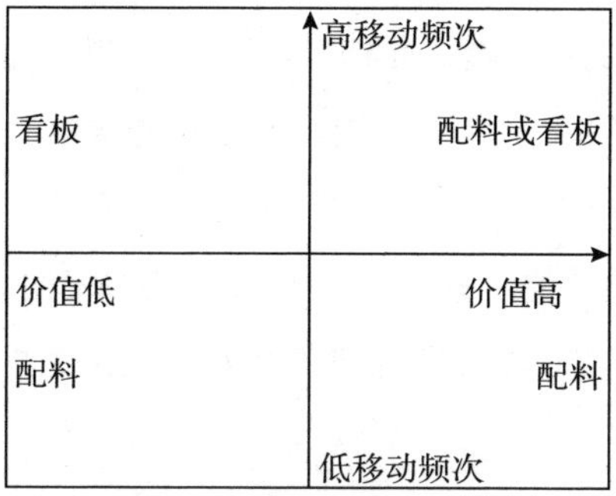

图7.12 物料分类象限

为看板型物料属性，设计傻瓜化、定制化的运转车是最高等级的操作，当仓库看到该车已空，立即触发信号把该周转车补满，和有没有下计划订单无关系，也不会导致库存高企，因为生产的量是以补满空车为限而不是无限制生产。这是完美的状况，工厂有义务有责任增加看板的比例，看板属性的物料并不会像传统方式那样导致库存高企，看板和配料并不冲突。年度审核时要审查看板物料的比例，切记不得糊弄。标准件天然是看板，工厂不能提交全是标准件的看板清单给到审核专员，审核专员要看的是除了标准件之外的看板物料的比例。

选择定义看板和配料并没有绝对的规则，若高价值物料移动频率高且有监控设备，也可以设定为看板，看板物料突然大幅涨价，那么改为配料也是合理的，一切基于工厂的实际状况，但是不能以“公司一直以来就全部订单配料制而不提供带物料属性的物料主数据清单”为借口，完全不作为。

以下是作者在做研发和工业化总监时践行的配料改看板的例子。图7.13左边是充气柜的模拟面板运转车，充气柜的柜型是C、F、V，那么设计三块独立的C、F、V模拟面板，该模拟面板的长宽高尺寸都一样，前提是充气柜的每个气室宽度已经设计为一样。因此C、F、V面板车各设计三台，一台在生产现场，一台在备料区，一台在仓库。当仓库看到该车空，立即通知钣金车间补满该车。实现高效补料，跨越了从计划下单到钣金生产的流程，永不断料，减少了计划的工作量。在改之前，面板是根据充气柜型单独设计的一体式，注意是需要每台柜子单独设计模拟面板，增加工作量，比如CCF柜型，必须设计一体式的CCF模拟面板，不仅劳心劳力而且单独设计的物料只能采用配料制，改为独立三块可自由组合的模拟面板后，立即减少了大量模拟面板的设计工作。

图7.13右边是同样的方式，充气柜的左右侧板永远只有带不带扩展孔之分，设计专门的周转车让仓库看到车空即补，大大提升了物料周转频率且完全不会造成库存积压。

图7.13　看板制配料车

以上是典型的改善案例，企业需要根据自己的实际情况，活学活用，不要机械化照抄。无论怎样的定制化产品，总有大部分的物料是可以设定为看板属性，要求看到工厂续增长的看板比例及为此做出的改善文件。若是所有订单除了标准件，所有物料都是配料制，这是极其不合理的，要知道看板制和追求零库存是不冲突的，配料制也不一定能达成零库存。

当根据ABC、FMR确定了看板和配料属性后，就可以计算物料在仓库的水位和库位大小了。举例说明：当A物料在生产线使用的物料盒的尺寸是450毫米×300毫米×175毫米，A物料在生产线有两个料盒，每个料盒放置50个物料，消耗一盒物料花费4个小时，消耗两盒物料花费8个小时。8小时工作制下，仓库的原则是备料15天量，那么理论上仓库需要备的物料水位是50×2×（15+1）=1600（个），需要的料盒数量是32个（1600÷50）。32个料盒占用的体积是450毫米×300毫米×175毫米×32=756（升）=0.756（立方米），该物料15天的备货占据了仓库0.756立方米的空间，因此当把所有物料的占用空间计算出来，即可得到仓库需要的平铺的面积，这是基础数据。无论设计成自动仓库还是手动仓库，高位货架仓库还是平铺仓库，该基础数据必须要提供。配料制是比较简单，确保不空车即可。

设定好看板、配料制之后，工厂自行设定送料方式和频率，看板制的物料送到工作台，配料制的物料送到工位特定区域，都是由水蜘蛛（即送料小火车）送（见图7.14）。

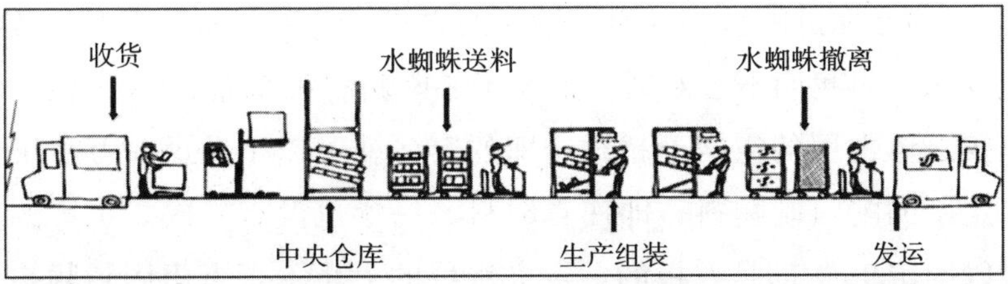

图7.14　小火车的送料周转

资料来源：某世界领先离散制造业。

在这里回应第一章中的“集团其他定制化工厂说我们这个厂是最非标定制化的工厂，达到了诡辩主义的巅峰”。从看板和配料制背后的定义方式来看，我们可以知道非标定制是由看板的多少决定的。当一家工厂大部分物料都是看板制，这家工厂自然是标准化产品工厂；当配料制订单式物料占大部分，这家工厂是非标定制化工厂。毫无疑问，我们工厂是标准化工厂。

“两位，现在知道什么是拉动生产了吧？这里的核心是什么呢？”我问顾问。

“我懂了，我们来界定边界吧。我要在企业资源计划中设定一个计算公式，算出哪些是看板制物料，哪些是配料制物料，剩下的各种周转车、工作台由工厂设计，我这么理解对吗？”顾问的理解能力还不错，能够在短时间内知道拉动生产的原理，当然，能进世界性大咨询公司的人，本身都是非常优秀的。

“这总不难吧，只是一个公式，后面全是工厂的事情。”生产主管开心地说道，“领导你讲的这些，通过倒序的方式，仓库里永远有一定数量的物料，至少几天内我们不会断料，真要担心断料，我来备20天水位的物料也行，只要总体占用的空间不超过仓库的容量就可以了。退一万步讲，真的来非标定制的配料制物料，即使真缺料，一年也没有几次。工厂的物料属性我可以确定99%都是看板的，定义水位的大小除了考虑周转频率外，还要考虑该零件的质量水平。历年来容易出质量问题的零件，要在水位的基础上适当增加，增加的量在生产线上的消耗时间必须大于解决质量问题所消耗的时间。”

“你真是领悟得快，不愧是我们工厂的董事会成员。”别看生产主管上蹿下跳的，他才是真正的高管，我才是他的“打工仔”。

会议就这样愉快地结束了，好像工业逻辑都疏通了，就是不知道能否真的执行下去。

我和生产主管走在路上，春暖花开之际，万物复苏，工厂的景色颇为秀丽，阳光照在身上，感觉自己都被大自然赋予了大能量。

“我问你，你是不是感觉到那些顾问一个个气场强大，你的气场都被他们压制住了？”我碰了下生产主管。

“是真的，他们这些高才生，一套一套的，我都被他们绕晕了。”生产主管一脸无奈。

“我跟你说，你搞不过这些高才生的，要不是我在，你们的这两个业务肯定被判定成非核心事务了，他们肯定希望在同等费用的情况下，做的事情越少越好，但是都是非核心事务了，还搞什么数字化呢？我估计研发、技术、工艺、质量都是一个样，信息不对称，都不是一个重量级的。”我看向远处的一朵太阳花，太阳引导它茁壮成长，可是我们的工程师被谁引导呢？“都被实施商牵着鼻子走了，丧失了自己的初衷，就不好了。”我忧心忡忡。

“那怎么办呢，我们也就这水平，又没有搞过数字制造，没有工业逻辑，在他们面前是全面败下阵来的。”

“不能这样办，还是我带领大家鉴定核心事务吧。”

“这样我们就放心了，领导，你是拯救了大家。”生产主管一脸谄媚相。

“贫嘴。”

第六节　确定线下核心业务流

接下来我带领大家没日没夜地鉴定现有核心事务的流转图，整整用时三周才定稿，过程艰辛。部分流转图如图7.15、图7.16所示，不一一展示。流转图实现了双重流转，一件核心事务在产品整个生命周期中进行了流转，不仅在某个阶段还在各个关联部门进行了流转，每一个核心事务都是跨部门的，非跨部门的事务不用体现。

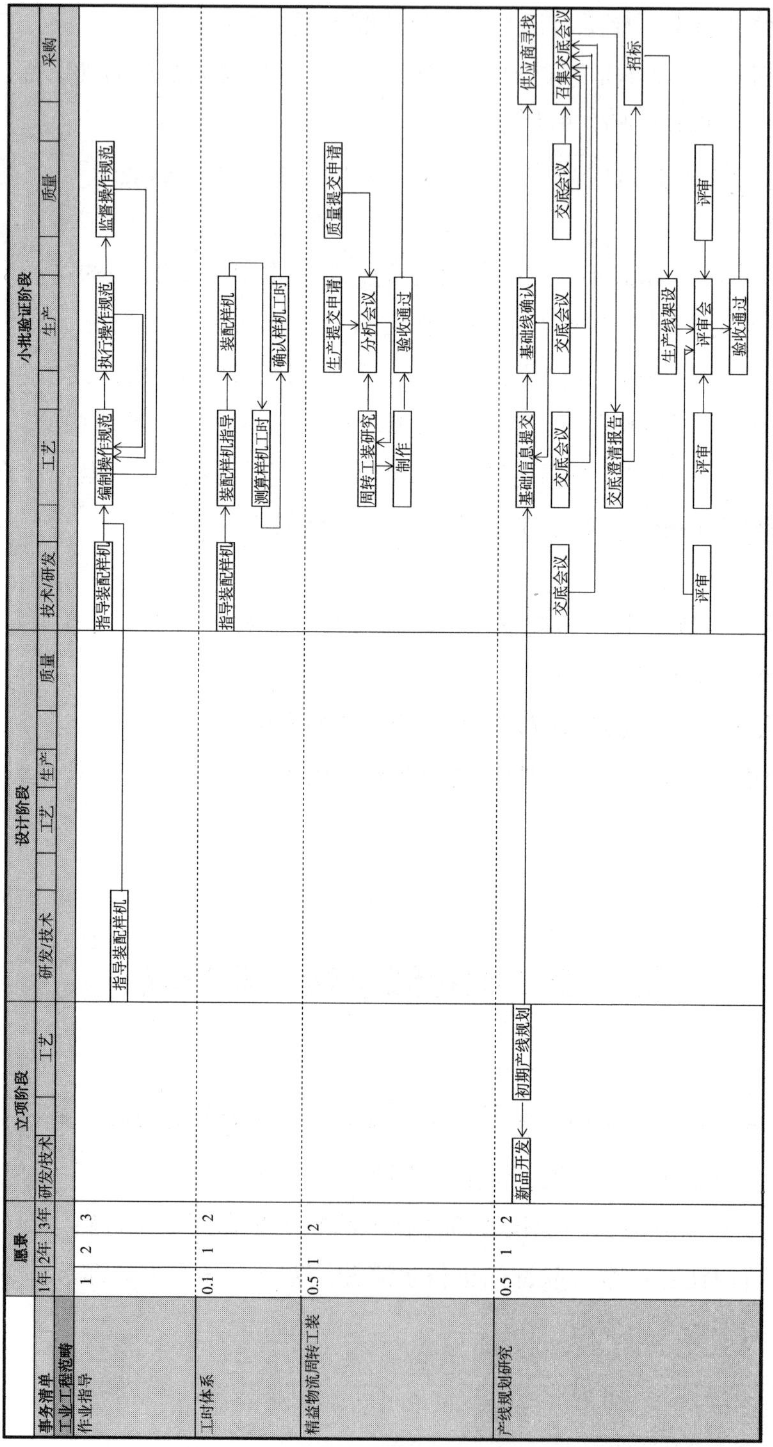

图 7.15 跨部门跨阶段业务流转模板——工业工程范畴（1）

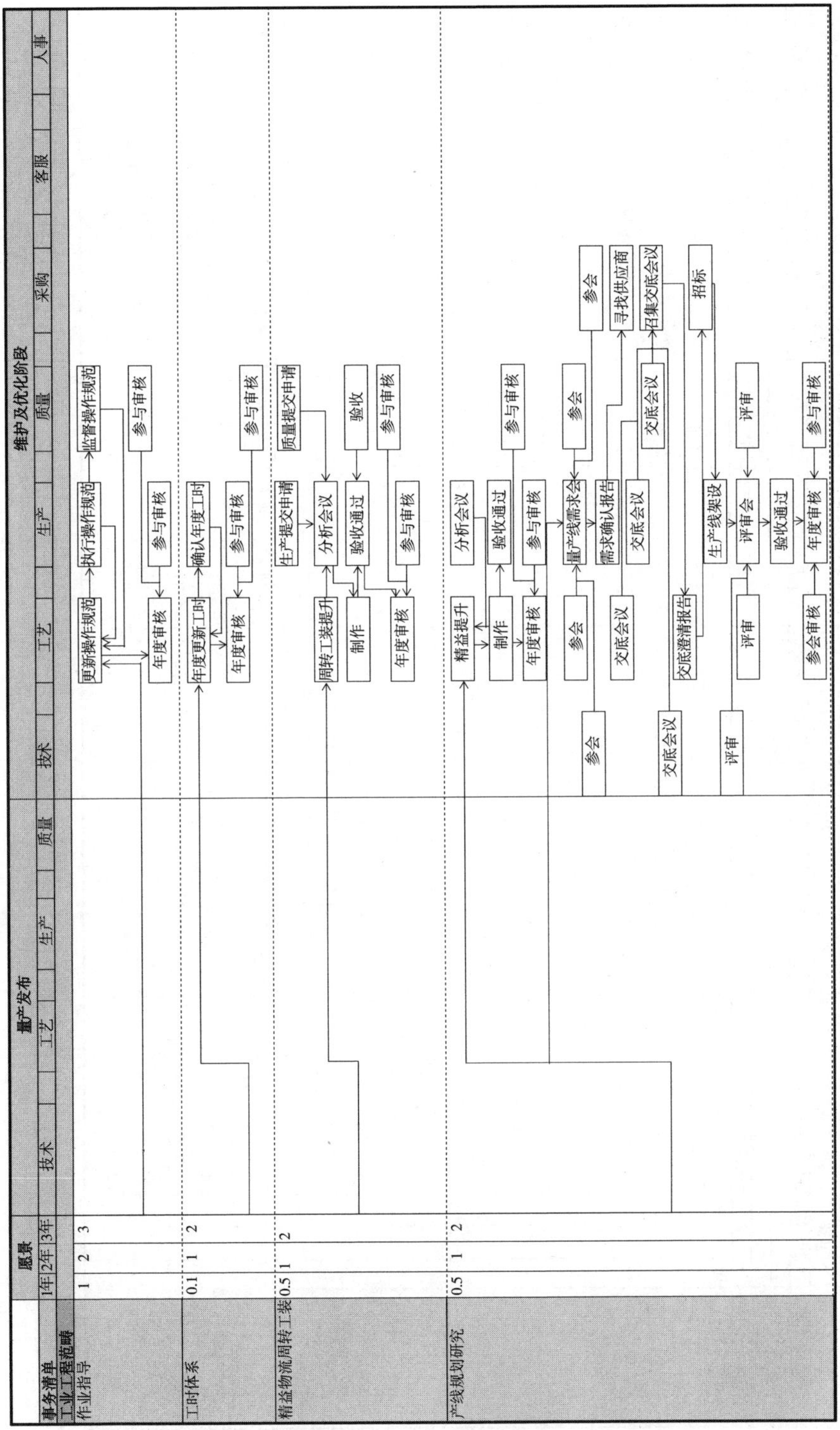

图7.15 跨部门跨阶段业务流转模板——工业工程范畴（2）

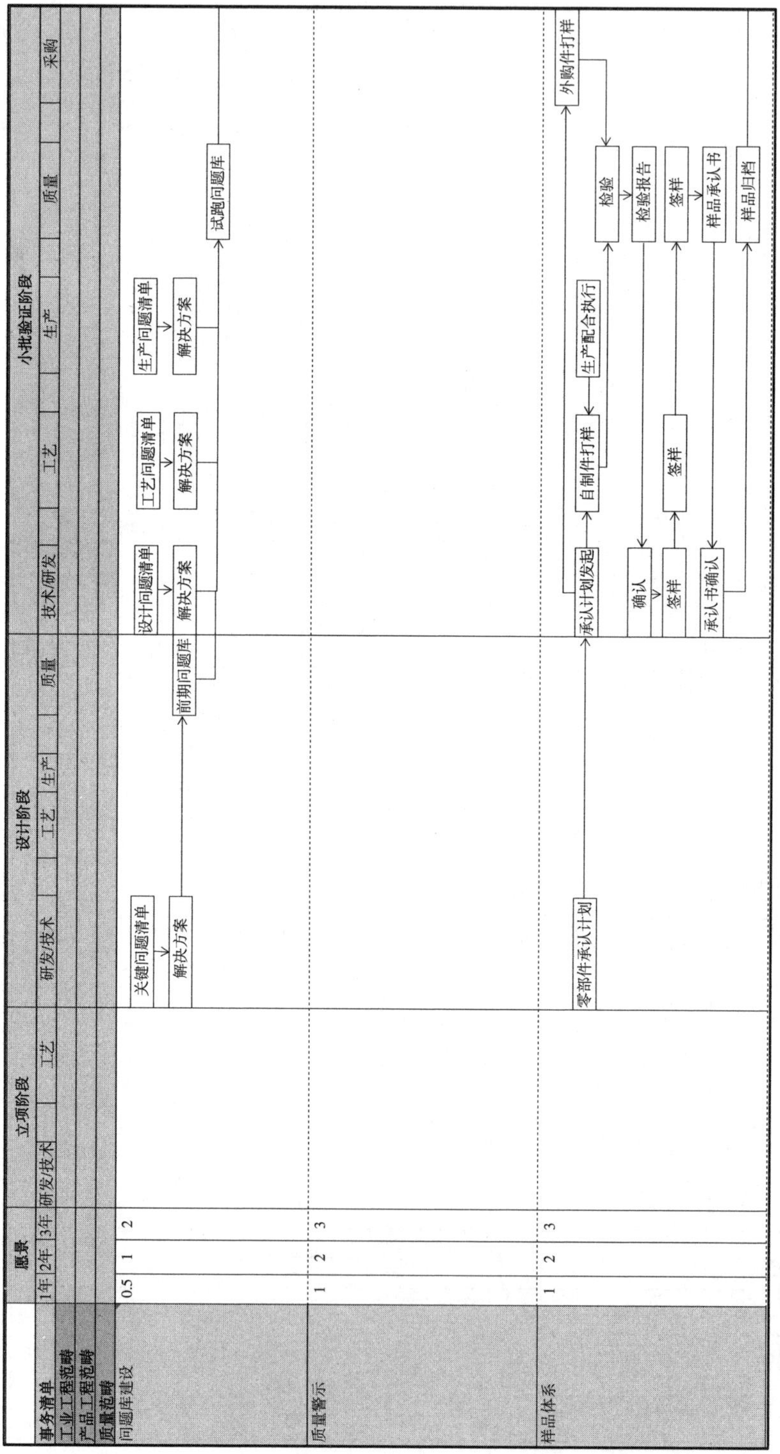

图 7.16　跨部门跨阶段业务流转模板——质量范畴（1）

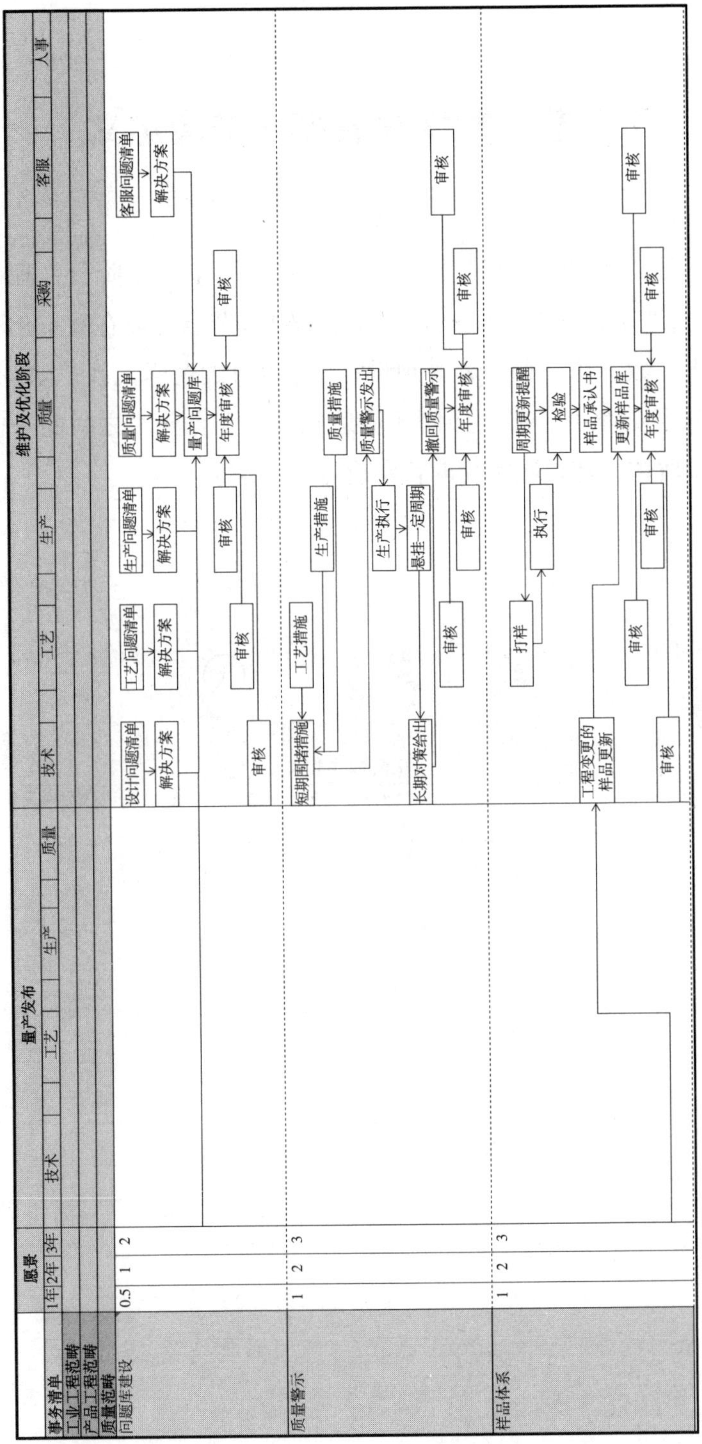

图7.16 跨部门跨阶段业务流转模板——质量范畴（2）

第七节　数字化转型业务流定义

在梳理好核心事务的流转图后，我们就进入了下一个阶段：画蓝图（见图7.17）。通俗地说，就是识别核心事务中的哪些节点可以在数字化平台中实现，一定要进入数字化平台，就必须设计抓取KPI的逻辑关系，KPI是没有人会喜欢的，除了企业主。那么如何才能达成员工和企业主之间的平衡呢？这看似是一个矛盾体，却在数字化时代结合在了一起。

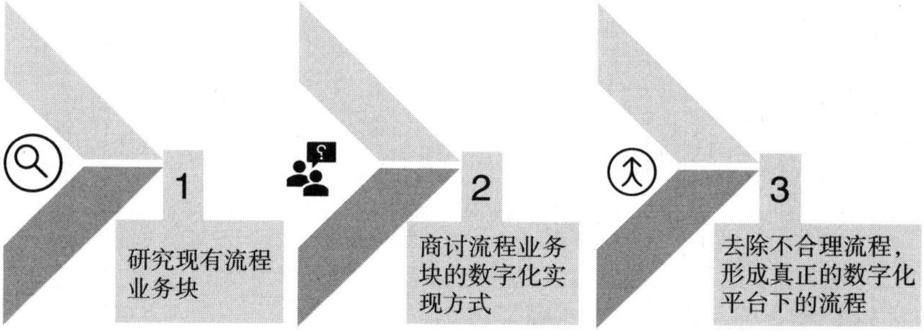

图7.17　数字化转型业务流

CHAPTER 08

第八章

修成正果

——典型核心事务的数字化实现思维

第一节 前无古人的PPAP数字化创新实现

该阶段还是以精简版PPAP样品承认的例子来说明业务的重要性。这么重要的业务，如何在数字化系统中实现呢？在整个离散制造行业内，做得最好的，也就是把一份PPAP文件上传到数字化平台，然后平台判断这个零件有没有PPAP报告，有则模具量产验收、批量试跑、进行质控计划等。把PPAP结构化到系统平台中的难度真的大，所以离散制造行业数字化PPAP缩水成文档也就不足为奇。实际上，PPAP可以简化成符合企业实际的样品承认，而样品承认的内容可以结构化到数字化平台中。

多次拉锯战后，我不明白应由研发部负责的样品承认，为何硬生生地转移到质量部了。为此，我还专门给质量经理打了电话进行确认。

“你接下了样品承认，是吃火不怕烫呀？”我开门见山，顾不得寒暄了，“按照制度，这个事务的第一责任人就是研发部，质量部接过来是什么原因呢？在我看来是不伦不类。”

“上头说我质量部不做事，那我就接点事情过来好了。”质量经理无所谓地说，“反正事情总归要做的。”

“技术部多年前就写了IPD产品开发手册，白纸黑字，明明白白地说明了PPAP就是研发部负责的。你糊涂呀，你以为接了这个活，就显得质量部积极主动团结友爱地做事了吗？团结合作也要讲究分工明确的。这个活儿，明显是研发部不愿意担责任，然后把事情踢给质量部，你就傻乎乎地接了这个烫手山芋。”我真的是恨铁不成钢，一直以来我都在帮助这位单纯的质量经理梳理事务的来龙去脉，搞清工业逻辑，然而关键时刻，他仍然是一个混沌的“怂货”，“我把生产的活也转点给你，好不好？”

“可以呀，你把生产的事情交给我，把生产部的人员也转点过来，反正我们是制造端，技术含量不高，又不是研发部。”质量经理这个时候倒是思维清晰地和我辩论。

“你呀，怎么说你呢？事已至此，既然你接过来了，你打算怎么办？”我没好气地问他。

“我还能怎么办，走一步算一步，顾问问我什么我就回答什么，不问，我就不多说。”

“现在是数字化项目期间，你要向顾问吐露心声，说出你的痛点。”

“我们的数字化需求已经写好了，他们按照这个施行就好，他们要什么，我就提供给他们，我都听话不反抗。”

“你敢拍着胸脯说你写的数字化需求不是网上找来的？你搞的这些都难以达成的，所以你需要和顾问坐在一起讨论细节，你现在是躺平不反抗吧。”真生气，这小子怎么糊涂成这样。

“领导，质量部虽然能力不行，但是还是希望有所突破的，接了样品承认的事务也是一种突破嘛。”

“好吧，希望你们言行一致，”我很无奈，“样品承认的现有流程的数字化蓝图定义你一定要上心，不要全部交给你的关键用户，我担心关键用户缺少全局观。”

“我们商讨的时候一定叫上你，你可一定要来指点。”质量经理又开始热情了。

“有事你就热情了。”

☆　☆　☆

某个早晨，我参加了质量部的样品承认数字化蓝图定义的商讨，会议室里一片祥和，大家吃着鸡蛋饼，喝着牛奶，啃着面包，好一副其乐融融的生活场景。我感觉他们就在把数字化项目当作儿戏，没有开会的样子，没有会议记录，没有责任人，这种会议状态，我不敢想象。

“领导来了，我们进入正题。”质量部的关键用户示意大家安静，等着我开场。

“不急，你们安心吃完早饭再开始，肚子都吃不饱，你们以为我是万恶的资本家呀。”一开始我总喜欢活跃下气氛，看到几个小伙子赶紧把食物塞嘴里去，我笑了笑。

“关于样品承认，你怎么看？”我问质量顾问，毕竟我们花了大价钱，我就先从顾问开始问起。

“沈总，经过这么多天的调研，我已经明白样品承认就是汽车行业PPAP的精简版，说实话，数字化的难度是比较大的，所以，我听取质量关键用户的建议，把它当成一个做检验的升级版。”

“做检验的升级版？这从何说起呢？”我惊诧莫名。

“我来解释，关于样品承认蓝图，从研发开始到后面的一系列输出，我们质量部都做不到，连跳一跳都够不着，所以我们截取了中间的一小段检验，工艺部给质量部零件，我们开始做检验，检验结果我们输入系统，然后等系统通知下一步，研发签好的样品质量部也要保管起来。”质量关键用户坦然地说着，质量经理在旁边频频点头。

“你们这是把西瓜那么大流程，缩水成芝麻那么小的流程啊。任何一个事务都是有源头的，这个流程明明是由研发部发起的，质量部偏偏要接过来，质量部打算做研发部的事情吗？”我生气地质问大家，“你们现在就打开我们梳理过的流程（见图8.1），这是一个看到全局的流程，是第一级的流程，其他流程是嵌在它下面的。”

“我们仔细研究过这个流程，你把质量部置于第一层级，压力太大，我们这个长期处在最底层的部门，一下子跑到顶层来，要摔死的。”质量经理还在狡辩。

“现在说做不了，那当时为什么接这个任务呢？你们以为数字化项目是小孩子过家家？”我真是气不打一处来，“本来是研发部置于第一层级的，质量部应该统管全局，难道你们全体员工只要做个检验员，不要质量保证？”

质量团队都不说话了，寂静足有三分钟之久，感觉整个会议室都充满了诡异的恶灵，把他们的思维全部搅成了一团糨糊。

“沈总，您消消气。”顾问打破了沉默，“我们先看看这个流程，我来讲解下我的数字化方式。”

“你继续说。”我喝了一口冰水，心情好了一点儿。

“研发部/技术部发起了样品承认需求，相关的清单已经录入系统，数据会

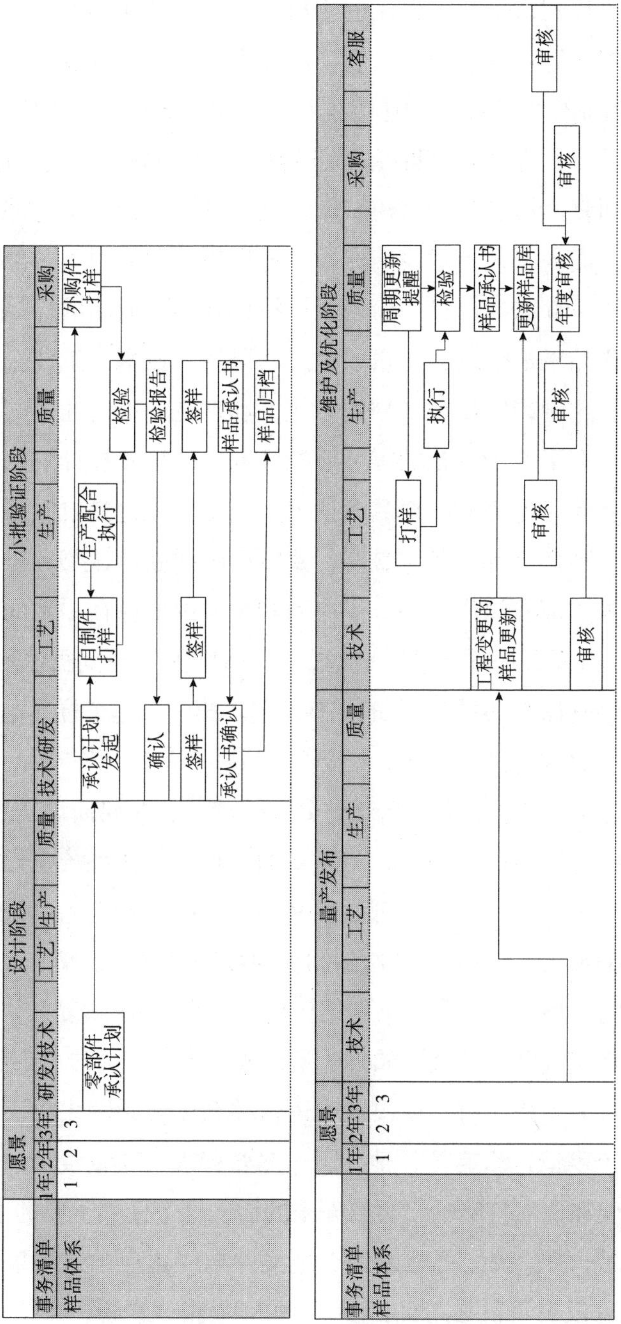

图 8.1　端到端的第一层级流程样品承认

传递到工艺部，工艺部在系统中判断哪些物料是自制的、哪些是外购的。外购的物料走外购流程到采购部，自制的物料，工艺部判断零件类型是冲压、机加工、注塑还是焊接等。如果需要工装，就要进入工装开发业务流程，和开模具是并行开展工装制作的，模具制作流程和工装制作流程都嵌入样品承认流程中。模具制作完成后，工艺部申请购买试模原材料。原材料到厂后，流程到生产部，生产部系统中回复试模安排和试模日期，试模日期一到，工艺部的调机员开始调试模具参数，嵌入工艺参数设定流程，打出来的样品由工艺部拿给质量部检验。检验后，质量部需要出具一份不含质控计划的半成品的样品承认书，然后线上发起召开样品承认会议，质量、生产、研发、技术、工艺会上当场决定零件的质控计划。这种确定质控计划的方式，和现在的不沟通模式相比，有效地打破了部门墙。有了这个真正的零件质控计划后，把质控计划加入样品承认书的最后一页，就此一份完整的样品承认书形成了。无论是自制零件还是外购零件，样品承认书和样品都要各方签字，签字后的样品承认书和样品由质量部保管，外购的由采购部发给供应商，供应商和我方都要保存一致的、签字的样品承认书和样品，这就是整个流程。沈总，您看对吗？”顾问很诚恳地问道。

“基本逻辑是对的，但是三个地方有疏漏。第一，这个样品承认书没有分阶段，仅到研发释放量产就结束了，是不完整的；第二，量产后的样品承认，我们在前面的梳理中是有的，你要补上，每一个流程都是跨阶段、跨部门流转的，其他流程也是要分阶段的；第三，最重要的一点，你在系统中先期驱动的就是一个零件表单，在其他步骤中，都是以文档上传的方式进入系统，系统是无法解析整个WORD或者EXCEL的，这是低级的数字化方式，仅是一个文档上传通道，我们需要的是整个样品承认书的结构化，因为PPAP太复杂，无法在系统中结构化，所以精简成样品承认，如果还是做成一个文档上传，那我们精简PPAP还有什么意义呢？”我一口气说出这些逻辑关系（参阅图8.2），这个实施商的顾问没想到这个事情这么麻烦，他一下子紧张起来，质量经理的脸也红了。我不能在这个时候和他们打哈哈，再给面子的话，这个极其重要的事情就要黄了。

“按照您的要求，我们再想想怎么把文件结构化吧，这种事情我们之前确实没有经历过，没有可供参考的经验。”顾问紧张地说道。

“你们好好想想，不急于一时，项目要做好是硬道理。”说完我就先回去了。

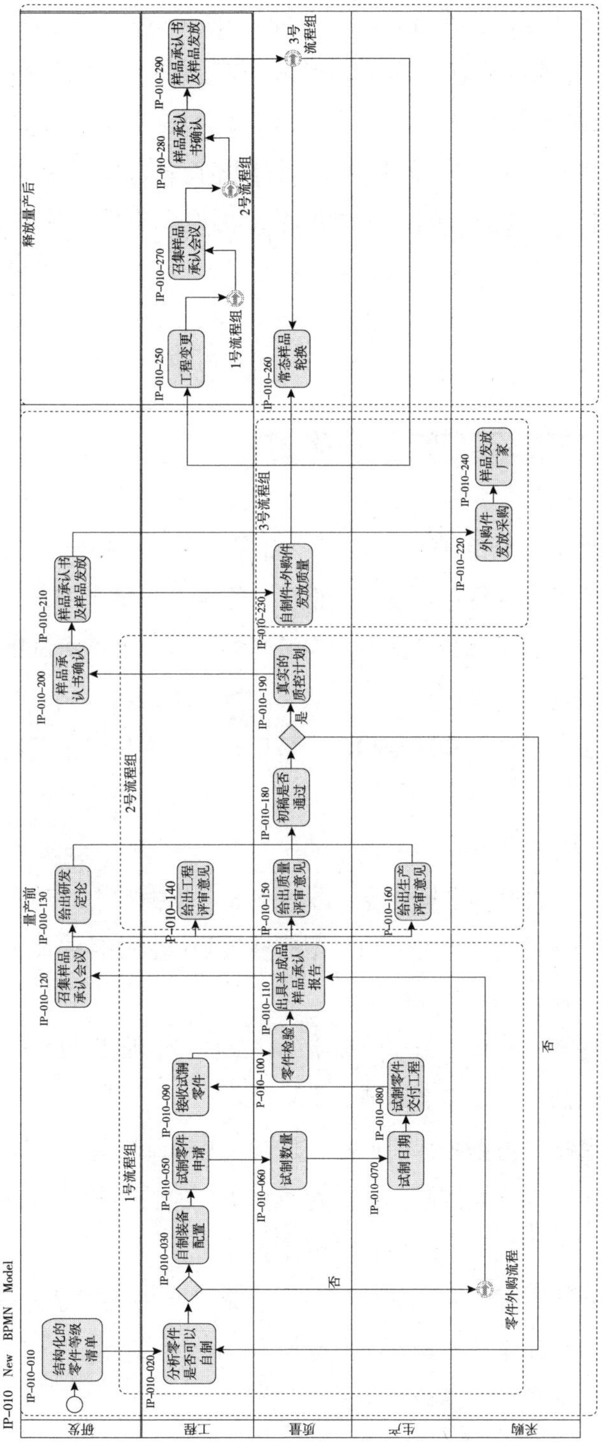

图 8.2　样品承认数字化蓝图是第一级流程

资料来源：德勤咨询行业团队解决方案。

走在路上，我就在想，“通常情况下，懂IT的人不懂工业，懂工业的人不懂IT，现在都已经把他们绑在一起了，成天面对面在谈，就谈出这么个锤子吗？难道顾问和质量人员就永远是条平行线，没有交集，擦不出火花？”我苦笑了一下，“看他们一起躺平的样子，还是我来编写如何结构化样品承认吧，省的浪费时间，都已经写到开发层面了，再说没有能力完成，那也就真的是无可奈何。”

延伸阅读：PPAP如何结构化入数字化平台

典型的样品承认报告含有如下内容：封面、全尺寸报告、制程能力指数、材质证明、物性表、绿色产品检测报告、绿色产品承诺书、工艺作业指导书、会签样品信息、试装合格信息、包装运输规范、性能测试报告、零部件控制计划、系统达成一键生成样品承认书。样品承认结构化，就是该报告的每一页内容都要在系统中实现结构化，最后整份报告是以报表输出的方式达成的。

1.封面的结构化要求

• 报告结论分为通过、限量允收、限时整改。根据状态联动是否可以入料，非限量允收和非通过的不能入料。限时整改到位，软件中设定时间，允许改动一次。

• 软件开发成封面上有各个部门签字的样品图片，鼠标放置图片上，转动鼠标滚轮可以缩放图片，查看细节。

• 样品承认书签字方是技术/研发、工艺、生产、质量、采购等部门的工程师，无须主管签字，当工程师不愿意承担责任时，主管才可以签字，软件强管控，以达成各司其职，避免本末倒置。

• 软件区分外购零部件和自制零部件，外购零部件的签字方是技术/研发、质量、采购；自制零部件的签字方是技术/研发、工艺、生产、质量。

某有限公司样品承认书模板如图8.3所示。

量产零件样品标签			
型号		日期	
图号		图号版本	
料号			
变更单号		样品承认	□Y □N
技术/研发		工艺	
质量		生产	

No.: ________________

零件名称：________________

零件号：________________

生产者：________________

这样日期：________________

结论 通过或限量允许待限时整改到位

技术部/研发部 __________ 质量部 __________

工艺部 __________ 采购部 __________

生产部 __________

图8.3 某有限公司样品承认书模板

2. 全尺寸报告的结构化要求

• 把模板固化在系统中，顾问需要仔细研究模板的逻辑关系。

• 从图纸上抓取所有尺寸的信息，尺寸有位置编码，含公差自动生成，允许一定程度的手工改动，改动由技术/研发来执行。

• 图纸技术要求同样抓取，最后能够抓取进入全尺寸报告，若不能实现，另外生成一个表单。

• 结构化后的全尺寸报告中，非关键尺寸超差若点击可接受，需要提交试装报告和尺寸链分析，联动到后端控制计划中是放公差之后的控制要求，无须更新图纸。注意：想要从前端数据一路打通到后端质控计划是不现实的，绕过实物零部件状况仅从图纸上抠出控制点是伪控制。如何让实物零件的超差尺寸和理论尺寸产生关联是难点，难点不解除，不能从图纸起点做样品承认，只能以控制计划为起点。

• 放宽公差的非关键尺寸默认进入量产零部件控制计划的第一版本中，一段时间后，当尺寸稳定在当时签样的放宽公差之内，可以升级控制计划的版本，并取消该尺寸控制。

• 关键尺寸若不合格，需要软件设定不能放公差，除非技术/研发人员更新图纸。

• 系统中有基本的确认按钮，分为检验员、质量审核员、尺寸确认员，尺寸是否允收由研发/技术人员来确认。

• 图纸尺寸必须只有关键尺寸和非关键尺寸的差别，不再标注检验尺寸（标注检验尺寸是定制化产品的做法），以免顾问把图纸检验尺寸当成质控计划中的检验尺寸。

• 全尺寸必须默认5模，不得缩水，否则报告无法完成。

全尺寸报告模板如表8.1所示。

这里解释说明两点“提取全尺寸，不做样品承认是毫无意义的，是伪需求”和“结构化的模板必须在系统中结构化，不能数字化项目做成一个仅能上传文档的工具，比如样品承认就要结构化，这是硬道理”。

一些不执行样品承认公司的研发部想当然地提数字化要求，因为他们实在想不出研发部在数字化项目中应该提什么要求，就提出了要把图纸上所有信息提取出来，传递到后端，这就相当于研发的技术信息往后传递了，可以交差的数据源出来了，研发部的任务就完成了。至于出来之后要往哪里跑，研发人员会说这不是研发范畴的事情了，是信息部和工厂端要考虑的。若此时后端执行样品承认流程，数据一路贯通形成质控计划，那是有效的；若后端不执行样品承认流程，提取出来的信息的最大价值在于质量部做尺寸检验时无须对着图纸手动输入尺寸表，仅此而已，往后的传递链条是断裂的。投资几百万元就达成这个功能，收益到底在哪里呢？所以各个部门整理数字化需求时，要充分思考这个数据从哪里来到哪里去，这是基本的工业逻辑常识。

表 8.1　全尺寸报告模板

全尺寸报告

产品型号:		样品承认单号	
零件名称:		材料:	
零件料号:		颜色:	
厂家:		日期:	

Inspection Gauge:

Caliper 卡尺		(C)	Thickness Gauge 厚度规	(T)	Gauge Block 量块	(B)	技术	
Micrometer 千分尺		(M)	Height Gauge 高度规	(H)	Go. No-Go 通止规	(G)	质量	
Opto-Comparator 投影仪		(O)	Dial Indicator 千分表	(D)	Microscope 显微镜	(S)	采购	
Pin Gauge 销规		(P)	Flexible Ruler 卷尺	(F)	CMM 三坐标	(E)	厂家	

发放

输入　　低　　高

如果标准差大于总公差带的50%，显示红色

序号	尺寸位置	实际位置	量具编码	穴号	基本尺寸	＋ 偏差	－ 偏差	＋ 极限	－ 极限		样品1	样品2	样品3	样品4	样品5	平均值	状态	标准差	接收	备注
								0	0							0.00		0.000		
								0	0							0.00		0.000		
								0	0							0.00		0.000		
								0	0							0.00		0.000		
								0	0							0.00		0.000		
								0	0							0.00		0.000		
								0	0							0.00		0.000		
								0	0							0.00		0.000		
								0	0							0.00		0.000		
								0	0							0.00		0.000		
								0	0							0.00		0.000		

发布：　　审查：　　批准：

3. 制程能力指数的结构化要求

• 利用现成质量模块中的CPK模块来计算制程能力指数。

• 抓取图纸上标识为关键尺寸来计算。

• 行业上标杆公司及质量技能管理均要求关键尺寸做制程能力指数来衡量该特征的稳定行，为避免推行样品承认被质量部缩水成可选，可选必须要有制约机制，不能变成“全部不选择”，所以系统中要实现关键尺寸默认抓取好输入表头，若要减少数量，提交技术/研发允许的证据，否则不得减少，做制程能力指数是为了把QC升级成QA。

• CPK的数量默认是32模，若想要减少数量，最多减少到25模，软件设定不能少于25模。

• 尺寸在公差范围内，但是CPK小于1.33，理论上就是CPK不合格，即制程不稳定，但是由于项目进度要求，研发/技术人员可以暂时限量允收，在释放后的样品承认书上要有显著标识：限量允收，待整改到位。软件强管控需要限期整改到位，以此提升制程的稳定性。

制程能力指数模板如表8.2所示。

4. 材质证明的结构化要求

• 以图片形式上传，输入图纸规定的材质、实际使用的材质，若有不一致且还不想改图纸，需提交材质的等效证明，软件强制管控。

• 除了等效证明，软件需要强制输入以下信息，而且是缺一不可的信息：该新材料的功能验证合格报告；理论材料的功能验证合格报告；两种材料的功能验证对比报告和结论；签审到总工的材料可替代证明。

• 有多种替代材料需要提交各自证明。

5.物性表的结构化要求

• 以图片形式上传，若是替代材料，需要提交替代材料的物性表。

• 针对塑料材料，软件强制要求输入厂家牌号，该牌号对应的缩水率、熔融指数，因为后续量产模具型腔大小和成型难易度由两者决定。

• 想要更换原材料，软件驱动生成工程变更，杜绝随意更换原材料。

表8.2　制程能力指数模板

检具：

Caliper 卡尺（C）	Thickness Gauge 厚度规（T）	Gauge Block 量块（B）
Micrometer 千分尺（M）	Height Gauge 高度规（H）	Go. No-Go 通止规（G）
Opto-Comparator 投影仪（O）	Dial Indicator 千分表（D）	Microscope 显微镜（S）
Pin Gauge 销规（P）	Flexible Ruler 卷尺（F）	CMM 三坐标（E）

测量设备													
公差类型	1	1	1	1	1	1							
维度类型													
尺寸序号	1	2	3	4	5	6	7	8	9	10	11	12	13
标称													
+													
−													
USL	0.000	0.000	0.000	0.000	0.000	0.000							
LSL	0.000	0.000	0.000	0.000	0.000	0.000							
1													
2													
3													
4													
5													
6													
7													
8													
9													
10													
11													
12													
13													
14													
15													
16													
17													
18													
19													
20													
21													
22													
23													
24													
25													
26													
27													
28													
29													
30													
31													
32													
平均值													
最小值													
最大值													
极差													
样本量													
目标Cp	3	3	3	3	3	3	3	3	3	3	3	3	3
目标Cpk	1.3	1.3	1.3	1.3	1.3	1.3	1.3	1.3	1.3	1.3	1.3	1.3	1.3
Est. Cp	#VALUE!	#VALUE!	#VALUE!	#VALUE!	#VALUE!	#VALUE!							
Est. Cpk	#VALUE!	#VALUE!	#VALUE!	#VALUE!	#VALUE!	#VALUE!							
Disposition													

6. 绿色产品检测报告的结构化要求

以图片形式上传该物料对应材质的绿色产品检测报告，若是替代物料，需要输入替代物料的检测报告，替代物料已经在材质证明模块中输入。若把表8.3中的内容开发成系统输入，系统是可以实现的。

表8.3 ROHS报告模板

分类	类型	有害物质	限值：ppm（mg/kg）	实测值
基本项目	重金属	包材中的重金属的总和（镉+铅+汞+六价铬）	Cd+Pb+Hg+Cr (VI): 100	
		镉及其化合物	1. 100 2. 电池：250	
		铅及其化合物	1. 1000 2. 电缆夹套：300 3. 钢合金：3500 4. 铜合金：40000 5. 铝合金：4000 6. 电池：4000	
		汞及其化合物	1. 1000 2. 电池：5	
		六价铬及其化合物	1. 禁止	
	有机溴化合物	聚溴联苯	1000	
申报项目	有机氯化合物	溴联苯醚	1000	
		多氯联苯及多氯对联三苯	50	
		氯化石蜡（C10～C13）	10000	
		聚氯乙烯	禁止	
		石棉	禁止	
		偶氮染料	30	
		破坏臭氧层物质	禁止	
	其他金属	镍及其化合物	0.5μg/cm²/week	

7. 工艺指导书的嵌入

以物料、焊接组件、铆接组件的料号为出发点来调取结构化的工艺作业指导书，作业指导书的结构化在后文中讲解。

8.会签样品信息的结构化要求

• 软件控制需要上传已由技术/研发、质量、工艺、生产签字的样品照片。

• 工程变更的样品联动工程变更单号，新产品的样品联动试跑单号，试跑单号来自新产品开发的新品试跑。

• 样品有效期的默认期限是一年。

• 有内部的小签审流程来保证签样单完成。

• 样品库位号联动现场的样品柜子，可以迅速找寻封样。

零部件签样单模板如图8.4所示。

某公司零部件签样单 REV：01

样品类型	□首次量产样品 试跑单号：________	□工程变更样品 变更单号：________	□常态轮换样品
签样日期			
样品到期日			
样品柜库位号			
签样人员	技术：________	工艺：________	质量：________
样品保管人联系方式			

签样图：

量产零件样品标签

型号		日期	
图号		图号版本	
料号			
变更单号		样品承认	□Y □N
技术/研发		工艺	
质量		生产	

说明：签样仅对上图样品负责，后续量产期间需要确保零部件和样品一致，产生争议，参考工艺管理规范第九章之零部件承认原则进行处理。

图8.4 零部件签样单模板

9. 试装合格信息的结构化需求

• 工程变更的样品试装联动工程变更单号，新产品的样品试装联动试跑单号，试跑单号来自新产品开发的新品试跑。

• 试装人是技术/研发部的人员。

试装报告模板如图8.5所示。

<table>
<tr><td colspan="4">某公司零部件试装报告　　编号：</td></tr>
<tr><td rowspan="2">样品类型</td><td>□首次量产样品</td><td>□工程变更样品</td><td rowspan="2">□常态轮换样品</td></tr>
<tr><td>试跑单号：________</td><td>试跑单号：________</td></tr>
<tr><td rowspan="2">确认</td><td>□自制件</td><td colspan="2">□采购件</td></tr>
<tr><td>工艺：</td><td colspan="2">采购：</td></tr>
<tr><td rowspan="2">试装人员</td><td colspan="3">□合格　□不合格</td></tr>
<tr><td colspan="3">试装人：________</td></tr>
<tr><td colspan="4">试装问题记录（如有则记录）：</td></tr>
<tr><td colspan="4">试装图</td></tr>
</table>

图8.5　试装报告模板

10.包装运输规范的结构化要求

按图8.6的内容进行结构化。

<table>
<tr><td colspan="4">某公司零部件包装运输规范　　编号：</td></tr>
<tr><td rowspan="2">样品类型</td><td>□首次量产样品</td><td>□工程变更样品</td><td rowspan="2">□常态轮换样品</td></tr>
<tr><td>试跑单号：________</td><td>试跑单号：________</td></tr>
<tr><td rowspan="2">确认</td><td>□自制件</td><td colspan="2">□采购件</td></tr>
<tr><td>工艺：</td><td colspan="2">采购：</td></tr>
<tr><td colspan="4">包装图</td></tr>
</table>

图8.6　包装运输规范模板

11.性能测试报告的结构化

按技术/研发的样式来加入，沿袭技术/研发部。

12.零部件控制计划的结构化

• 前述事务完成后，软件驱动线下会议，召开样品承认会议，会议上商讨确定零部件质控计划。

• 控制计划的更新基于量产后的第一版本，经过长期量产数量的追踪，更新版本。

• 在零部件结构工艺性评审中理论上已经鉴定到哪些特征需要快速检具，快速检具可以自动代入控制计划。若先前没有考虑快速检具，软件设定控制计划没有完成，驱动快速检具完成，再次创建控制计划鉴定会议。

• 控制计划是样品承认书的最后一页，只有完成控制计划后，才能生成完整的样品承认书，软件需要控制。

• 控制计划模板按照质量部的控制计划模板来开发。

控制计划模板如表8.4所示。

表8.4　控制计划模板

料号		描述	
物料等级		产品型号	
版本			
序号	技术规范	测量工具	抽样方案
图示详细要求			
工艺工程师		质量工程师	
研发工程师		生产主管	

注：第一版本的控制计划同审核计划

13.一键生成样品承认书的结构化要求

• 完成后的样品承认书，软件自动发给承认书涉及的人，零部件分A、B、C重要度等级。等级分级在研发PLM端已经完成：A类零部件抄送到总经理、总工、部门经理、主管；B类零部件抄送到总工、部门经理、主管；C类零部件抄送到部门经理、主管。

• 被抄送的各级领导在审核成品文稿时有异议，经双方沟通确实有问题的，软件可以点击更新样品承认书，再次签审完成新的循环。

• 自制零部件生产时候需要在系统里查询该零件是否有样品承认书：A类零部件在释放量产前需要完成样品承认，若没有，不得量产；B类、C类零部件在量产后半年完成样品承认，一年后若还是没有样品承认书，不得量产。每家企业的时间上可能不一样，需要定义清楚。

• 联动到PLM，交付时刻必须检视样品承认是否按规则完成，否则释放量产交付节点不通过。

“各位，前面已经提取了全尺寸，如果仅是帮助质量部解决手动输入尺寸报告的事务，几百万元的投入是没有意义的，要实现的是数据的无缝贯通，样品承认就是最核心之事。”我对大家说道，“望你们三位精诚合作，基于我讲的要求，做出更好的方案，若仅是文档上传，则是浪费了数字化平台的强大的数据贯通功能。”

“我们再仔细研究下领导的要求，这种级别的开发我们实施商还是第一次遇到。”顾问小心翼翼地说道。

“这其实是最基础的，大学刚毕业，我工作的一家企业就已经结构化了样品承认书，我现在提的要求是二十年前别人已经做到的，不是先进的事务，我希望你们这回实施出来的，要比那个更加先进。”我说的是实话，一点儿都没有夸张，估计各个平台的底层逻辑不一样，这家世界知名实施商是以财务平台起家，不是制造平台，可能对我的要求理解起来比较吃力。

第二节　数字化转型项目书定义

在经历过调研、现有流程鉴定、数字制造流程定义后，数字化转型项目将进入真实的需求编制阶段，即蓝图文档编制。此阶段的工作不再是一片祥和地商讨，而是真正意义上的实施方案的确认。方案的确认需要关键用户、部门经理、信息专家、总工、总经理签字的，后续一切执行均要按照此项目说明书来。若在下一阶段的系统实现中，确实要更改需求，需要走变更流程，变更流程需要所有相关负责人签字。

该项目说明书是前述所有步骤在系统中最细化的实施方案的说明。基于这些最细化的说明，实施商会计算实施工作量，进而报出该阶段的实施费用。

在数字化实施过程中，项目书和蓝图中的甲方诉求一定要描述清楚且保持一致，甲方描述诉求的必须是工业逻辑大师，思维要缜密，精通行业从研发到工艺到质量到生产到精益到软件开发，需求要深刻到模板级别，否则可能会在项目验收时出现各种扯皮，通常乙方会利用信息不对称而扯赢。数字化实施阶段需要的是细节，细节状况甲方必定信息不对称而不知道，这是乙方扯赢的根本原因。

把甲方的模板开发成一键生成，这是低级的数字化解决方案，甲方需要实现模板中的数据从哪里来要到哪里去，模板中的数据也要实现流程互锁，并非所有流程都需要互锁，如样品承认中的模板，但是基于实际业务的流程是部分互锁的。

模板及模板的流程互锁是极其重要的事情（见图8.7），前面做的所有事务都是为数字制造项目书的编制做铺垫，前半程没有彻底明了数据从哪里来要到哪里去，那么在后半程实施期间，会有无尽的扯皮、推诿、抱怨、争吵、失望、放弃。市场上90%的数字制造项目是失败的，原因之一就是在此关键节点折戟。

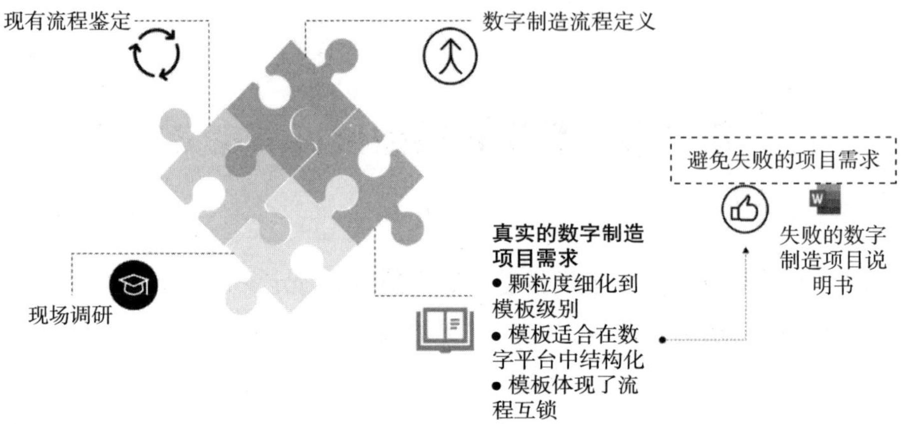

图8.7　数字制造的关键模板流程互联互锁

标准的数字制造项目书应包括五部分内容。

第一部分：版本控制页面

版本控制展示了此文件由谁创建、什么时候创建。

如果修改，注明修改原因、修改的审批记录、发起修改者、审批部门是和该文件相关的各个部门、完成审批的时间。这是一个小型的文件变更。

第二部分：流程的概览

以结构化工艺为例予以说明。

注明流程名称：结构化工艺主数据创建流程。

适用范围：适用于结构化工艺数据在系统中的创建。

关联的相关部门：工艺部、生产部、质量部。

流程描述：描述结构化工艺数据的形成过程。结构化工艺的数据分为三大部分：一是制造BOM，二是工艺路线，三是对象化的结构化数据。结构化工艺数据的创建分布在整个工艺设计的业务过程中，在工艺业务活动中，逐步形成工艺知识库和工艺资源库。总体来讲，制造BOM是结构化工艺数据创建的开始，承接的是研发的设计BOM的发布流程。在工装验收以及产品的量产发布前确定要形成。结构化工艺数据是生产部下达生产订单的必要条件，也是控制计划发布的必要条件。

前提假设：研发的设计BOM及相关技术文件已发放。

第三部分：数字化蓝图

此蓝图一旦确定，后续不得随意更改，数字化项目是极其严谨之事，流程先要僵化再优化。若实在需要更改，必须走变更流程，实施商重新报价实施费用，因为蓝图是实施顾问传递给他们后端开发人员的法定文件，一旦更改，实施商的开发人员的前期工作相当于无效。在蓝图确定的情况下，再行更改，证明之前的商讨是没有意义的，各个部门的员工都需要有相应的惩罚，因为他们视数字化项目如同儿戏。如图8.8所示。

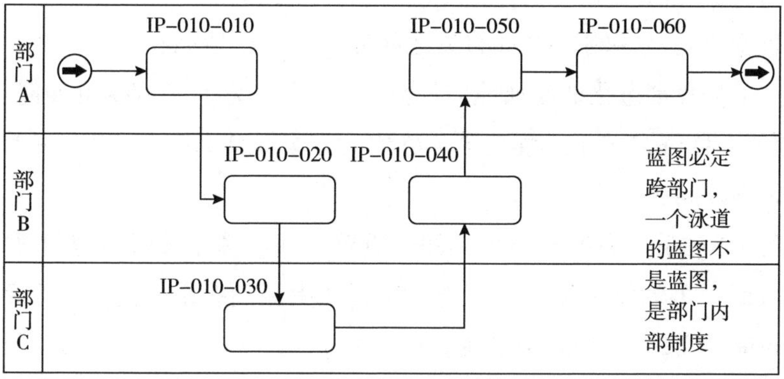

图8.8　有法律意义的蓝图

第四部分：任务分解

对数字制造蓝图中的每一个步骤予以详细的结合未来数字化平台的说明，说明内容包括：上下步骤如何衔接，数据如何贯通，线下如何实现，线上如何实现；线上仅是上传文档功能的实现，还是文档结构化，在此需要详细说明；输入是什么，输出是什么，哪些功能是系统的标准功能，哪些功能是需要定制开发的功能。

第五部分：涉及开发

如前述样品承认，所有模板需要在此处列出，并说明开发要求。

涉及PLM、ERP、MES的连通，如何连通需要说明。

涉及报表的开发，一个蓝图必定有一个KPI来衡量，KPI再下沉一步就是报表。

第三节　不再割裂的工程变更数字化实现

PPAP如何在系统中结构化已经介绍了，按照产品开发顺序，进入下一个环节工程部，工程部的核心在于工程变更，工程变更差点在项目调研中遗漏，还好我们捡了起来。

工程变更是数字制造项目的关键部分，要牢牢地抓在手里，控制好航线不偏航，于是我常态化地参加他们的会议，会议主题是工程变更如何实现。

“顾问，你好，关于工程变更，你们的方案是什么呢？”我问负责工程变更的实施商顾问。

“我们会在系统中创建一个工程变更单，并选择相关联的部门进行审批，审批完成后，再创建一个执行流程，工程变更流到哪个部门，哪个部门就提交系统相应的文件。”顾问回复我。

“这是我们真实的需求吗？”我总感觉哪里不对劲。

“你怎么看？”我问关键用户，“你们部门经理怎么没有来？这么重要的事情，他怎么能够缺席呢？”

“工程变更的事情他全权委托我了，放心吧。”关键用户想着打消我的顾虑。

“好吧，说说你的看法。”我看向关键用户，“你对顾问的方案是怎么看的？”

“基本上达成我们的要求了，我们现在也是这样做的，也是一个闭环的。”

“那为什么你们的工程变更通常都不知道流转到哪里去了呢？你以为上了数字化平台后，工程变更都记录在平台里，就不会遗漏？”

“系统平台是很傻的，有记录，只要不删除，永远放在那里。”关键用户说得也有道理，可是他根本不了解我，也不了解业务，更不了解工程变更是多么严肃的事情。

顾问看到我问得越来越深入，赶忙打断关键用户的话："沈总，我们看起来有不足啊，望你明示。"

我无奈地说道："首先，现在的工程变更要签字两次，这完全是浪费时间的事情，本来工程变更是一个从头至尾的整体，你们非要把它割裂成两次，线下已经错误地执行这么多年，你们就不思索在数字化项目中能否改善？哪怕是把两次签字合并成一次也行啊，不假思索地把不良的流程固化在系统中，这还能达成提质降本增效的初衷吗？"

"一张流转单签一次，你要达成这个要求？"顾问问我。

"是，这在系统中是可以达成的，第一次签审后，就一路向下流转，思路没毛病呀。"

"这应该是可以实现的，"顾问点了点头，"沈总还有什么指教？"

"指教谈不上，只是这基本的工业逻辑不能太粗犷了，这是我要说的第二点，流程流转到各个部门的时候，每个部门的负责人都要提交相应的文件，万一他们忘记提交了呢？或者，你的平台只是一个提交文件的平台，某人随意提交一个文件，平台还是可以放行呀！"我希望顾问能够知道我接下来要说什么，能够接得上我的话，可是顾问沉默不语，这不是我要的答案。

过了好一会儿，顾问突然开口了："沈总，这个你不要担心，我们的变更其实有很多种，有BOM变更、作业指导书变更、工时变更、物料属性变更、模具结构变更等，各个类型的变更确保了各个部门要做的事情不遗漏。"

听到这里，我是真的明白了，关键用户是不思进取，顾问是没有在离散制造业待过，"你们把第一层级的工程变更硬生生地割裂开来，工程变更是第一层级的事务，当它流转到工艺部，工艺部要把作业指导书变更了，这是逐级往下展开的事情，你们把逐级往下展开的事情与工程变更并列成一个层级，好似儿子和父亲都是一个辈分的了！"

"工程变更就如一个大一统的国家，自上而下地运作，执行各个细节，而你们就把这个大一统的国家分裂平行的小邦国了。"我顿了顿说，"难道这个BOM变更不属于这一整个工程变更？这个工程变更不影响作业指导书变化？工时都含在作业指导书中，你们还要割裂开来吗？修模做好了不要样品承认，难不成还搞一个样品承认的升级流程？你们要有系统性思维。”

说到系统性思维，如果关键用户是一个基层工程师，囿于他在这个层级的局限性，他可能会在他的思维框架中思考，很难跳出这个框架。他们为什么要割裂工程变更，是因为他们基于自己部门的事情，技术部把图纸扔出去就好，再也想不到后面要做什么其他的事情了。

“顾问，你确实做了很多变更方式，但都是割裂的，你现在要做的第一步就是把你割裂的各种变更，归拢到工程变更下，它们是工程变更的下一层级。”我诚恳地建议顾问。

“明白，我重新梳理。”顾问看起来慌而不乱，我心里好过了一点。

工程变更流转各部门需要提交的事务清单如图8.9所示。

“请你们仔细参考这个图中的颗粒度极度细化的工程变更的流转方式，这是比较好的实践，工程变更第一步需要有一个发起窗口，你说要在数字系统中怎么办呢？”我问顾问。

“系统里要设定一个工程变更窗口，这个窗口关联到某个员工的工号，他有权限创建一个工程变更。”顾问回复我。

“那么工程变更窗口要做什么事情？这个问题你来回答。”我要求关键用户回答。

关键用户真是一个习惯被命令的人，要他主动回答，他一下子紧张了，“是不是召集会议？”他弱弱地问。

“不全是，他还要请各个部门评估工程变更的可行性：如果可行，工程变更单流转下去；如果不行，工程变更就关闭不做，那么这个任务在系统中如何实现呢？”我又问顾问。

“工程变更窗口在系统中创建工程变更单的同时创建了会议，线上有会议邀请，会议在线下召开，无论流程要不要往下走，都要有会议记录，反馈上来的会议记录通过工程变更窗口传入平台，要是做得颗粒度细一点，会议记录也可以在系统中结构化。”顾问诚恳地说。

“你说到点上了，我们继续，当流转到样品承认，你认为应该怎么办呢？”我问顾问。

“质量部负责的样品承认要链接到这个工程变更中，作为工程变更的子

变更窗口	□通知研发、零件工程、制程工程、质量、生产评估工程可行性
	□通知物控、项目经理、工业工程统计相关费用
	□召开工程变更会议，发工程变更管控单
	□试跑通过并确认可以正式切入后，发工程变更结案、更新BOM
资材	□请厂商打样　□修模费用、新料单价、修模交期
	□样品承认申请单提出，样品承认后，向厂商提供样品及承认报告
	□通知厂商相对应的料号、变更版本号、标识方式，并确保执行
工程	□给资材部提供正式设计变更图，开出修模通知单
	□如果需料号升级，文控要申请料号
	□完成变更物料的样品承认并向供应商管理和资材部提供签样
	□填写试跑单，并确定是否可以正式导入　试跑单号：
	□确定厂商的标识方法并通知其他部门
	□工程师需得到客户认可可试跑或正式切入，才填写此单据
工业工程	□厂内作业指导书、外包件作业指导书、外购件作业指导书准备
	□试跑时发临时作业指导书，正式切入时沿用临时作业指导书，一周内正式作业指导书生效
	□对外转嫁单
生产计划	□提供新料切入的工单号码
	□若有涉及运输方式更改，估算产生的费用变更
	□外包件的工程变更，应掌控生产计划并提供其切入的信息
采购	□旧料库存
	□预估切入时间点，预估新料切入订单号
	□掌控新料切入的时间点并以“电话+邮件+系统平台”通知各部门（尤其是生产计划部）
	□如有库存报废，负责费用请款事宜
	□在新料入库前一周内将此单据交文控
供应商管理	□需根据变更类型及时暂停或清除旧料
	□加贴工程变更标签（海外料、厂商漏贴）至最小包装
	□根据样品承认书检验新料、第一次入料请通知工程部工程师确认
	□将本单据（试跑单）一起附在材料上，入库房
收料区	□核对数量
	□检查是否有允收标签
	□确保收到并将此单据转交库房
库房	□根据生产计划的工单备料，新料上线通知物料
	□确保先进先出（试跑料除外）
	□散料上线时，加贴工程变更标签
	□新料切入时，库房需控制新旧料的识别
生产主管	□针对线上退回之新料，做标识处理
	□及时通知助理及质量巡检
	□助理通知工业工程更新作业指导书
工业工程	□确认作业指导书或试跑作业指导书已更新
质量巡检	□试跑材料需在通知工程部相关工程师上线确认后开始
	□记录试跑机台序列号并发出、升控制码
	□试跑单试跑状况及结论由质量巡检和最终质量填写
	□记录切入的首台序列号
变更窗口	□追踪由工程变更产生的费用问题
	□试跑通过并确认可以正式切入后，发工程变更结案，更新BOM
	□关闭工程变更日期

图8.9　工程变更流转各部门需要提交的事务清单

阶，工程变更是量产后的第一层级的事务，任何变更都可以发起一个工程变更来带大家一起飞，在系统中，我要建立一根工程变更的竹竿，竹竿上的节就是各个部门，工程变更单流到每个节，每个节就自动触发要提交的内容。”顾问顿了顿，好像在思考下面怎么说。

“你说得再细一点。”我看他似乎已经走在正确的道路上了。

“至于要提交什么内容，图上其实已经说得很清楚了，我要在系统中实现当勾选该项要做的事情后，立即弹出来要提交资料的对话框：如果仅是提交文件，那么就提交文件；如果判断系统中还有结构化的资料如样品承认在系统中是结构化的，那么点击系统链接进入样品承认页面，更新结构化数据，然后再回到工程变更的主流转界面。”顾问这时候两眼放光，他相信自己是对的。

“你说对了，你的任务就是要把这工程变更追踪单形象化地展示在系统内，任何有权限的人都可以看到工程变更现在所处的节点，如果停留在生产部，生产部高亮显示未按时完成，这就是把管理思路固化在系统平台里了。”我看向关键用户和顾问，他们愉快地点了点头。

“还有一点，这也是我们一直以来没有做好的事情，那就是工程变更后的物料我们从来不批量试跑，你要在系统中设定好，想想应该如何设定？”我问顾问，我就想考考这位顾问的理解能力，名牌大学的毕业生是不是理解能力超强。

“哈哈，这个好办，流转图上已经显示了试跑细节要如何管理了，我会在系统中强行创建一个试跑单号，这个单号推给生产部，系统要求生产部回复准确的试跑日期，要求质量部回复试跑的数量，入料检验的时候试跑的物料要贴上黄色区隔标签，在制造执行系统做收货的时候，如果扫描到黄色试跑标签，自动告知物料已经到厂等。”顾问用到了他的专业知识来解决问题，很开心，“我还可以把你们的黄色区隔标签都结构化。”

“你能想到这么深远，我还是放心的，我们还真有区隔标签，这个都结构化了，颗粒度绝对到位了。”转过头，我对关键用户说，“你去把区隔标签拿来给顾问看看。”工程变更标签如图 8.10 所示。

“果然和我料想的一样，这个结构化在系统中，MES 当场可以打印标签，试跑料有了这个通关文书，就可以一路顺畅地从入料跑到生产线。”顾问认真地说道。

“你们明白就好，有你在，我就放心了。”我拍了拍顾问的肩膀，放心地走开了。接下来，让顾问带着关键用户做吧。

图 8.10 工程变更标签

第四节 领先的工艺数字化实现

数字制造工艺先行，数字制造就是工艺的数字化，工艺最重要的一项工作就是作业指导书，作业指导书规定了制造参数的方方面面，由西北工业大学智能制造研究所起草的计算机辅助工艺设计CAPP国家标准，在本次项目中发挥了重大的作用。

由于世界大型实施商没有CAPP模块，所以本次项目一开始出现了极大的纰漏，顾问完全没有做过工艺的经验，为此还换了一拨顾问。如果这个承上启下的关键职能没有做好，数字制造无从谈起。

延伸阅读：结构化工艺

在数字化时代，工艺作为承上启下最重要的一环，结合数字中国国家大势，终于达到了前所未有的地步。当下，越来越多的企业设立了工艺部，由工艺部开展专业制造方法论的研究。GB/T 28282—2012国家标准CAPP讲述的就是结构化工艺，该标准在2012年发布。

数字化阶段，工艺到底处于什么位置呢？图8.11展示了工艺所处的核心位置。

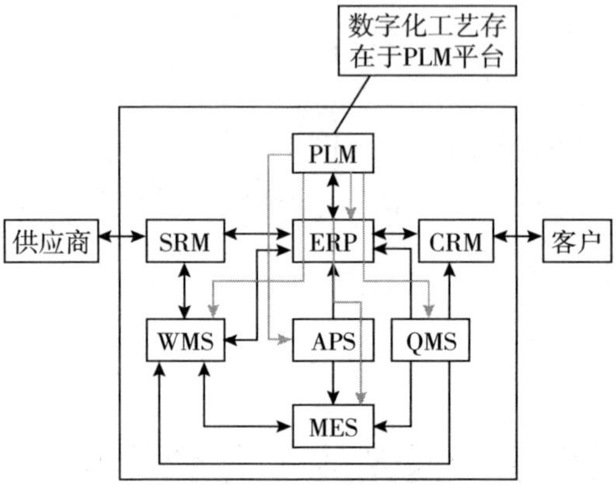

图 8.11　数字化工艺所处的位置

工艺是生产制造的技术，理所当然归入技术一类，划归到PLM平台，但是和PLM平台中的研发模块又不一样，工艺和研发一样在PLM平台，但是工艺的下游是制造端，上游是研发，图8.12明显标示了从工艺发源地到后面是如何传递信息的，实行数字化工艺必须遵循此原则。

从产品全生命周期管理（PLM）到企业资源计划（ERP），工艺做的主要事情是承接了设计BOM，输出了制造BOM。

从产品全生命周期管理（PLM）到高级排程（APS），工艺做的主要事情是鉴定了瓶颈工位的工时，创建了约束条件，让高级排程是真实能够执行的。

从产品全生命周期管理（PLM）到仓库管理系统（WMS），工艺做的主要事情是建立了物料在工位和仓库的连接，让精益生产实现点对点配料成为可能。

从产品全生命周期管理（PLM）到制造执行系统（MES），工艺做的主要事情是推动了作业指导书实时推送到工位上，指导操作员工做出正确的产品。

从产品全生命周期管理（PLM）到质量管理系统（QMS），工艺做的主要事情是指明了工位的关键质控要求，为后续的质量监督提供了源头。

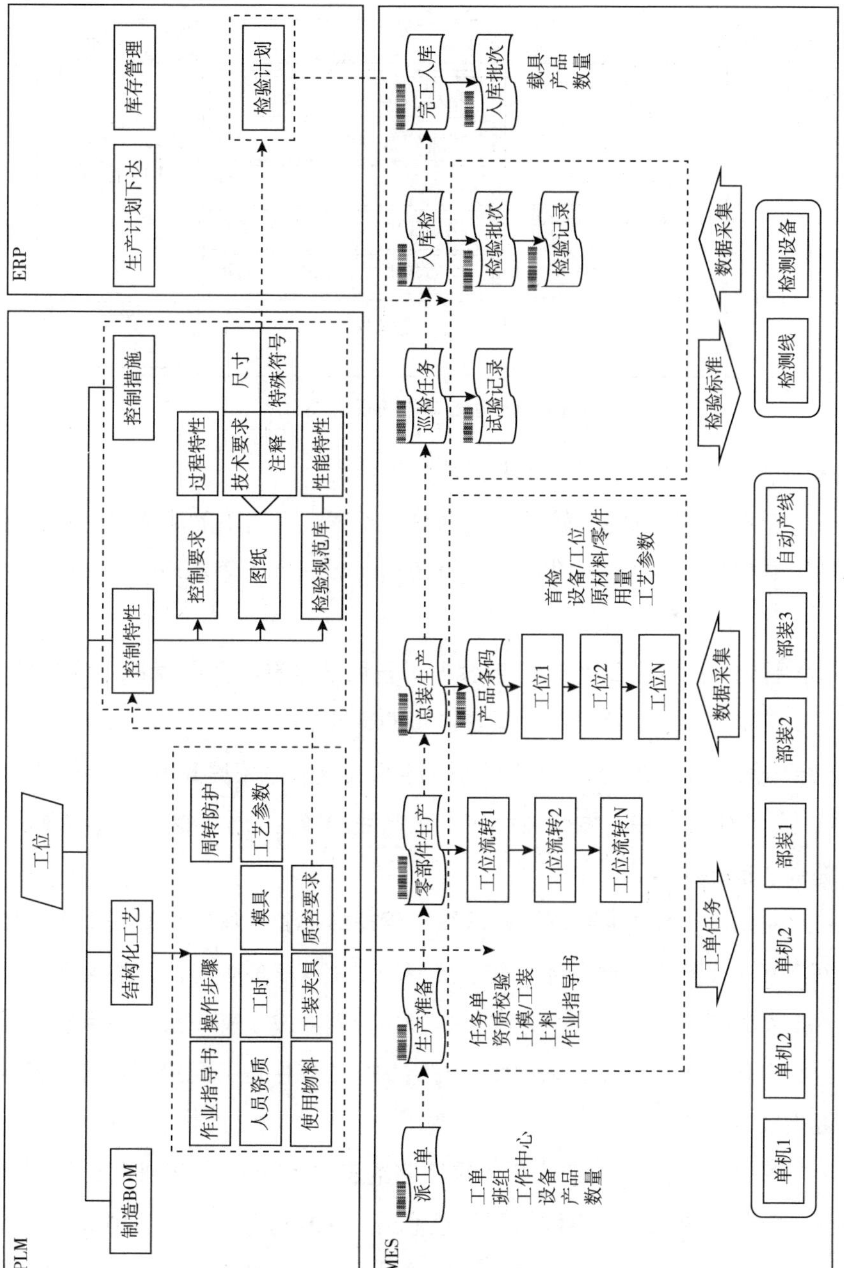

图8.12 数字制造下工艺的信息传递

结构化工艺的设计路线如图8.13所示。

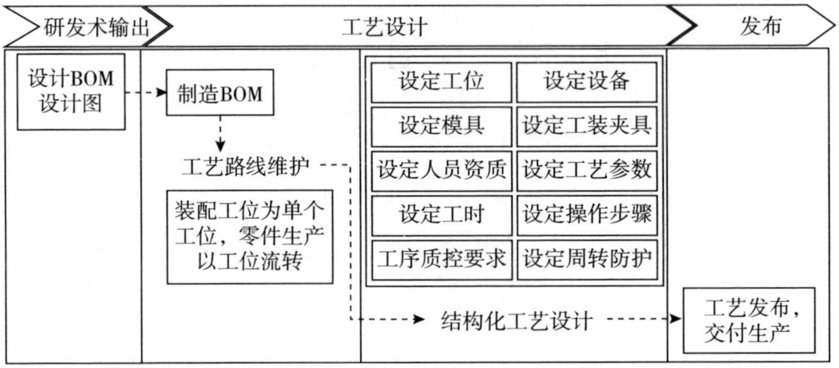

图8.13　结构化工艺的设计路线

总体来讲，结构化工艺的主要优势如下所述。

- 工艺设计结果从线下管理转换到线上管理，从线下的非结构化数据转换为线上结构化数据，结构化数据是计算机可以识别的语言，可与其他系统集成。
- 承上启下的线上结构化工艺数据对于后端制造参数的管控是强管控，确保了工艺定方法、生产执行、质量监督的高效执行。
- 结构化工艺中的作业工时，为后端准确排产和效率提升提供数据支撑。
- 在结构化工艺中，物料会绑定到生产线的特定工位，为实现精益拉动生产提供了基础数据。
- 工装夹具（模具）评审过程从线下管理转换到系统线上管理，系统串联各部门推送任务，驱动设计图纸、模型、试做等任务协同，结果共享。
- 从原来直接文字化表达的作业指导书，转变成了基于预先在系统中设定好的标准化工艺资源库、知识库，在结构化工艺中进行配置，直接一键输出作业指导书，提高了效率。

为更好地理解结构化工艺和传统工艺的差异，图8.14仔细对比了两者的差异，从信息流转到信息编辑到信息输出，结构化工艺全方位地践行了数字化工艺国家标准，真正地为数字制造提供了结构化数据来源，达成了技术定标准、工艺定方法、生产执行、质量监督的闭环。

传统工艺设计模式	结构化工艺设计模式
研发3D模型设计 研发2D图纸设计 线下提交给下游部门	研发出3D模型设计 研发出2D图纸设计 通过3D模型生成设计BOM
研发部和工艺部线下提交BOM给技术部编辑EXCEL表，导入ERP	工艺部依据设计BOM生成制造BOM，添加修改工艺的内容
工艺路线用于工段的成本核算	工艺路线定义了加工一个产品所需经过的必需的流程，工艺管理的颗粒度到工位
通过文字描述表达哪个工序加工或装配哪些物料	通过组件分配，表达哪个工位加工或装配哪些物料
通过文字描述表达工艺参数 通过文字描述表达工艺设计中所用到的设备、工装、工时等	通过参数化数据表达工艺参数 通过系统对象表达工艺所涉及的设备、工装、工时等 通过系统接口下发到生产系统
通过文字化的作业指导书表达工艺的相关要求	作业指导书是结构化工艺的报表输出

图 8.14　传统工艺和结构化工艺设计模式的对比

不懂得工艺底层运作模式的人会天真地以为结构化工艺就是把线下编辑的作业指导书搬到线上，开发成一个网页编辑器，这是远远不够的，结构化工艺仍然要遵循从哪里来到哪里去的朴素道理。

我几次参加他们的会议，实在听不下去，如果不知道如何开展工作，翻翻国家标准总行吧？国家标准虽然没有指出细节应该如何开发，但是搭建了一个宏大的框架，在这个框架内做装修，终归是不会错的。

“顾问您好，对于结构化工艺，你是怎么看的？”我喜欢开门见山地提问。

“关于工艺的数字化，我们研究了你们现在的作业指导书，你们的作业指导书已经非常优秀了，从你们的作业指导书反向拆解，就得到了我们需要的结构化工艺的要素，您看是不是？”这次会议是多次会议中的一次，顾问说到了我的心坎上。

"你给我展示下你们拆解下来的作业指导书的要素。"他们这一回终于上心了，看来之前换掉一拨是对的。

"你这个还是有问题，是以物料为前提做的结构化工艺，会让工程师做到吐血。"我一下子指出顾问的问题。

以物料为牵引的结构化工艺如图8.15所示。

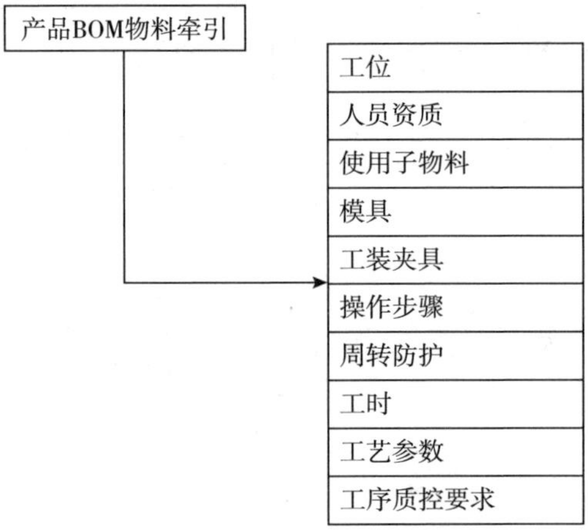

图8.15　以物料为牵引的结构化工艺

"领导，这是从研发部传输过来的BOM来的，BOM怎么样，我继承BOM结构下的所有物料，一个一个物料进行下挂11大项的工作；是装配物料的，我挂装配的要素；是单个零件的，我挂上零件的制造要素。这总是没有错的，最终一键生成以物料为前提的作业指导书。"顾问好像并不明白我的意思，他的思路局限于是从研发传输过来的BOM，BOM中的物料挂上制造参数就结束了，不管后面是否用得顺畅。

"作业指导书终究要落实到物理工位上，为什么不一步到位地以工位为前提开展结构化工艺呢（见图8.16）？"

"这个是不冲突的，物料下，我们写明了这个物料所在的工序，"顾问解释，"其实你说的和我做的不冲突，仅是调换了位置。"

"不是你想象的那么简单的，顾问同学。"我有些无奈，这要解释起来又是长篇大论，我不想再啰嗦了，"你来告诉我，你的工序和工位是什么关系？是不是和国家标准上的工序工位是一个道理？"

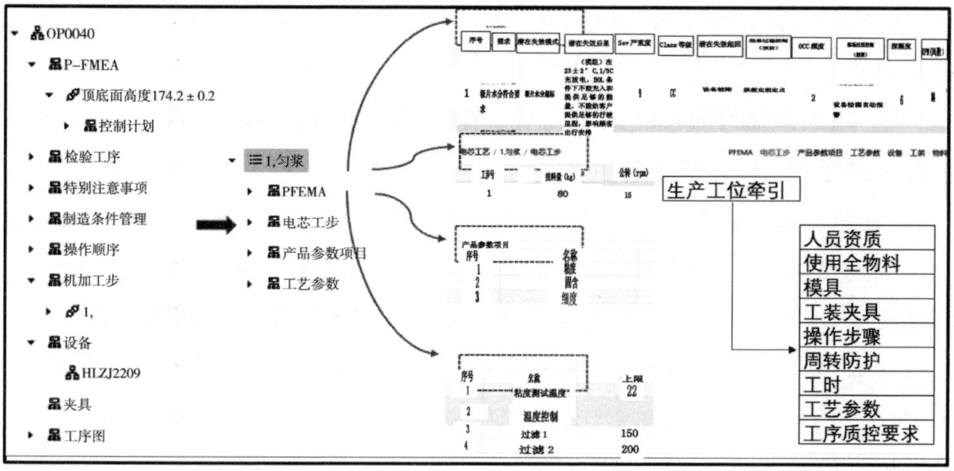

图8.16　以工位为牵引的结构化工艺

资料来源：西北工业大学。

“不是的，我们的工序指的是一个零件的流转，比如这个冲压件，先要冲孔，然后落料，最后电镀，不是机加工的在一个装夹工位的几个加工面加工作业。”顾问还算是解释得清楚。

“简单来说，你的工序是不落到实际工位的，在系统里，你会给冲孔一个工序编码，落料一个，电镀一个，是这样吗？”我开始一级一级地问下去了，5why真的是个好工具，顾问开始紧张。

“是这样的。”顾问回答。

“好，那工序最终一定要落实到实际工位的，这你是认可的吧？”

“这是肯定的，要是工序不落到实际工位上，飘在天上不接地气。”

“系统中既然工序下有工位，工序编码对应的肯定是工位编码吧？”这个时候顾问开始担心了，担心我要请君入瓮，“你的工位编码是实际的工位编码吗？”

“不是，是系统给定的一个编码。”顾问回复。

“既然工序编码和工位编码都是系统给定，那么所谓的对应关系是虚的，没有落实到实际工位，是这样吗？”

顾问不作声了，此时，工艺关键用户打了圆场，“我们把实际设备工位和系统中给的工位编码联系起来了。”

“实际工位怎么和系统中的工位编码联系起来的？”我看向工艺关键用

户，他真的是迷糊了，不知道我在一级一级问下去；顾问是真聪明人，不作声是对的。

“实际工位编号我们还没有得到，生产部不给我，我也没有办法。”工艺关键用户两手一摊，耸了耸肩。

“好吧，不管你有没有生产部给的工位编号，你在这里绕了三层，从系统工序码到系统工位码再到实际工位码，这样的数字化是降低效率的。而且你们还只是有设备的工位才有系统工位码和实际工位码对应，难道没有设备的工位就不要对应起来？生产线的有些组装工位就没有设备，就不要对应了吗？不对应，物料怎么配送到实际工位呢？在系统中给定一个虚拟系统工位码，是要把物料配送到天上吗？都不落地。”两个家伙现在都不作声了，逻辑关系怎么就搞不清楚呢，真要一首《凉凉》送给他们了。

“如果生产部就是不提供工位编码，你们的系统工位码真的毫无意义，外行人看热闹，内行人看门道，看似确实是工序和工位一一对应，却是对应了个寂寞。”我说的时候一脸无奈，我不想氛围太压抑，这不是我的本意。

“领导，你这么说，我就理解了为什么这么多年来我们都是按照物料来写作业指导书的，生产部不给编号，我们也是没有办法。”工艺关键用户又在说胡话，想要推卸责任。

“就算生产部不给工位编号，物理工位都是摆在那边不动的，你们去生产线上数数物理工位就行了，我来之前已经数过了，有360个物理工位，生产部不给编号，你自己都可以逐个拍照编码的。”我很无奈，“你们现在的核心问题就是没有把后端的工位逐个清楚编码，你们和生产部都在砌部门墙，各玩各的，不交流。”

“会后我们去找生产主管好好商量这个实际工位编码的事情，争取有个落地方案。”顾问赶忙说。

“找你们顾问来，就是希望你们开展项目过程中能够打破部门墙，想不到你们两个一起来砌墙了。”我忧心忡忡地说道，“这是先决条件，为什么要以工位为先决条件呢，我前面已经说得太多了，工艺关键用户好好再和顾问说下吧。”

“沈总，我能否请教下你的看法，关于结构化工艺其实就是作业指导书的反向拆解进入系统，我们是拆解了，但是不能这么一正一反就结束了，我想更重要的是结构化工艺要体现我们的管理思路，把管理思路固化下来才完美。”我刚要走，顾问拉住了我。

“你这话说到我心坎里了，我正有此意和你探讨结构化工艺中的管理思路呢。”看到顾问虽然不懂工艺但还算敬业，我是开心的。

结构化工艺的管理开发要求（共计36条）如下所述。

• 要有软件上可以在线输入内容的功能，是网页版的方式。

• 可扩展移植到整个集团，按产品分类，每家公司的产品类别要列入系统，用于选择。

• 体现作业指导书完整度（如何体现完整度要定义仔细），更新频率是否符合企业标准。更新频率是指该公司所有的作业指导书哪怕只有一份在半月内更新一次，要么符合要求，否则不合格，以半月为计算周期。完整度要定义清楚，按分解作业指导书中的内容全面性来评分。考虑作业指导书要填满，填不满用斜杠输入。

• 作业指导书有生产和质量签审按钮。

• 链接到问题库的分析中的作业指导书更新。

• 作业指导书可执行由生产主管代替操作员工点击操作确认。作业指导书的实际可操作率根据该员工的确认进行，按两周来计算。

• 作业指导书有员工签字的培训记录。

• 作业指导书关键点如何一键切换到MES里面要考虑。

• 每类产品的工位要分清，相应的工位有作业指导书，编制作业指导书时应考虑未来真正的流水线分工合作，注意不是运输线。

• 概要作业指导书最多8个步骤，默认分解作业指导书至少8个步骤，根据实际情况步骤可增加。

• 符号可以选择到，预先建入数据库中，可以选择多个。

• 作业指导书的步骤工时和作业步骤可以直接导出，步骤链接到制程失效模式分析，工时可以总计计算，刚开始的工时是估计的设计工时。

• 作业指导书是标准作业指导书，要体现被哪个项目调用，项目的特定施工技术说明要调用哪个作业指导书，有统计信息。

• 输入相应信息，一键生成PDF或者EXCEL文档，文档形式可选择，以对话框方式询问是选择PDF还是EXCEL。

• 界面是层级界面，第一界面是各种管理数据，点击详细制作作业指导书，进入制作界面，在网页版界面中制作。

• 在网页版中点击“+”号增加作业步骤，点击“-”号删除作业步骤，可以点击编辑后保存，最后提交审批。

• 软件规定先做概要作业指导书，再做分解作业指导书。

• 点击“工时”按钮可以看到步骤的操作视频链接，视频时间等于输入时间，当视频有更新，可以更新到结构化工艺软件平台，每年的总工时趋势要减少5%，在平台中可以查看到。软件判断要有视频输入才算完整。软件可以切割视频成任意长度。

• 考虑结合微信小程序来开发。

• 需要有按钮上传作业指导书的培训教材，教材可以是静态的或者动态的。

• 根据内容的多少，自动适配版面。

• 分解作业指导书的工位步骤名称不超过15个字，为更好地细化步骤，概要作业指导书步骤名称不超过15个字。

• 项目调用的标准说明书的边上可以附带项目说明书，项目说明书指明工位，可以直接推送到工位标准和项目说明书。

• 作业指导书可以抓到设计工时，按工位的平衡表，瓶颈时间用于计算产能。

• 作业指导书两周没有更新会报警，作业指导书完成后可以自测完整度，然后提醒完善。

• 作业指导书里面的CTQ可以选择生成图片传给MES。

• 作业指导书里面有平衡率抓取计算，以20%的偏差来衡量。创建新作业指导书的时候，考虑询问概要作业指导书是否可以清楚说明，可以的话，就不需要分解作业指导书。

• 可以选择分解作业指导书导出或者概要作业指导书分别导出制程失效模式分析，图示说明随图大小可以缩放，总分解作业指导书宽度不变，内部可变大小。

• 模板概要作业指导书大小不能变，是物料类型不是物料清单，类型的意思是在数字化平台里选择一类，清单是显示全部。

• 最后一步的自我检查是下一个工位的第一步的自检点。

• 模板概要作业指导书物料类型框不能变化，一个分解作业指导书步骤只能体现一个物料，软件强行设定“不填入一个料号不能下一步，而且只能填写一个”，若同一个物料装于多个位置可以一步写入，没有料号的步骤输入文字不超过15个字，文字和料号必须选择一个或者都选。

• 作业指导书中只有直箭头和弯箭头，参考EXCEL的图标，可以把EXCEL的图标放入，作业指导书其他格子里的字数要限定，比如不超过20个字。

• 点击作业指导书的步骤，直接可以做失效模式分析，并且可以一键导出，也可以在线驱动制程控制计划。做制程失效模式分析时，要判断是引进类还是原创类，然后判断是否要导入设计失效模式分析。

• 作业指导书签字由使用者签字，更新频率可根据产品类型在后台修改。

• 一键生成工位工具清单供开工点检。

• 零件加工的作业指导书模板和组装是一致的，只是零件是以工序流转为分解作业指导书，工序库中的通用分解作业指导书可以调用。

第五节　创新嵌入式设备维护数字化实现

“关于设备维护，你们对于我们的要求有什么方案呢？”我开门见山地先问顾问。

“其实在企业资源计划平台中，我们公司已经有了设备台账，基于设备台账，我们专门开发设备状态按钮，状态分为正常运转、保养中、维修中、封存、报废，员工点选设备状态。”顾问基于他们的标准功能，回复了我。

“由哪个部门的员工来维护设备状态呢？”我觉得这个选择有些肤浅。

“工艺部的员工维护设备状态，因为设备状态是产品生命周期管理中结构化工艺十一大要素之一，工艺部维护好状态，这个状态会联动到后端，比如工艺部维护的设备正在保养中，后端的生产部就不能使用这个设备排产，这样就打通了数据流。”顾问觉得这个程度已经满足了我们的要求。

“可是工艺部并不负责设备维护，你叫工艺部时刻盯着设备状态吗？”我一脸疑惑地问工艺关键用户，“你愿意时刻盯着设备状态，然后随时在系统中更改状态吗？”

“我当然不想，但是他们就是要求我这么做，我也只好从了。”关键用户这个时候倒是听话不反抗了。

“就算要求你做，你也只能等生产部的设备维护人员告诉你设备的状态，你才能在系统中修改状态吧。”我又问下去，他们就怕我带节奏。

“也只能这样，我每天都很忙，不可能数字化一上，设备维护的任务都转到工艺部，我能做的也就是帮忙输入下设备状态。”关键用户此时清醒了。

“假如某台设备已经带病运行了，比如一边运行一边漏油，生产部在维护设备，没有告诉工艺部人员设备状况，那系统怎么办？”我问顾问。

“系统不能代替你管理的，生产部还是要线下积极主动地汇报状况。”顾问回答，我感觉他开始紧张了。

“那我们上数字化还有什么意义呢？数字化就是要把我们优秀的管理方式固化在平台中。”我严肃地说道，“现在的状况是我们根本没有做设备预防保养，只要设备不坏就一直用，用到设备坏为止，设备一坏，又没有备用设备，所以我们经常会停线，紧急找供应商维修，这是后知后觉的救火性维保，不是预防性保养，这经常导致我们不能按时交货，生产主管，是不是？”我问生产主管。

“是啊，设备维护是生产部的一个分支，虽然归入大生产部，但是和生产班组又是平行的，设备老是坏，我也很头疼，好多次我反馈设备坏了，就是没有人来维修，只好自己敲敲打打修理了。”生产主管无奈的脸再一次触动了我，只有我懂得生产主管的心，“说句违背良心的话，数字化项目里把设备状态维护划给工艺部，我心里是窃喜的，至少有人来管状态了，所以探讨期间我就不说话，呵呵。”

那个迷糊的工艺关键用户一下子清醒了，“你们坑我。”他激动地甩了一下头，头皮屑都掉下来了，已经饱受摧残了。

我摆摆手，“顾问，在现有设备台账上加一个按钮，并不能真正地解决我们的问题，数字化是要把你们的最佳实践带给我们，我不大相信你们在台账中加一个按钮就是最佳实践。”

“可是我们的标准功能只能做到这一步，每家企业的要求都是不一样的，我们的平台要覆盖全球企业，只能求最大公约数，你们要提出颗粒度更详细的开发需求，我们也能够开发的。”顾问反将了我一军，“你们的蓝图数字化项目需求是有效的管理设备状态，所以我们的标准功能足够了，你们已经签字的。”

此刻，我之前担心的事情发生了，颗粒度太粗，会有漏洞，漏洞太多，实施商只想卖现成的软件，不想做哪怕一丁点儿的定制化，因为对他们来讲这是最经济、最高效的做法。那我就眼睁睁地看着这个需求做了等于没做吗？

“其实市场上已经有专门的设备维保管理软件，从台账创立时刻起，就已经设定好维修保养的理论周期，再结合运行时间，找出真实的保养间隔，驱动设备人员进行设备保养。保养完成后要提交证据，如果没有提交有图有真相的证据，这个保养就没有完成，还会升级到他们的领导，领导会催促保养人员完成保养。设备在维保期间的状态都是同步到生产端的，生产端决定是否可以用该设备排产，这些都是由软件驱动业务产生的，你们可以把这个软件嵌入数字化系统。”我建议顾问。

“我们不对第三方软件集成。”顾问的回答倒是斩钉截铁。

“领导，我们有自己编写的设备维护软件，这可不是第三方软件，这个软件完全契合了你刚才说的要求，而且我们几十家单位都在用，他们没有理由不集成的。”工艺关键用户清醒起来还是有能量的，能发散思考就是好。

“你们自己的软件可以集成，这是我们双方内部的事情，你们信息部和我对接，我们的大系统实时提取软件中设备状态，其他维保的具体事宜还在你的设备平台中。”顾问的回复还算合理。

把内部自行开发的设备管理平台嵌入大平台并作为平台的一个节点，是一个可行的解决方案，确实如顾问所说，大平台要覆盖全球企业，只能作为第一层级的基础设施，是地基，在地基上盖房子、装修，就要我们的专门软件来补足，就如淘宝网其实是一个平台，网上的一个个小店构成了它的生态。

数字化设备维护平台的优势

• 基于设备维护国家标准、行业内知名跨国企业的设备管理体系，该软件模块成功打造成制造业一流的智能化设备维护体系。

• 基于财务部设备台账的设备管理状态可视化展示，定岗到设备维护人员，有设备的完好率显示。

• 基于设备说明书的保养要求，在设备管理体系中预先创建保养需求，该平台常态化按周自动创建保养需求，驱动设备维护人员维护设备。

• 打造了设备的备品备件库，防止紧急状态下关键备品不足。

• 打造了设备的维修履历平台，用于后续计算平均故障间隔、平均故障修复时间，维修责任到人联动绩效。

• 真正实践了扁平化数字化管理，单位各级领导根据权限可以查看任何一台设备的当前状况。

• 有整个单位每周的设备保养完成率，有制造单位每周的设备保养排行榜，用于各级管理层对制造单位的设备进行重点关注。

体现底层工业逻辑思维的数字化设备维护平台如图8.17所示。

第六节　创新嵌入式操作员工资质数字化实现

“关于操作员工资质，你们对于我们的要求有什么方案呢？”我开门见山地问顾问。

“我对你们单位操作员工培训的不到位程度是深感震惊的，就算用我们的HR模块，也不能解决你们的问题。”顾问诚恳地说道，“我们不看蓝图就看你们的原始数字化项目需求：建立员工培训记录及技能评定记录、技能矩阵，员工技能评估数据与作业指导书要求相关联，确保上岗员工具备作业指导书所要求的技能，拒绝不具备技能的员工上岗作业并上报给生产管理人员。这个对于我们的标准产品来说，是达不到的。”

“你说说，我们对于操作员工的培训到底是多么的不靠谱呢？”我心里是

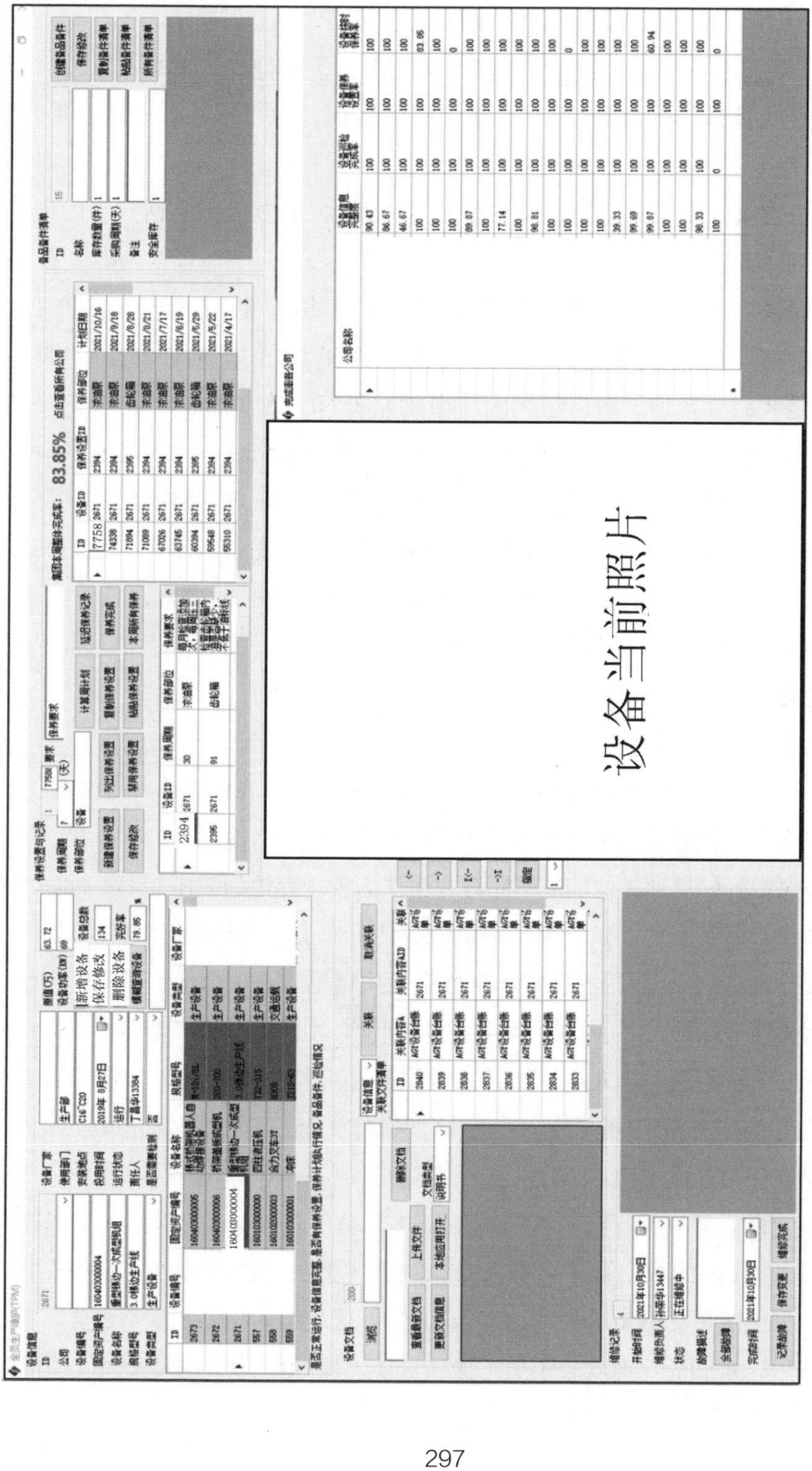

图 8.17 体现底层工业逻辑思维的数字化设备维护平台

资料来源：某离散制造企业。

清楚的，但是我希望从顾问嘴里说出来，这样他们才有改进的动力。

顾问看了看生产主管，生产主管点了下头，于是他娓娓道来："现状是几乎没有像样的培训，说得好听点是在工作中培训，说得不好听点，就是抓壮丁，抓来就干。"

"这个说法倒是很有意思，说得好，继续说。"我就爱听实话实说的批评，不要听捧杀的话。

"公司没有一个专门的员工培训制度，员工培训都寄希望于政府单位组织的考核，员工报名参加考试拿证书，美其名曰'我们的培训都是政府认可的'。可是我们要知道，政府组织的培训就如我们的数字化平台，是有普适性的，你们拿到的证书仅是入门级的培训证书，如焊接证书、行线证书，考试非常简单，不结合我们的特定产品的，"顾问喝了口水，继续说道，"实际上，我们更加需要的是每个工位的操作员工能够得到系统完备的培训，通过培训，操作员工不会犯低级错误，做得好，能够有绩效奖励；做得差，绩效奖励就要下浮。我们现在的计件制下，大家根本不在意质量，而管理者也只能纵容，因为不能影响员工工资，这是个死结。"

"你怎么看？"我问生产主管。

"这么多年，我都是哄着他们干活，骂不得吼不得。我们当地人都比较富裕，到工厂来上班，他们认为是给你面子，于是我才是孙子，他们是大爷。我就算要把他们拉过去好好培训，他们还不愿意，会认为我嫌弃他们工作能力不行。他们是不管质量只管数量的，这么多年来也就那几个人去参加政府组织的考试。"生产主管无奈地说道，"我很渴望在本次数字化项目里建立一个培训体系，再也不要东一榔头西一棒的，之前都找不到谁是培训师，用什么教材来培训。"

"培训师肯定是工艺人员，工艺人员拿着作业指导书来培训操作员工，先在数字化平台发布作业指导书，然后培训操作人员，质量监督完成操作人员培训的情况下才能算成功发布的。"我看过最新的结构化工艺发布蓝图，它就是这么规定的。

"所以，我们的数字化平台在发布结构化工艺的时候，强控要求提交操作员工的培训记录（见图8.18），没有培训记录，这个结构化工艺发不出去，有了培训记录后，自然而然地就有了员工操作资质。"顾问对他的方案是蛮自信的。

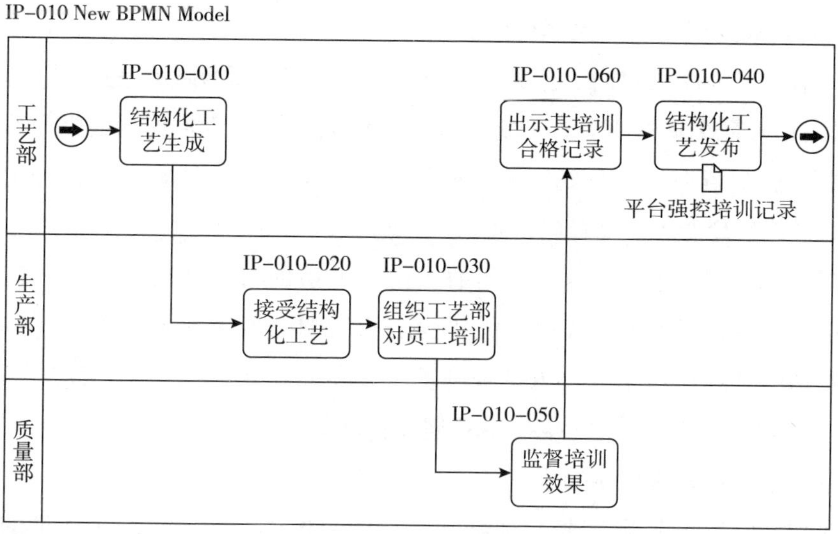

图8.18　发布结构化工艺的同时强控提交培训记录

“应该还有内容吧？”我问顾问。

“这一环完成后，数据会继续后流到MES端，员工有该工位资质，就可以操作该工位。”顾问说道，可是我感觉到这个方案还是肤浅的。

“我来说一下我的看法，这个方案有三个问题。第一，现在的作业指导书方案是从物料维度编写的，和工位不挂钩，前面已经说过工位和工序的编码都是虚的，所以系统中的员工资质编码也是虚的，只是给了一个编码。至于编码要落在哪个工位、哪名操作员工身上，是没有对应的。第二，作业指导书终归要发出来，现在的做法是一旦发出来，系统强控要培训，培训好了之后员工就永远地具备了这个能力，不管这个操作员工后面做坏还是做好，都不会有相应的绩效波动，这就偏离了建立能上能下的员工技能矩阵的需求。第三，规定工艺工程师去培训操作员工，但是工艺工程师没有去培训，随意上传一个培训记录表，系统不能解析文件内容，于是这个流程就被化骨绵掌化掉了，形同虚设。”我点出来他们的疏漏，希望他们能够考虑得更加深入一层。

“这真的是管理层面要做的事情了，因为这个结构化工艺发布要签审的，签审到经理，经理要检查，经理不检查是你们管理层的失责。”顾问回答。

“明明可以固化到系统中的管理思路，为什么还要依赖人的自觉呢？退一步说，没有数字化平台，经理也要检查的呀，那我们上数字化平台还有什么意义呢？”我又来了一句灵魂拷问。

又陷入了一片死寂，工艺关键用户、生产主管、顾问都不说话了。

“做和人打交道的事务，一定要谨记人性的弱点，人永远只会做对自己有益的事。这个培训，关联到工艺和操作员工双方的绩效工资了，就一定会执行下去，你们想想？”我看向大家。

“领导，可以直接把我们在用的操作员工培训与发展模块集成入这个大平台中，第一次培训后，后续软件自动滚动循环进行复训和审查，形成员工绩效补贴的升降，再生成员工是否可以操作这个工位的资质卡，都是自动的，我们已经有这个平台了，”生产主管眉飞色舞地说道，“顾问同学，你帮忙集成，就如集成设备维护平台。”

“这是可以的。”顾问长长地舒了一口气，这样操作不仅减少了他的工作量，还满足了项目要求。

智能化培训平台优势

工业平台之培训与发展模块充分践行培训八大步骤，真正地完成了工艺部提供培训及审核、生产部接受培训及审核、质量部监督培训及审核效果的闭环。达成真正的、接地气的操作员工培训，让每个操作员工清楚地知晓自身工作重点，形成全体操作员工的技能矩阵。本智能化平台直达底层员工操作培训，和绩效挂钩。具体效果如下。

- 建立了工位技能难度，员工技能评级。
- 自动生成颗粒度到每周的培训与审核计划。
- 践行“三权分立原则”工艺培训、生产接受、质量监督。
- 生成员工能上能下的技能矩阵。
- 达成技能矩阵综合技能分是技能补贴的来源。
- 自动驱动工艺对操作员工的培训和工艺绩效挂钩。
- 自动生成员工资质卡，和MES关联，无资质员工将不能操作工位。
- KPI展示每周的按时培训率、按时审核率、多技能率、员工关联工位率。
- 完全践行扁平化的管理理念，高层领导可以看到基层员工的技能等。

培训与发展建立员工矩阵如图8.19所示。

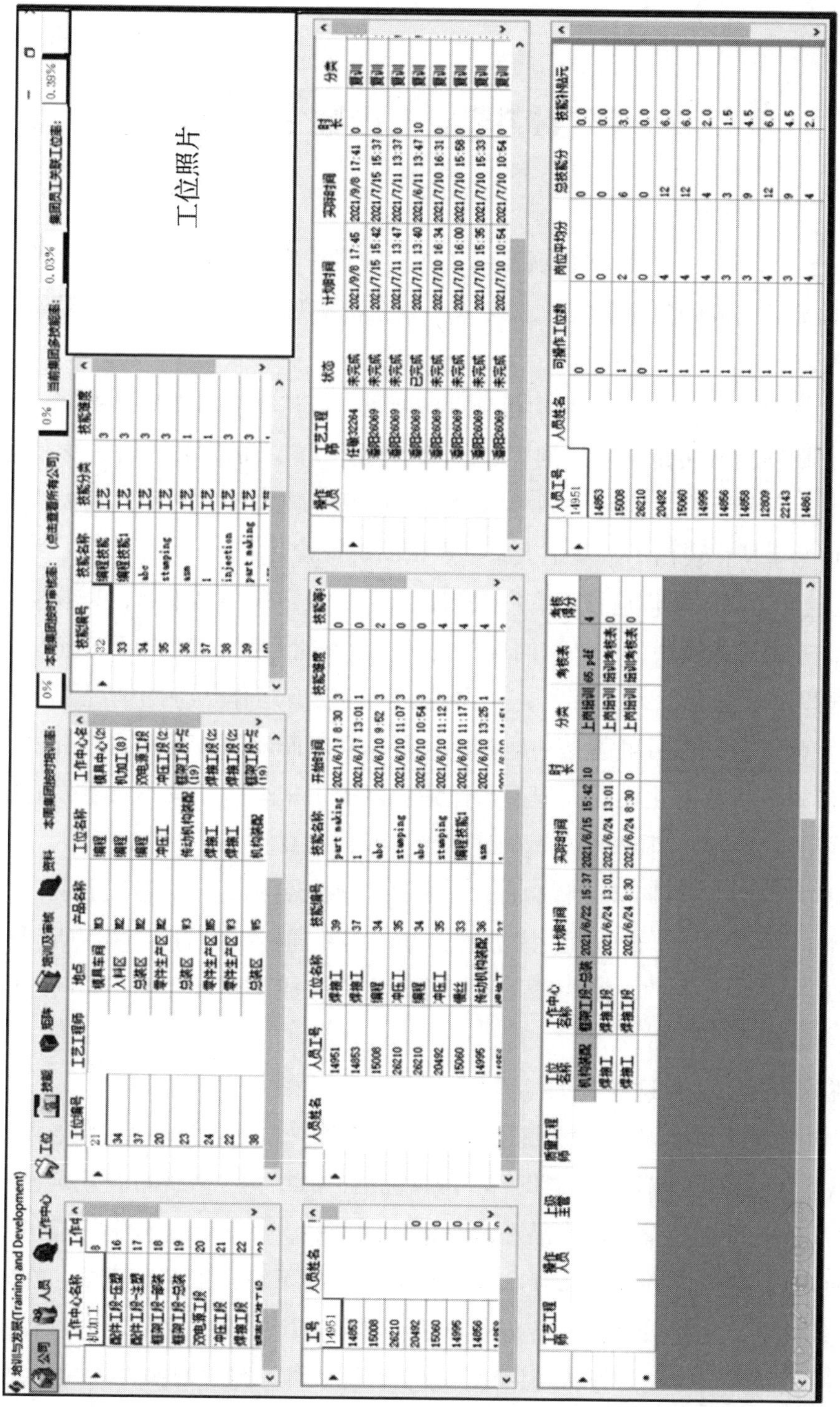

图 8.19 培训与发展建立员工矩阵

资料来源：某离散制造企业。

第七节　强管控同步工程数字化实现

“关于同步工程，在数字化项目中，你们的具体实现方式是什么？”我问顾问，我知道我们的数字化需求太宏观了，全部实现是不现实的，实现部分是可能的。

“同步工程，严格意义上是项目管理的要求，既然是项目管理的事情，我们本次一期项目其实是不实施的。”顾问回复我，“广义的同步工程，你们的研发人员已经告知我，设计失效模式分析、产品组装关系、制程失效模式分析等，这些事情，说白了，就是大家早点帮助研发看看。”

“是这个道理，你们应该没有办法把这些都在数字化中实现吧，失效模式分析你们有现成的模块，但是我们现在线下也没有能力做。”我向顾问坦白。

“这些技术难度很大的事务，在你们线下还没有运作熟练的情况下，贸然上数字化平台，最后可能是一地鸡毛。所以我反而建议，尽管我们有成熟的失效模式分析数字化模块，但是为保证项目的正常运行，我不希望你们用上。”顾问还挺诚恳，看来他是真的调研到了我们的真实水平。

“我本人其实不爱同步工程，也讨厌创造很多新名称，严格意义上说，产品稳定性是第一位的，迭代优化非常慢，是不需要同步工程的。”顾问听到我这么说，还是挺开心的，认为这一块不需要做就完成了项目要求，顾问一脸期待地看着我。

“那这事是不是就这样过了？”顾问很开心地问我。

“你想想都不可能，”研发关键用户白了他一眼，“你还是小看了我们老大。”

“我们不讲同步工程，但是我们有国家标准产品结构工艺性审查规定，它说得很清楚：所有新设计的产品和改进设计的产品，在设计过程中均应进行工艺性审查，使产品在满足质量和用户要求的前提下符合工艺性要求，在现有生产条件下能用比较经济、合理的方法将其制造出来，并降低制造过程中对环境的负面影响，提高资源利用率，改善劳动条件，减少对操作者的危害，且便于使用和维修。这个结构工艺性审查就是同步工程的另一种叫法，”我看了看大家，“所以我们还是画了蓝图的。”

“我懂你的意思了，我们的平台是一个管理平台，不是技术平台，所以我能够做的是依据蓝图，在数字化平台还没有正式发布图纸的时候，就要推送任务到工艺部进行结构工艺性审查（见图8.20），这是要强管控的。”顾问还想说什么，但是好像还没有想好。

“如何强管控呢？”研发关键用户问道。

“基于我们的标准平台，可以现成地设置好条件规则，研发部点击图纸发布，软件后台检查有没有结构工艺性审查的任务完成；如果没有完成，软件会报错，不让图纸发布，这个应该足够强硬了，你们看这样是否达成了要求？”顾问很自信地问道。

“这么做的话，我们有几十万张图纸，后续都要结构工艺性审查，那我发布图纸就慢了。”研发关键用户若有所思。

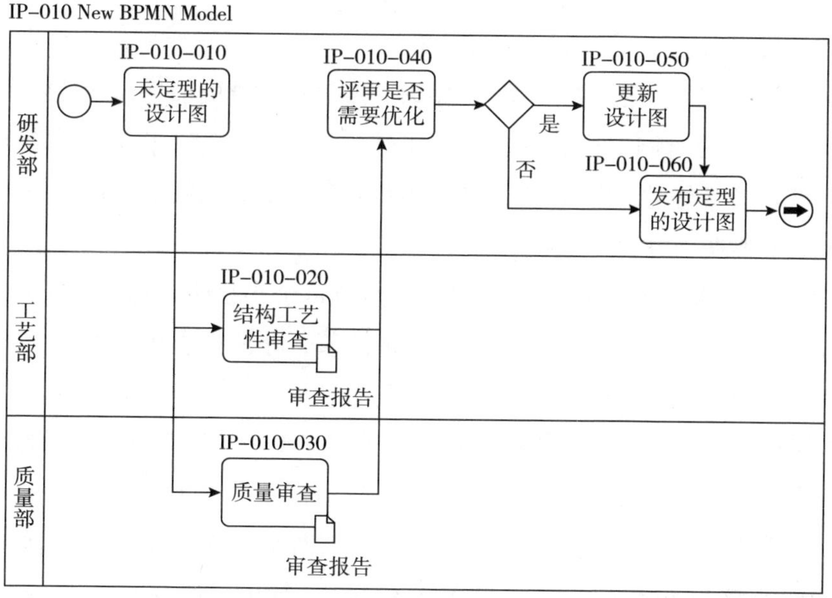

图8.20　结构工艺性审查蓝图规定在设计阶段就要审查而不是设计定型后审查

其实我知道他内心的想法，这么多年研发部都是画个样子就把图纸发出来，不管好不好做，现在要真刀真枪地检查好不好制造了，他们的图纸肯定有很多的不合理，会被制造端各种质疑。

“有办法的，告诉我零件等级，设定好规则关键、重要零件需要结构工艺性审查即可，一般零件不需要结构工艺性审查，也可以在系统内设定好，毕竟关键重要零件是少数的，这种方式即使影响研发部的效率，影响也是不大的，这个设定在我们管理平台上分分钟就可以实现。”顾问也看出了他的心思，马上补充。

“这样最好，领导，我同意这种方式。”研发关键用户看我点了头，他就放心了。

“沈总，我多个嘴啊，”顾问看向我，“鉴于我们前面也磨合好了，我们的大平台集成你们现有的小模块是没有问题，要大管理平台开发成含有结构工艺审查的技术平台，是达不到的，我知道你接下来也会问我这个问题，那我就先说了。”

“你继续说。”

“我不知道你们现在是否有结构工艺审查的小程序，如果已经有了，可以帮你们集成进来的。”顾问愉快地说道。

“我们现在有一套这样的软件，作为大型设计软件的插件，设计好后，一键运行就可以检查制造可行性，现在工艺那边装了两套，倒是可以集成的，你这个建议非常好。”顾问能够主动提出来帮助集成，是好事，这是一个聪明的顾问，和聪明人共事是舒心的。

“其实研发部每个人的电脑上都应该装有这个小程序（见图8.21），你设计好了，一键点击，一分钟就可以看出来的事，非要把它分成两块，强行给工艺部压任务。”我对研发关键用户来了句狠话。

“不推送到工艺端没法交差上头压下来的同步工程任务呀。”关键用户咕哝了一句。

对于同步工程，我也很无奈，我在多家世界先进企业工作过，就算是迭代快速的消费电子行业，同步工程说得也不多，原因是研发人员已经够强了，在设计的时候就已经懂得了该零件的制造过程，不懂制造过程的工程师是做不了研发的，强行把工艺人员拉进来商讨，工艺人员不懂研发人员的设计思路。为此研发人员要解释半天，有这个时间，研发人员自己就想好了如何规避制造难点了。为什么我们把同步工程喊得震天响？还是研发人员自己能力不行，把工艺部拉进来了就可以规避责任，就算最后出问题，也是法不责众。

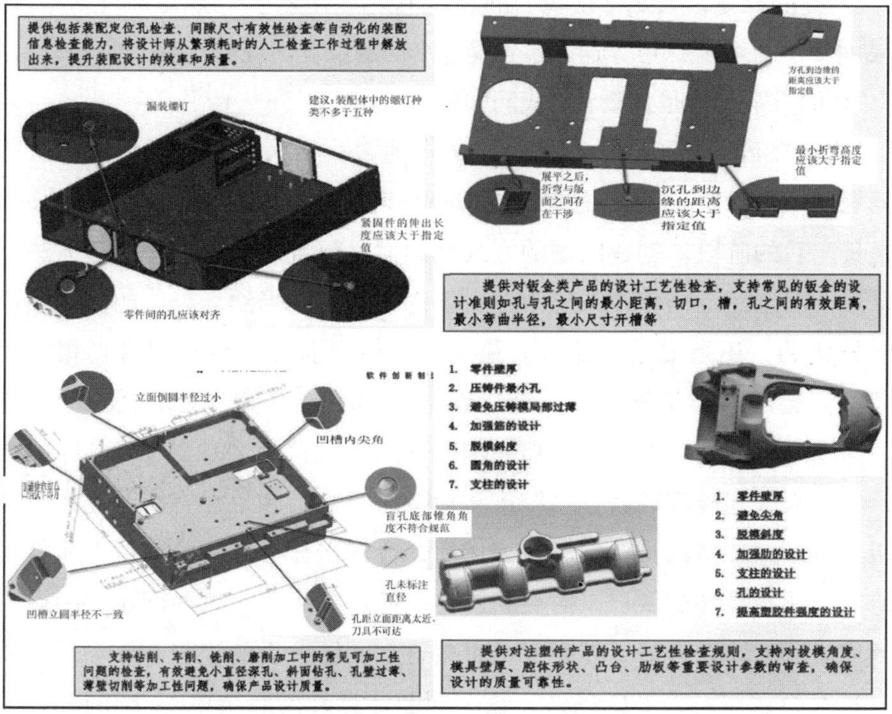

图 8.21　结构工艺性审查软件已普及，研发端装上后无须工艺再审查

资料来源：开目软件。

第八节　基于数据池的问题库数字化实现

“关于数字化项目中的问题库，你们具体的实现方式是什么？”我开门见山地问顾问。

“关键用户和质量经理已经一字不差地和我讲述了你前段时间和他们讲的问题库思路，这个我是有解决方案的，我知道我们公司是一个不爱曝光问题的公司，所以问题库的方式简单了点。”顾问说起来云淡风轻的样子。

“哦？还能一字不差地口述，你当时录音了吗？”我看向质量经理，“你不可能一字不差地记住的，正常一次传递打八折。”

“领导的教导，我是铭记在心的，这个不能瞎说的。”质量经理一脸自信，“问题库，我从心底认可，这么多年受一个问题反复出现的折磨太多了。”

“你的方案具体是什么？”我问顾问。

“我将在数字化平台中建立一个数据池，每个人都有权限用他的账号登录问题池主界面，创建问题时可以选择该问题是处于产品开发的某个阶段，还是量产后的阶段。创建问题的方式就如你之前宣贯的问题库描述方法，这种描述方法已经结构化在系统中，只要选择即可。当然，具体的问题描述是非结构化的，还是要手动输入。输入完成后，需要上传有图有真相的问题描述，问题的大类是质量、安全、设备、效率、出货，对应企业的运营标准。问题库里的问题在创建的那一刻就开始计时，创建时要选择具体的负责人，负责人收到该问题后，系统推动他按时完成，如果没有按时完成，需要逐级上报。问题库的具体问题在完成后，会推送任务到相关部门，执行失效分析、作业指导书更新、工时更新、客户问题关闭等。这些问题关闭后，会走到质量部的体系专员，体系专员审核这个问题背后的流程和体系是否要优化，只有经过体系人员的确认，这个问题才算是彻底结束。”顾问一口气地讲了出来。

“你说的基本是对的，通过这么多天的磨合，你们懂得了我们企业的运作模式了。”我高兴地对顾问说，“我可以提供一个我们在用的小程序，供你参考，我们叫它及时响应。这个小程序的适用范围比较窄，但是可以打破研发、技术、工艺、质量的部门墙，让他们快速解决问题，不解决，也会一步步地向上升级的，你可以参考这个思路开发成一个大平台，这个小程序你就没有必要集成了，你的大平台是从各个阶段、各个部门两个维度运作的。”

数字化及时响应软件平台的优势

为保证快速及有效地解决跨部门的事务，打破部门隔阂，打造高效合作团队，该软件模块是有效的跨部门事务追踪平台，是对工程师级别的事务驱动的制造业领先平台（见图8.22），是专门的执行力鉴定平台。

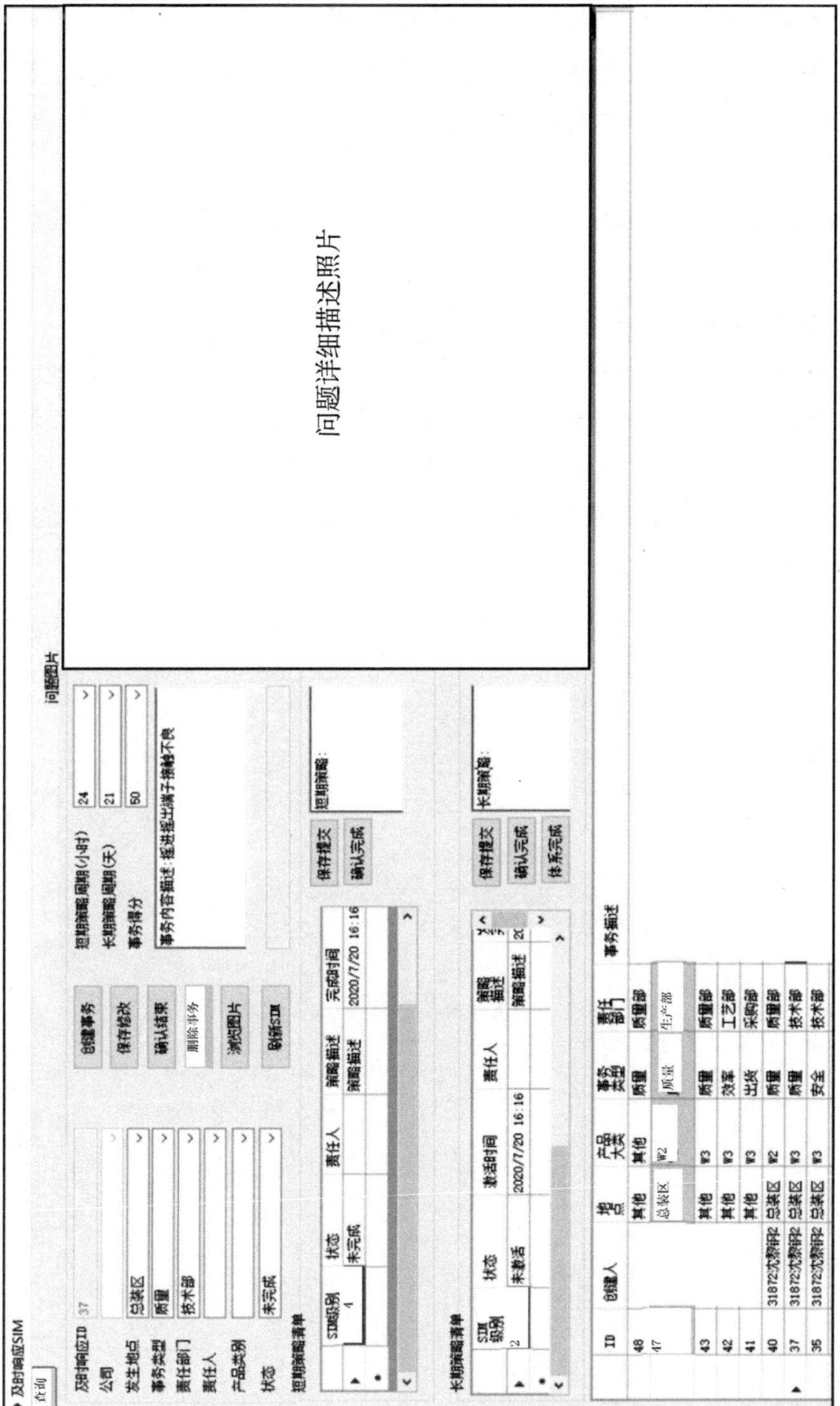

图 8.22 工程师级别的处理事务的及时响应平台

资料来源：某国内领先离散制造企业。

- 对于需要快速解决的问题，实现了跨部门派任务并追踪。
- 任务完成的负责人需要在规定时间内提交短期对策和长期对策，若没有在规定时间内提交，软件会逐级发出警示邮件直到最高管理层，并持续不断地发邮件催促。
- 驱动真实地解决问题，找到问题的根源，事务的对策需要分派任务者确认合理才可以点击关闭。
- 有图有真相地展示事务，形成疑难问题库。
- 以体系化的思维来解决问题，贯彻任何一个问题背后都是流程和体系的缺失，软件开发成长期对策需要质量体系工程师来确认是否体系上也进行了改善，需要提交体系文件是否已经优化的图片证据。
- 分派任务者对任务完成者的事务处理结果给出满意度分数，联动到任务完成者的绩效考核。

CHAPTER 09

第九章

慎终如初

——数字化转型的要点解析、后期简述

第一节　解读数字化实施的注意点

【1】工艺改进不能用设计变更来覆盖、糊弄。

【解释】在项目实施中顾问为保证项目进度，可能会劝说关键用户在系统中强行把某个业务流统一到另外一个业务流下，但是按照工业逻辑本是不能统一的，比如工艺改进中把原先一块铜牌的加工余量从5mm改进为2mm，这种改进对应产品图纸是不会变化的，设计变更是针对有产品结构变化的变更，两种变更路线是不一样的，除非工艺发出的变更需要设计配合改变，这个工艺变更才能用设计变更来覆盖。

【2】技术部要负责到设计BOM中的材料、辅料的用量和数量，工艺添加工位即可，这才是正统的制造BOM、工艺路线的方式。

【解释】在追求数字化的路途中要参考世界先进企业的做法，前端在设计平台中就要细化到材料、辅料的用量和数量，设计人员要懂制造，不懂制造的设计人员是不合格的，从前端就做完善，后端将一路通畅。

【3】不要相信国外平台只有工序没有工位的做法，要一步到位地采用工位。若实在没有办法采用，实施商需要提供工序和工位的对应表。

【解释】前文已经详细讲解。国内知名的CAPP是一步到位的，是以工位为先决条件。

【4】不能把不需要的流程固化在数字化系统中。比如，模具开模不良处理流程就是伪流程。

【解释】前文已经详细阐明核心流程的鉴定方法。把不良流程固化在系统中，等于把错误的做法合法化，背离了数字化提质降本增效的初衷。

【5】蓝图一定是跨部门的，一个泳道的蓝图是毫无意义的。

【解释】实行数字化项目过程中，各个部门喜欢关起门来画自己的流程，不和其他部门交流，一个泳道的流程画了很多，实际上没有作用，数字化就是要打破部门隔阂，所以一个泳道的流程要坚决去除，宁可跨部门的流程少，也不要滥竽充数的一个泳道的流程。

【6】有蓝图，必定有系统工作流，而且是跨部门的工作流，避免出现一个泳道的蓝图。

【解释】大量无效的一个泳道的蓝图的存在，导致系统中的工作流是部门内部的工作流，部门内部的工作流多，而跨部门的少，这是本末倒置，丧失了数字化要解决跨部门沟通不畅的初衷。

【7】数字化智能化项目中，蓝图是上下都接流程的，当该蓝图在系统中执行结束，系统自动创建下一个流程，无须人为手动创建，这才是数字化管理互联织成的一张流程大网。

【解释】割裂的蓝图没有意义，使用这种方法促使蓝图绘制者仔细审视自己的蓝图上下分别接入哪些流程，无效的流程会导致死循环。因此精简蓝图非常重要，识别核心业务极其重要。

【8】权限设定不仅是保护图纸不外泄，在数字化项目中更多的是要设定蓝图跨部门权限。

【解释】保护图纸不外泄是权限设定的基本功能，是默认的、无须商讨的。蓝图是跨部门的，相应部门的人员要被赋予相应权限，才能开展蓝图规定的事务，这些权限是审核权限还是查看权限要规定清楚。

【9】蓝图规定的任务能在线上实现就要在线上实现，画出的蓝图全是线下流程，是无意义的，蓝图的流转要在数字化系统中形象展示成和蓝图一样的流转线路，线上点击进入。

【解释】企业一定要记住：蓝图规定的任务一定要能线上完成就不要线下做，否则就不是数字化项目。实施商的立场与企业正好相反，希望蓝图规定的任务是线下的，工作量少而酬劳没减少。

【10】顾问审核数据准确性时，不能只审核格式，更要审核逻辑关系。比如，工序和工位的对应关系是一个工序落到多个工位，而不是一个工位落到多个工序，不能以设备编号代替工位编号。

【解释】顾问有义务教会关键用户数据的逻辑关系，如果关键用户不知所以然，是顾问没有尽到责任。

【11】数字看板要展示的是问题，包括负责人、截止日期，从基层到高层

都要有数字看板，不是生产的所谓做了多少、产出率等。

【解释】看板是用来解决现场问题的，不是用来美观的，数字化实施期间要明确看板的定义。

【12】生产效率必定是工时之比不是产出率，若仅展示产出率，表明该公司管理粗放，实行了伪数字化。

【解释】在数字化开启前，要先思考自己的工时是否准确，把工时做准确了再上数字化或者做到相对准确或者已经决定用计时制取代计件制，后续在数字化实施期间改进。

【13】图纸号必须等于物料号，杜绝一物多码，不做此事是典型的技术部偷懒。

【解释】世界先进企业均采用此做法。图纸号不等于物料号，数字化系统中会产生大量的垃圾号，一物多码会导致精益配送的混乱。

【14】数字化系统中必须有零部件版本，释放量产以当前样品承认的版本为准，不要再搞所谓的转阶段，这就要求系统要有版本信息。

【解释】以财务起家的ERP的标准功能是没有物料版本信息的，要在数字化期间专门开发，没有版本控制，物料试跑的时候都不知道新旧物料，根本无法有效监督试跑过程。转阶段是几十年前的老做法，因为不做PPAP，几十年前还没有PPAP。

【15】缺料不上线是基本的要求，若数字化还允许缺料上线，这个数字化做的没有意义，这里涉及精益拉动要精确计算看板和配料制物料，结合硬件安灯取料。

【解释】固化缺料可以上线是数字化的耻辱。

【16】企业提数字化需求时，要跨部门提，比如技术部提质量部的要求，工艺部提生产部的要求，这些要求是各部门的长期痛点，是真实的业务需求。

【解释】通常大家都爱指责对方，大家一起互相指责后就是数字化需求，叫各个部门写各自的要求，就如要求他们“挥刀自宫”，没人愿意真正地自我革命。

【17】上传到系统中的操作图片需要在系统中简易编辑，比如加入料号、

箭头等。

【解释】以财务为起点的企业资源管理、产品生命周期管理天然不能进行图片编辑，这是定制化必须要达成的，否则结构化工艺上传照片后无法编辑，是不满足要求的，国内先进CAPP可以上传照片，顺畅编辑。

【18】不能把极端事务当成普遍化，否则项目做不下去，如不能把缺料当作常态。

【解释】很多不想执行数字化项目的人一定会用这种方式来阻碍数字化项目的推进，通常的解决方式是，问他这种极端的事情一年发生几例。

【19】没有工艺部或工程部的企业，或者没有系统性做过工艺研究的企业，就不要做数字化，否则会把不良流程固化在系统里。

【解释】数字制造工艺先行，数字化就是工艺的数字化，一个没有研究过制造方法论的企业实施数字化，只能做表面文章，内核不会有任何改变，当然数字化表面文章好了用来接更多的订单是例外。

【20】KPI提取在数字化项目开始之前就要考虑好，如设备的按时保养率、提前预警率、改善完成率等，不能做了数字化项目后没有KPI，KPI一定要结合数字化项目从系统中抓取，不能在线下。

【解释】从线上抓取KPI，必将促使部门制订有效的蓝图。

【21】一定要小心实施商把常识性的事务甩锅成甲方的新业务需求，比如要求一键输出全套概要作业指导书和分解作业指导书，这是EXCEL表格打印工作簿方式就可以实现的，但是实施商有可能无法达成而以这是新需求为借口。

【解释】财务见长的企业资源管理、产品生命周期管理是真的没有此简单的功能，不要以为世界知名厂商就无所不能，这种最细化的需求谁也不会想到在项目需求书上说，通常都认为是默认功能。

【22】三维作业指导书仅仅是炫酷用，对于操作员工基本无意义，若实施商向你推荐三维作业指导书，不要理睬。要看三维，直接录像一段，然后在视频上标注点要求就达成了。

【解释】离散制造业不需要三维作业指导书，因为作业员看实物才最方便，国家级CAPP专家不建议用三维动画来做作业指导书。

【23】数字化不是万能的，小心数字化上线后，公司绕开数字化还是能够运转，上线后，管理思维要跟上。

【解释】数字化平台再好还是工具，设定好游戏规则，平台就照此运行，不会出现“1=2”的事情，而人可以指鹿为马，所以人还是能够成功绕开平台，故工具一定要由管理者来监督，抓取KPI是好的手段，虽然除了企业主所有人都不喜欢KPI。

【24】要考察实施商的工业逻辑，不要仅仅听汇报，若不达标，坚决不采用，甲方的工业逻辑大师理想状况是自己培养，实在不行就要采用第三方工业逻辑大师的服务。

【解释】极少企业有自己的工业逻辑大师，没有工业逻辑大师的企业，建议专门请端到端的懂底层制造运行逻辑大师来鉴定实施商的能力，这个费用不能省，在帮助企业规避项目失败方面是有显著作用的。

【25】国外品牌没有CAPP，不要听信吹嘘，国内CAPP是先进的，比如西北工业大学编写CAPP国家标准，同时还有CAPP软件，华中科技大学也有。这两家国内高校做得最好。

【解释】上CAPP，只有国产的才是真正的CAPP，因为有国家标准，外国没有国家标准。

【26】蓝图规定要提交的材料在系统中实现是要强控而不是可选，这是常识，没有必要常识和非必要常识之分，常识就是要执行。不得诡辩“蓝图上没有说是强控，那就系统不强控”。小心实施商诡辩“只提供材料上传入口，至于是否提交是甲方管理层面的事”，该说法违背了数字化系统的初衷就是要把管理思路固化在系统中。若实在不要强控，说明理由，签审到总工。

【解释】甲方在实施之前要向实施商强调蓝图规定的材料是常识性地要去强控。

【27】数字化项目不能实施成一个仅仅上传文档的平台。最低级的是平台只提供了上传文档入口而不控制类型，只要有文档就行，上传全凭员工自觉。稍微好点的是平台控制了上传文档的类型，少这些类型业务不能结束。高级的是控制了文档的类型，且文档是结构化的，比如样品承认结构化、作业指导书结构化，最终可以一键输出。

【解释】关键用户，部门负责人一定要和顾问规定清楚需要结构化的文档，理想的情况是在请了第三方的实施商能力鉴定机构后，由鉴定机构的专家定义清楚结构化的文档。

【28】小心信息部在和生产部的沟通中败下阵来，为甩锅说工艺指导生产天经地义，把沟通不下去的难题甩给工艺部。工艺部一定要看工艺部是不是在生产部的跨部门蓝图里面，若不在，不要理睬。难道生产部不按蓝图要求好好执行模具生产出入库，工艺也要指导？

【解释】工艺指导生产没有错，只是工艺指导生产的边界要在一开始的核心事务鉴定的时候就要商讨清楚。

【29】蓝图规定的跨部门要提交的资料，不能协作部门说不熟悉系统操作，而让主负责部门人员收集资料上传，这种拢在一起的方式丧失了数字化管理的初衷，即把跨部门管理思路固化在系统。要严格按照蓝图给协作部门开好权限，让协作部门自行上传资料，这样信息部后台就可以监控到协作部门是否按时完成工作。

【解释】要坚持只有在分工明确的情况下才能更好地合作，数字化项目不能打着团结合作的名义瞎糅合事情。

【30】不能上了数字化而丧失了常识，不要把不应该存在的错误拿出来讨论其存在的合理性；要有常识，可以没有知识但是不能没有常识。比如，本来就不应该喝农药，非要讨论每天喝多少是合理的；又如，流程本来就要跨部门而不是讨论流程要不要跨部门，手机本来就要能打电话而不是讨论允许一天有多少次接不通，降落伞本来就要保护生命而不是讨论允许批量中出几个不良品，本来就应该缺料不上线却非要来讨论缺料多少次是合理的，关键尺寸本来就要做到位却非要讨论是否可以偏差一点点，偏差一点点还怎么叫关键尺寸呢。

【解释】建议在数字化项目开始前，高层管理者要给企业员工培训坚持常识的重要性，否则在数字化期间经常会被带偏节奏。

【31】没有建好制造BOM，计划无法下单。数字化项目不再割裂计划和BOM。

【解释】仍然是基本的常识，就如你去超市购物，没有付钱是不能拿走商品的。

【32】下主计划时候必须要有BOM和工艺路线，在主计划拆分到MES日排程之前，结构化工艺一定要完成。

【解释】最细节的强控是工艺和计划的互相促进，基本的常识是员工都要开始做了，作业指导书当然必须匹配当前要做的产品。

第二节　底层逻辑梳理后的后段事务简述

至此，数字制造底层思维大部分已经阐述明了。探讨明了底层思维后，颗粒度要细化到模板级别，模板才能够结构化入数字化平台。

数字化项目前端的铺垫就如打地基，地基稳固，万丈高楼才能平地起，数字化项目才能真正地长久而不是一个形象工程。

后期基本包括三个阶段：一是临时环境下运行；二是正式环境下运行；三是对标项目书或蓝图验收（见图9.1）。这段时间的事务大部分属于项目管理的范畴，不是本书的重点，所以简单带过。在此期间，还是会有工业逻辑出现偏差的事务发生，因为数字化项目的颗粒度太细，交给电脑来执行说白了就是0和1，方案不可能面面俱到到0和1，有疏漏在所难免，所以督导和验收时需要注意以下要点（见图9.2）。

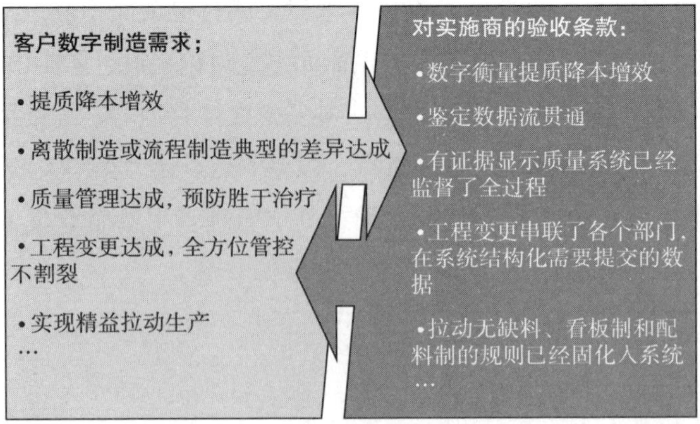

图9.1　最终端到端的验收

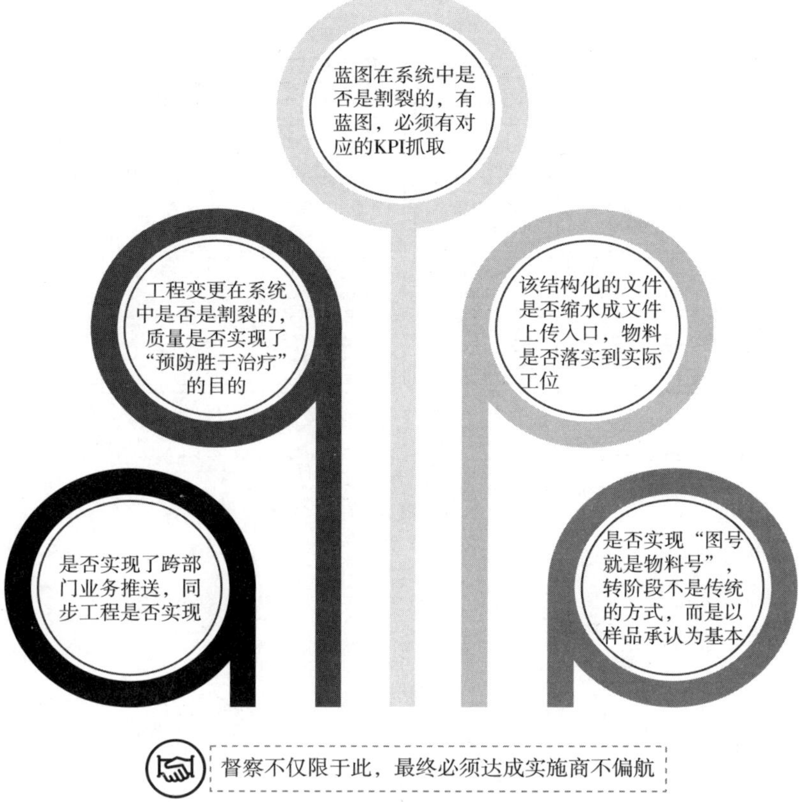

图9.2　督察数字制造系统实现

第三节　离散制造行业先进工业平台的部分逻辑借鉴

古语说“工欲善其事，必先利其器”。这个器，在我看来分两种：一是实物工具；二是方法论。一个高级工匠有了实物利器后必然不会贸贸然地下手，而是充分构思工作流程，从哪里下第一刀最合理，如何防止功亏一篑的错误发生等。这些“三思而后行，谋定而后动”的行为就是方法论这个“器”。作者自行开发的卓越工业平台（见图9.3）就是这个器，用以抛砖引玉，有需要的人员可以借鉴该逻辑开发适用于企业的平台，卓越工业平台在数字化平台中的位置（见图9.4）。

持续改进 CI	结构化工艺 CAPP	问题库 Problem Library	5S及可视化 5S and VC	工时及工时测定 DT and MTM	周报 Weekly Report
工厂布局 Layout	物料供给 Material Feeding	实时绩效管理 RPM	制造执行系统 MES	工装夹具 Fixture	制程失效模式 PFMEA
产能分析与排产 Capacity Analysis	样品承认体系 PPAP	单点课程 Single Point Lesson	全员生产维护 TPM	价值流程 VSM	培训与发展 Training and Development
制程变更 PCN	巡查 Gemba Walk	差异后置 Later Different	不平衡率 Unbalance Rate	人机工程 Ergo	制程稳健 Process Robustness
合理化建议 Idea System	生产线设计 Line Design	及时响应 Short Interval Management	环境健康安全 EHS	快速换模 SMED	年度工业能力审核 Annual Industrial-ization Audit

图9.3　卓越工业平台主界面

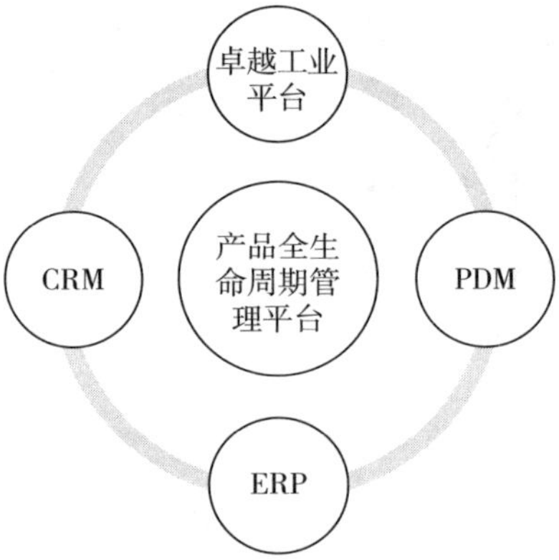

图9.4　卓越工业平台在数字化平台中的位置

该平台用于工业化技术管理，以便使技术管理通过数据来衡量，该平台优势阐述如下。

• 除客户关系管理CRM、产品设计管理PDM、ERP外的工业平台AIP（Apex Industrialization Platform），真正达成从产品开发到发货客户是一个闭环，为推进产品高效高质且符合规范保驾护航。

• 使用数据库软件，在数据库下操作，可进行状态查询、工作量查询等。

• 在公共内网平台上统一管理，各级经理根据权限查看进度，最高管理层可以根据权限查看底层员工的工作状态，实现信息传递的扁平化。

• 离散制造行业内无现成软件平台，基本是内部自己开发，软件需求方必须具有体系化的工业能力，才能提出软件达成的效果，否则无法开发。

• 该软件属于技能人才的工作互联，针对人的技能和管理，相比于市场上的工业云是设备互联，该平台更体现以人为本的原则，技能人才本质上属于最高端装备。

• 内置学习模块：可在线学习评估效果；有专业工艺学习资料；有技术学习资料可以上传共享；下载需要支付自身激励点数；自身激励点数是由部门经理根据员工绩效发放的电子激励点数。

数字化持续改进软件平台（见图9.5）的优势

基于国家标准工艺优化方法论和世界先进企业特色，该软件模块是跳一跳够得着的持续改善体系：

• 软件驱动每个工程师级别的员工每三周有一个接地气的改善，改善无论大小都值得奖励。

• 改善的绩效联动到员工实时绩效管理平台。

• 有图有真相地展示了前后改善的情况。

• 有初步的财务收益评估，是员工年度调薪的参考之一。

• 把工业工程专业的改善方法论开发进入软件平台，改善有的放矢。

• 是广为宣传的工厂改善氛围的平台，带动各个部门参与改善。

数字化制程稳健软件平台（见图9.6）的优势

基于国家标准工艺优化方法论和世界先进企业特色，该软件模块是跳一跳够得着的制程稳健审核体系。

• 用于常态化审核产品制程是否稳定。

• 有图有真相地展示改善前后的情况。

• 真正实践了扁平化数字化管理，单位各级领导根据权限可以查看制造单位当前制程稳健排行榜，便于各级管理层重点关注制造单位中的后进单位。

• 可展示整个工厂的当前制程稳健程度。

• 软件设定制程稳健审核每半年一次，设定审核事项必须在半年之内完成，若没有完成，会转移到下一个半年度，驱动最终完成。

• 该软件要求审核人员必须要有深厚的工业能力基础才能审核各制造单位。

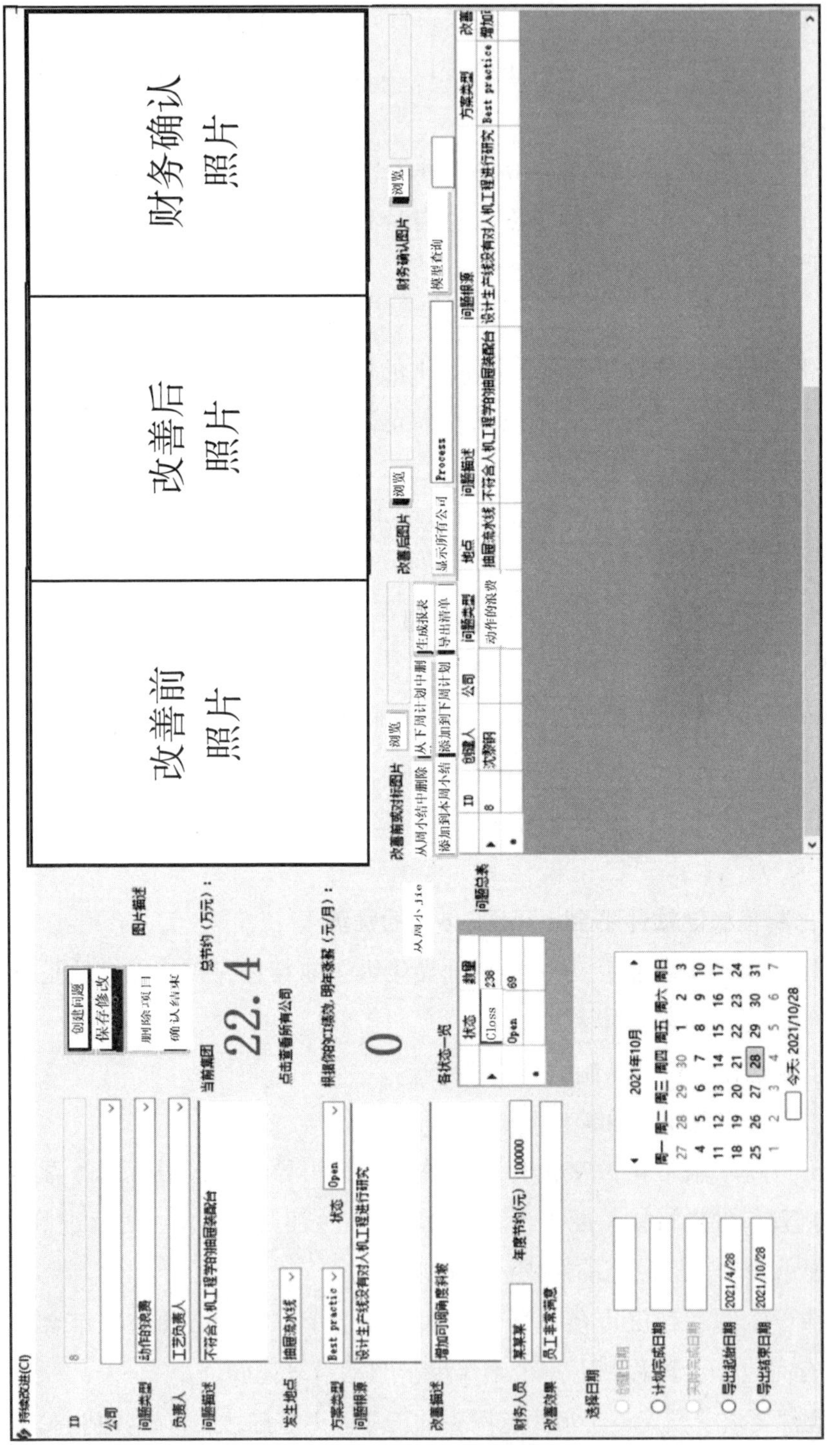

图 9.5　数字化持续改进软件平台

资料来源：某国内离散制造企业。

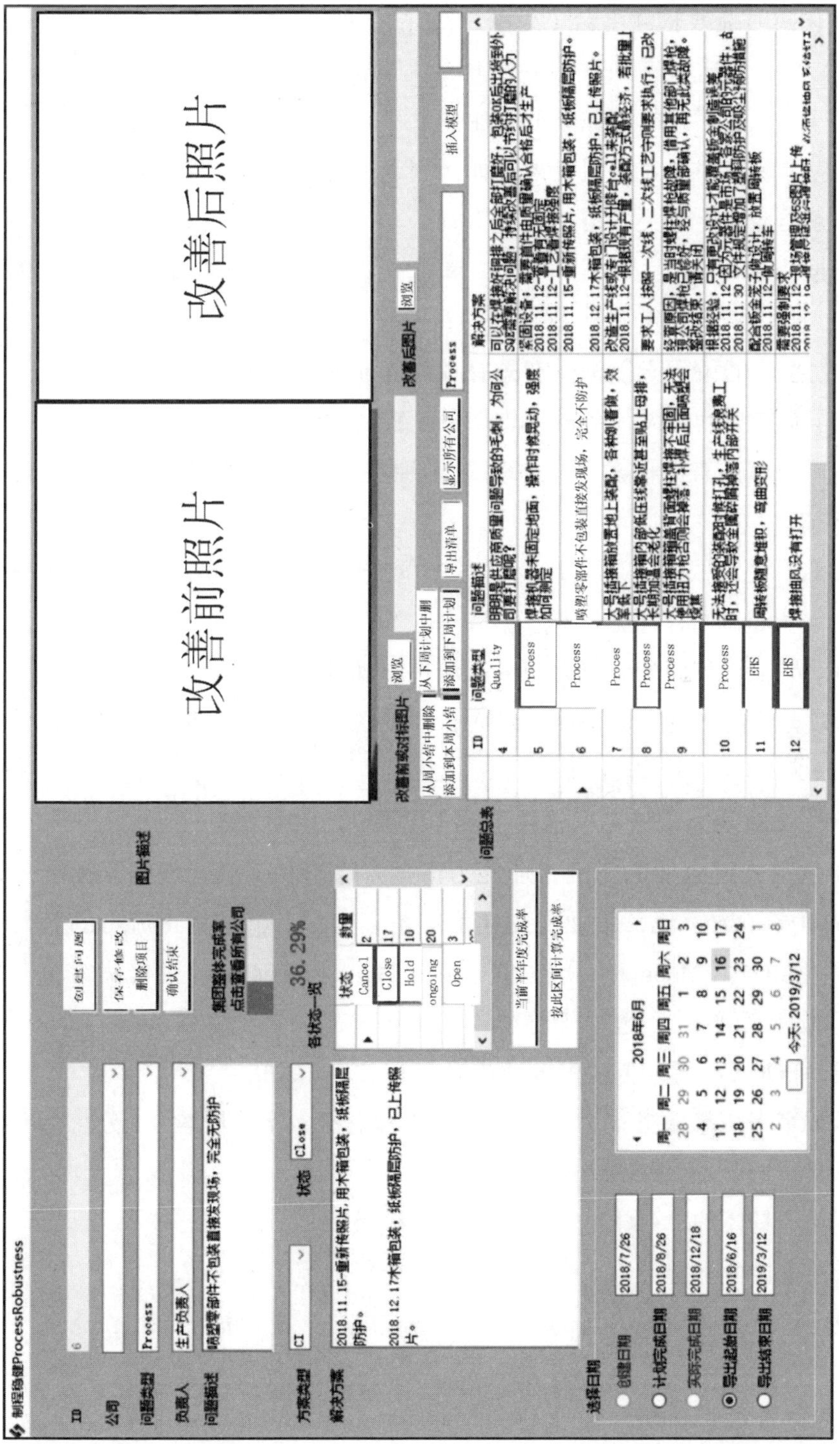

图 9.6　数字化制程稳健软件平台

资料来源：某国内离散制造企业。

数字化实时绩效软件平台（见图9.7）的优势

• 核心事务鉴定联动到软件中分类。

• 每月底设定下月的事务类型和比例。

• 呼应了前文中提及的研发人员如何测定工时，展示红绿时间。

• 事务类型和比例关联员工绩效工资。

• 根据当前时刻完成的事务类型和比例，员工时刻知晓当前个人绩效分数。

• 任何事务的关闭必须提供有图有真相的证据。

• 除了系统自动分派任务外，支持员工自我创建任务。

• 实现了事务查看的扁平化，高级管理层可以查看基层工程师的工作状态和当前绩效。

• 员工的绩效根据直属上级所派任务的按时完成率、达成率、平均得分而计算出，大量减少了主观分数。

• 驱动员工自我鞭策，努力完成工作日志规定的任务。

• 绩效分数由平台自动生成，月底自动发送绩效考核至人事行政部。

数字化工业能力审核专家软件平台（见图9.8）的优势

基于世界先进企业的年度工业能力审核方法论和工艺管理国家标准，该软件模块打造了数字化的工业能力评价体系，实际上就类似正流行的名词制造运营管理MOM（Manufacturing Operations Management），工业能力审核专家需要遵循最朴素的底层工业逻辑。

• 践行PDCA流程，年度审核达成检查要求。

• 以数字来衡量业务能力的高低，分为概念级1分、基本级2分、标准级3分、高级4分和专家级5分。

• 创建了具体的、科学的、可执行的审核条款。

• 分项审核分和总计审核分为各级管理层年度绩效考核提供参考。

• 设定审核团队成员各自的权重来达成最终公平的审核结果。

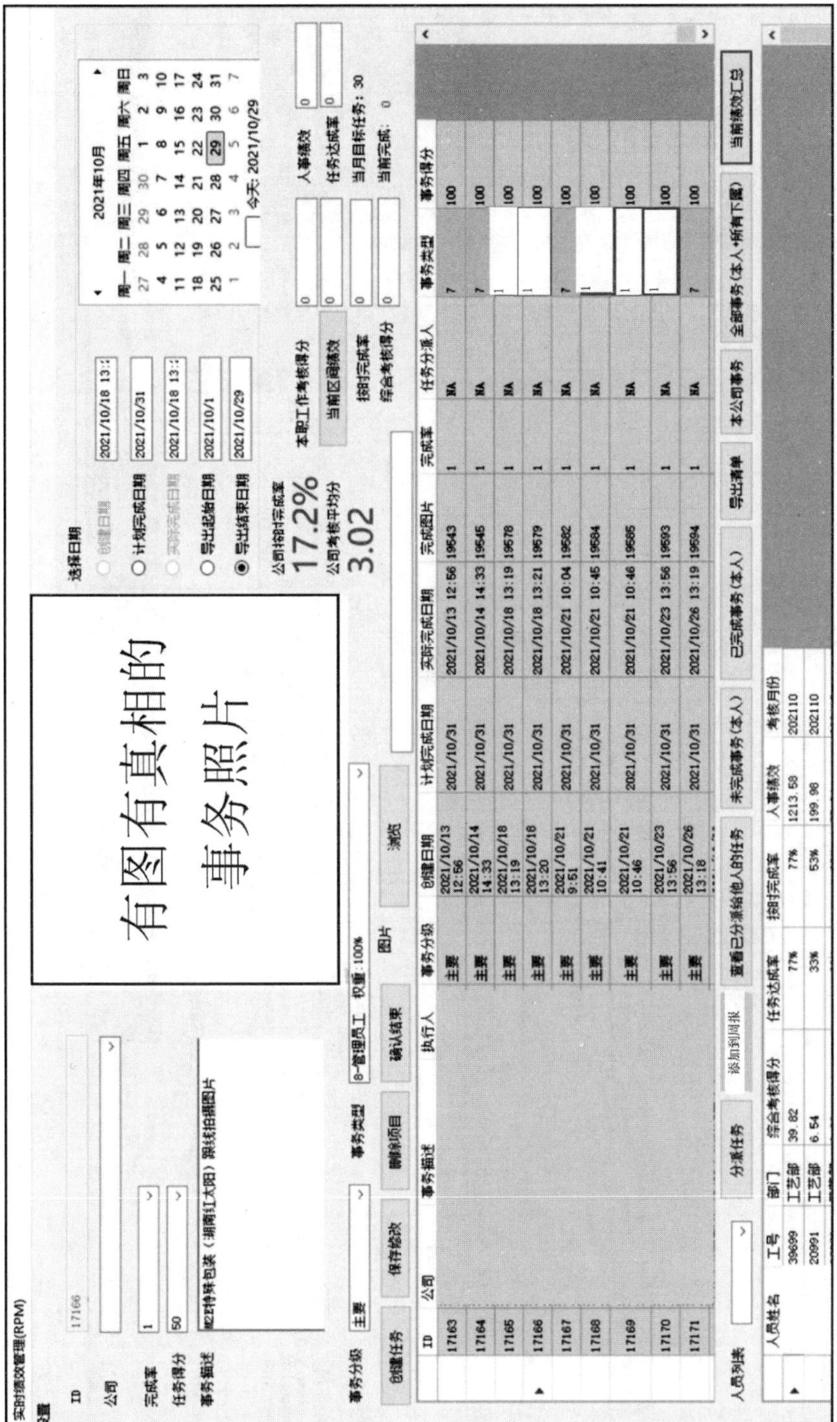

图9.7 数字化实时绩效软件平台

资料来源：某国内离散制造企业。

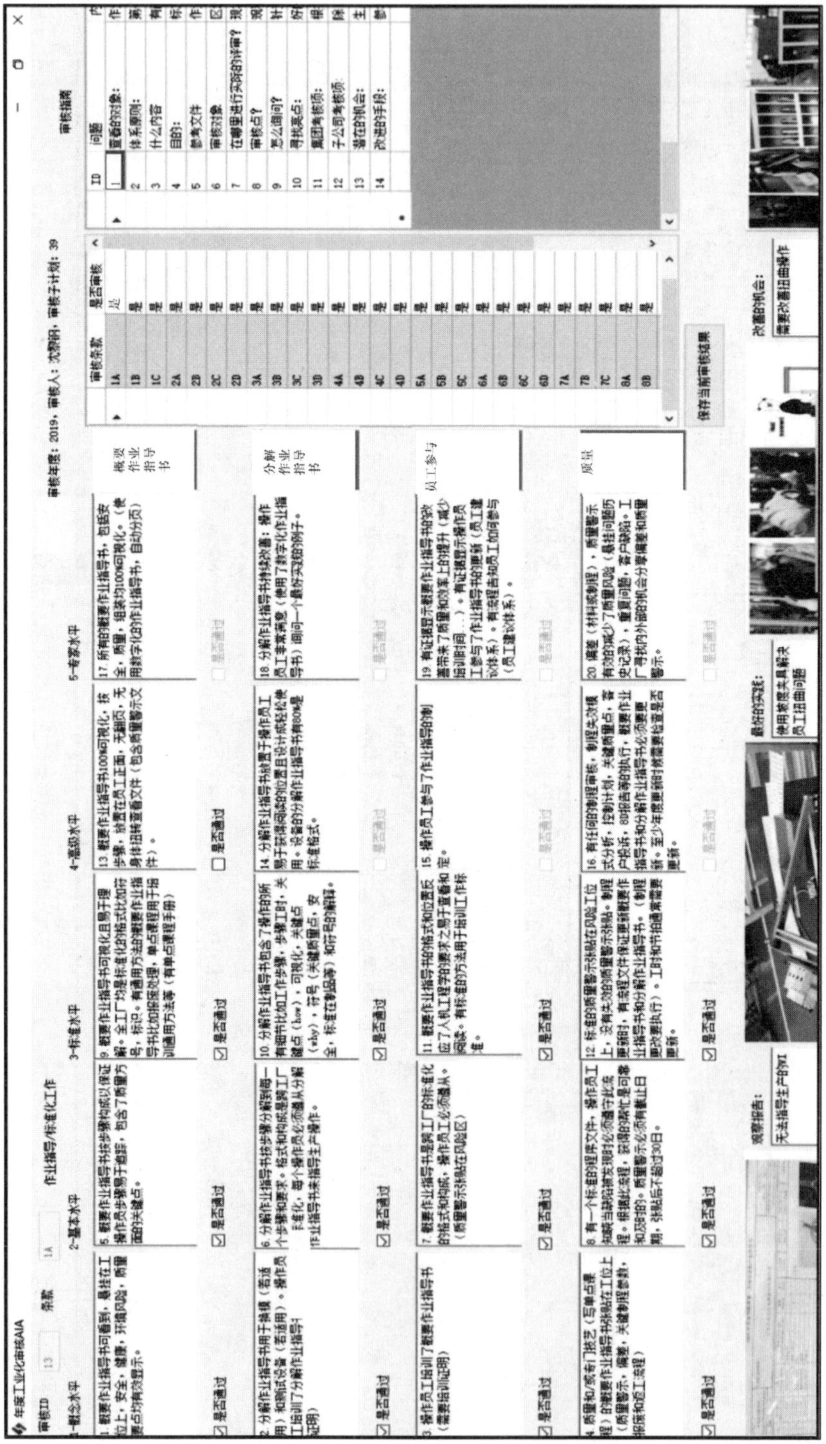

图 9.8　数字化工业能力审核软件平台

资料来源：某国内离散制造企业。

后 记

相信读者阅读本书后，一定会感慨“数字化转型是一个革命的过程，需要有刀刃向内的勇气，压茬推进”。

本书花费了几乎一半的篇幅讲解数字化转型的第一个环节——调研。这和市场上大部分描写宏观数字化转型理念的图书完全不同，本书的独特之处就在于描述调研过程的细节，刻画人物心理，充分展现出数字化转型过程是一个充满挑战、惊心动魄的自我革命过程，同时阐述清楚数字化转型的技术要点，没有这些有血有肉的、接地气的描述，不可能深刻揭示数字化转型的多姿多彩。再次重申伟大领袖毛主席的谆谆教诲“没有调查就没有发言权”，革命性的数字化转型同样需要严谨、深入的调查，细致全面的调研才能最大限度地保证数字化转型项目的成功交付。调研环节在数字化转型项目里是重中之重，错误的调研结论将使数字化转型走向错误方向，一步错步步错，最终导致数字化转型项目折戟沉沙。调研者如何才能得出正确的调研结论呢？要经过本书描述的深度调研过程才能达成，这种深刻的调研需要专门的工业逻辑专家来主导并开展，不是随手抓壮丁就能完成的任务。

《老子》曰：九层之台，起于垒土。安如磐石的调研是垒土，古人诚不我欺也。

为了避免内容冗长，本书前几章中提及的产品生命周期交付物没有一一讲解如何在数字化平台中实现结构化，本书的重点在于以小说方式描述清楚制造业的底层工业逻辑，知道从哪里来到哪里去，以一个原点发起后续一系列业务流。

就算企业在上数字化之前是一家管理不完善的企业，只要在数字化项目实施期间，树立勇于变革的信念，和顾问共同切实梳理自身的制度、流程并付诸行动，在流程制度优化好后，未上具体数字化工具前，各个部门认真完美地执行该流程制度，那么实施数字化是顺理成章的事情。就算没有数字化平台，这些业务流仍然是流转的，那么实施数字化软件平台的意义是什么呢？把优秀的管理思路固化在数字化平台中，虽然数字化平台不产生直接经济效益，但一定可以提高企业的核心竞争力。

数字化软件平台是数字化转型的手段、工具，企业不能把手段当成目的，数字化转型的目的是提质降本增效，就算没有数字化软件平台，这个目的仍然是企业孜孜不倦的追求，手段是多样的，但一定殊途同归。企业有干练高效的、由KPI衡量的业务流，业务流由运营体系有效支撑，如制造业的丰田TPS、施耐德SPS、美的MBS、丹纳赫DBS等，即使没有数字化软件平台，仍然不影响它们多年来在世界500强和中国500强的排名，究其原因，是优秀的管理制度保障各级员工都充分忠实地执行一个运营体系，所以即使没有数字化软件平台，这些公司的数字化转型也是成功的。作者期待当前浮躁的数字化转型氛围能够冷下来，希望企业和实施商都能回归理性，真正地深度思考中国离散制造业如何实现数字化转型。

最伤神的是，线下业务流没有走顺畅，或者业务流都是错误的，某些不深度思考的企业会认为，直接把线下业务流开发进数字化平台就实现了数字制造。殊不知，这些不正常的业务流一旦开发进入系统，就等于把错误的业务流固化在了数字化平台中，于是这个数字化平台严重地影响质量、安全、设备、效率、出货等，这也是书中反复强调企业一定要避免的事项。

数字制造从字面上来看是制造层面，其实不然，追本溯源，制造技术之源是工艺，工艺技术之源是研发，因此在数字制造项目中仅实施后端的MES、APS、QMS、SRM等精益类方案是远远不够的，是把工业逻辑硬生生地割断了。研发的好坏对后端的高质、高效制造是极其重要的，若研发端流出的数据是错的，后面必定是步步错。所以，需谨记：离散制造业上数字制造项目一定要把前端和后端合起来实施，从产品开发生命周期维度来打通数据链非常重要，离散制造中的标准产品是产品工程占主导位置，工业工程占辅助位置，而离散制造中的定制化产品却是工业工程占主导位置，产品工程占辅助位置，不能把标准产品的数字制造方法论用到定制化制造中，否则会出大事。

数字制造，工艺先行，本质上是工艺的数字化，没有专门研究过制造方法论的企业不要上数字制造，需要先设立工艺部，并按照国家标准规定的要求设立工艺部职能，工艺部要有懂精益生产、生产线规划、零件制造、作业指导书编制、失效模式分析、同步工程、工装夹具制作等内容的人才，这些工作内容在其他国家企业里通常被拆分成精益办、模具部、工程部、生产技术科等。因此，工艺部的职能在数字制造时代是极其重要的，不沉下心花时间研究制造方法论，贸然上线数字化平台可能是海市蜃楼、镜花水月、黄粱美梦。

要强调观念，任何高端的数字化平台都不能取代人的主观能动性，除非这家企业由机器人创立，全程都由机器人工作，看不到任何一个人类。但那是科幻片描述的场景，我们还是着眼于当下。在数字化平台中设定好管理方式，跳一跳够得着，让数字化平台成为企业运作的好帮手，把重复劳动、有规律的、烦琐的、不增值的业务交给数字化平台来处理，人可以专注更有价值的业务。例如，医生和护士，护士做具有辅助价值的事务，医生做最增值的事务，这是最浅显易懂的道理了。

最后，勉励读者在数字化转型的道路上披荆斩棘。希望本书能够给数字化转型的实施者更多的底层思维启发，帮助实施者少走弯路，多走成功路，为数字中国国家战略做出更多的贡献。

附上一张图，请谨记数字化转型的漫漫长路，并以“路漫漫其修远兮，吾将上下而求索”共勉。

沈黎钢

2023年1月31日于苏州